Fallstudien zur Gründung und Entwicklung innovationsorientierter Unternehmen

Achim Walter · Anke Rasmus
Felix Riesenhuber · Jens Schmidthals
Petra Dickel
(Hrsg.)

Fallstudien zur Gründung und Entwicklung innovationsorientierter Unternehmen

Einflussgrößen und theoretische Verankerung des Erfolgs

Herausgeber
Prof. Dr. Achim Walter
Institut für Betriebswirtschaftslehre,
Lehrstuhl für Gründungs- und Innovationsmanagement
Christian-Albrechts-Universität Kiel
Kiel
Deutschland

Dr. Anke Rasmus
Zentrum für Entrepreneurship
Christian-Albrechts-Universität Kiel
Kiel
Deutschland

Dr. Felix Riesenhuber
TRUMPF Werkzeugmaschinen GmbH + Co. KG
Ditzingen
Deutschland

Dr. Jens Schmidthals
Continental Teves AG & Co. oHG
Frankfurt a.M.
Deutschland

Prof. Dr. Petra Dickel
Institut für Betriebswirtschaftslehre
Christian-Albrechts-Universität Kiel
Kiel
Deutschland

ISBN 978-3-658-03597-6   ISBN 978-3-658-03598-3 (eBook)
DOI 10.1007/978-3-658-03598-3

Die Deutsche Nationalbibliothek verzeichnet diese Publikation in der Deutschen Nationalbibliografie; detaillierte bibliografische Daten sind im Internet über http://dnb.d-nb.de abrufbar.

Springer Gabler
© Springer Fachmedien Wiesbaden 2014
Das Werk einschließlich aller seiner Teile ist urheberrechtlich geschützt. Jede Verwertung, die nicht ausdrücklich vom Urheberrechtsgesetz zugelassen ist, bedarf der vorherigen Zustimmung des Verlags. Das gilt insbesondere für Vervielfältigungen, Bearbeitungen, Übersetzungen, Mikroverfilmungen und die Einspeicherung und Verarbeitung in elektronischen Systemen.

Die Wiedergabe von Gebrauchsnamen, Handelsnamen, Warenbezeichnungen usw. in diesem Werk berechtigt auch ohne besondere Kennzeichnung nicht zu der Annahme, dass solche Namen im Sinne der Warenzeichen- und Markenschutz-Gesetzgebung als frei zu betrachten wären und daher von jedermann benutzt werden dürften.

Gedruckt auf säurefreiem und chlorfrei gebleichtem Papier

Springer Gabler ist eine Marke von Springer DE. Springer DE ist Teil der Fachverlagsgruppe Springer Science+Business Media
www.springer-gabler.de

Vorwort

Das Buch richtet sich an gründungsinteressierte Angehörige von Hochschulen und Forschungseinrichtungen, aber auch an junge Unternehmer, die Antworten auf zentrale Fragen der Gestaltung und Entwicklung innovationsorientierter Unternehmensgründungen suchen. Das Buch möchte den Lesern anhand von Praxisbeispielen aufzeigen, welche strategisch wichtigen Aufgaben und Handlungsfelder für die Gründung und den Aufbau eines innovativen Unternehmens von Bedeutung sind. Darüber hinaus möchte das Buch vermitteln, dass innovationsorientierte Unternehmensgründungen hohe Anforderungen an die Motivation und Kompetenzen der Personen richten, die sich einem solchen Vorhaben widmen. Wer sich mit Fragen der Unternehmensgründung und Innovation beschäftigt, muss damit leben können, dass es für viele Probleme keine eindeutigen Erklärungen und auch keine eindeutigen Gestaltungsempfehlungen gibt. Die Komplexität der Realität übersteigt oftmals die Leistungsfähigkeit von Managementtheorien und bekannten Techniken der Unternehmensentwicklung. Unternehmer sind Personen, die technologie- oder marktbasierte Chancen erkennen und trotz gewisser Unsicherheiten Organisationen schaffen, um die Chancen zu realisieren. Die hier präsentierten Fallbeispiele zeigen, dass ein nicht unerheblicher Teil des unternehmerischen Erfolgs dieser Persönlichkeiten in ihren Fähigkeiten, Erfahrungen und Verhaltensroutinen zu finden ist.

In den Fallstudien werden Beobachtungen und Erfahrungen wiedergegeben, die Studierende und wissenschaftliche Mitarbeiter der Christian-Albrechts-Universität zu Kiel im Rahmen des „Kieler Gründungspraktikums" und der „Entrepreneurs' Innovation Summer School (EISS)" in Zusammenarbeit mit Unternehmensgründern gesammelt haben. Das Buch ist für Gründungsinteressierte geschrieben, die anhand von praktischen Beispielen und theoretischen Basiszusammenhängen die Ursachen für erfolgreiches Unternehmertum im Umfeld von Hochschulen, öffentlichen Forschungseinrichtungen und jungen Technologieunternehmen verstehen wollen. In 11 Beiträgen werden Voraussetzungen und theoretische Grundlagen des Erfolgs von Neugründungen und jungen Unternehmen kompakt dargestellt und vor dem Hintergrund zahlreicher Gründungsideen, die vom Elektroroller über die Heilkraft bioaktiver Substanzen bis hin zur Systemgastronomie reichen, anschaulich erläutert.

Das Buch wird im *ersten Teil*, welches die Handlungskompetenzen und Aufgabenfelder erfolgreicher Gründer fokussiert, durch den Beitrag von *Carmen Schüler* und *Claudio Heitkamp* mit einer phasenspezifischen Analyse der Gründungs- und Frühphase zweier akademischer Spin-offs aus Hochschulen eröffnet. Die Untersuchung der beiden Autoren verdeutlicht, dass die Vernachlässigung elementarer Managementaufgaben relativ schnell, aber auch schleichend und damit verzögert zur Aufgabe der intendierten Geschäftstätigkeit führen kann. *Andreas Winkelbach* berichtet in seiner Fallanalyse, wie akademische Gründer auf Basis ihres Humankapitals unternehmerische Chancen identifizieren und deren Umsetzung vorantreiben. Die Ergebnisse zeigen, dass in den verschiedenen Gründungsphasen spezifisches Humankapital bedeutend ist, wohingegen allgemeines Humankapital durchweg als wichtig einzustufen ist. Insbesondere zeigt sich, dass neben Managementerfahrungen und technischem Fachwissen vor allem auch eine wirtschaftswissenschaftlich geprägte Hochschulausbildung gezielt Gründungsaktivitäten stimuliert. *Joachim Tischler* und *Tim Gerken* legen auf Basis der Auswertung von drei Fallstudien ebenfalls dar, dass die Humankapitalausstattung bei akademischen Gründungen die Wahrnehmung und Umsetzung von Marktchancen entscheidend determiniert. Interessanterweise stellen die Autoren fest, dass eine wirtschaftswissenschaftliche Ausbildung bei Gründern stärker zu einer kundenorientierten Produktentwicklung beitragen kann als bereits erworbene Branchenkenntnisse, da diese zu einer Überschätzung der Vorhersehbarkeit von Kundenbedürfnissen verleiten.

Der *zweite Teil* beschäftigt sich mit der Bedeutung und den Voraussetzungen erfolgreicher Marktbeziehungen. In einer Welt, die durch einen zunehmenden Lern-, Zeit- und Kostendruck gekennzeichnet ist, sind Kooperationen mit Markt- und Technologiepartnern keine Option, sondern eine grundlegende Voraussetzung für Innovationserfolg. Dies gilt auch oder vielleicht sogar besonders für neu gegründete Unternehmen. Geschäftsbeziehungen, strategische Allianzen oder (Kompetenz)-Netzwerke stellen für sie vielversprechende und effiziente Möglichkeiten dar, den Anforderungen des internationalen Wettbewerbs zu begegnen. *Berit Egge* und *Dirk Müller* dokumentieren in ihren Fallstudien, wie zwei junge High-Tech-Unternehmen mit Hilfe vertraglicher Schutzvereinbarungen und so genanntem Beziehungskapital den Gefahren einer Zusammenarbeit mit Wettbewerbern begegnen. Ihre Analyse fördert deutlich zu Tage, dass Verträge allein dysfunktionale Effekte wettbewerblicher Geschäftsbeziehungen nicht verhindern können. Erst durch das Einbetten dieser Verträge in vertrauensvolle Austauschprozesse gelingt den Innovationspartnern ein konstruktives und kreatives Miteinander. Der Grundstein für eine wertschaffende Zusammenarbeit mit externen Partnern wird jedoch oftmals bereits bei der Anbahnung einer Kooperation gelegt. Von Anfang an sollten die Parteien darauf achten, dass gegenseitige Lern- und Anpassungsprozesse initiiert und spezifisch vorangetrieben werden. Entsprechend den Ergebnissen der Fallstudien von *Claudio Heitkamp* und *Anke Rasmus* zeichnen sich junge Unternehmen, die von der Kooperation mit externen Partnern profitieren, vor allem dadurch aus, dass sie über organisationsweite Fähigkeiten und Routinen verfügen, welche aus dem individuellen Kooperationsverhalten der Gründer entstehen und über eine Art Vorbildfunktion der Gründer auf andere

Organisationsmitglieder übertragen werden. *Nora Otte* kann in ihrer Fallstudie zu einer innovationsorientierten Unternehmensgründung zeigen, dass Gründer gut beraten sind, wenn sie bereits frühzeitig Vertriebspartnerschaften und breit gefächerte Vertriebsstrukturen aufbauen, um ihren Grad der Bekanntheit und der Vertrauenswürdigkeit systematisch zu steigern.

Im abschließenden *dritten Teil* werden drei Fallstudien vorgestellt, die systematisch aufzeigen, dass innovationsorientierte Unternehmen nicht primär durch einzelne Einflussgrößen zum Erfolg gebracht werden, sondern ihr vielfältiges Handeln im Kontext einer wohlüberlegten Unternehmensstrategie und durch die Mithilfe institutionalisierter Innovationsförderer erfolgen sollte. *Dirk Bickmann*, *Inga Niemann* und *Maik Kehlbeck* analysieren in ihrer Fallstudie das Biotechnologie-Unternehmen Conaris Research Institute AG bei der Entwicklung einer Markteintrittsstrategie. *Steffen Hoffmann*, *Maria Saev* und *Natalie Wehlert* gewähren mittels ihrer Fallstudie eines jungen Technologieunternehmens einen tiefen Einblick in Überlegungen und Entscheidungen der Gründer bei der Findung einer geeigneten Unternehmensstrategie im dynamischen Umfeld erneuerbarer Energien. *Markus Kubach*, *Cornelius Seidler* und *Patrick Vosshall* beschreiben die rasante und spannende Entwicklung der Campus Suite. Es handelt sich hierbei um ein Unternehmen der Systemgastronomie, welches eindrucksvoll belegt, dass innovative Gründungsvorhaben vom sozialen Netzwerk der Gründer stark profitieren können und fundierte strategische Überlegungen zum Geschäftsmodell die Basis einer erfolgreichen Unternehmensentwicklung bilden. *Petra Dickel* verdeutlicht am Fallbeispiel der Campus Suite, dass lokale Partner auch die internationale Markterschließung unterstützen können und strategische Entscheidungen zu den Kerninhalten der Leistungserstellung das Unternehmenswachstum wesentlich beeinflussen. Abgerundet wird dieser Teil durch den Beitrag von *Dirk Ludewig*, *Grit Müller* und *Stefanie Jordt*, die die Bedeutung institutioneller Förderung von akademischen Unternehmensgründungen bei ihrer Entwicklung unterstreichen. Die Autoren zeigen mit dem Instrument Gründerstipendien auf, dass innovationsorientierte Gründungen durch institutionalisierte Innovationsförderer, die eine regionale Orientierung haben, gezielt angeschoben und erleichtert werden können.

Inhaltsverzeichnis

Teil I Handlungskompetenzen und Aufgabenfelder erfolgreicher Gründer

1 Management-Herausforderungen in der frühen Entwicklung junger
  Unternehmen und deren Einfluss auf das Überleben akademischer Spin-offs . 3
  Carmen Schüler und Claudio Heitkamp

2 Unternehmerische Chancen in dem frühen Entwicklungsprozess
  akademischer Spin-Offs 33
  Andreas Winkelbach

3 Marktorientierte Produktentwicklung aus Sicht der Humankapitaltheorie... 65
  Joachim Tischler und Tim Gerken

Teil II Wertschaffend Kooperieren in der Gründungs- und frühen Unternehmensphase

4 Kooperationen Junger Technologieunternehmen mit Wettbewerbern 91
  Berit Egge und Dirk Müller

5 Organisationale Kooperationsfähigkeit – Wie Gründer die
  Wettbewerbsfähigkeit ihres Unternehmens nachhaltig steigern können 117
  Claudio Heitkamp und Anke Rasmus

6 Multi-Channel-Vertrieb: Eine Erfolgsstrategie für privatwirtschaftliche
  Spin-outs 131
  Nora Otte

Teil III Strategisches Gründungsmanagement und institutionelle Gründungsförderung

7 Conaris Research Institute AG 161
  Dirk Bickmann, Inga Niemann und Maik Kehlbeck

8   **TENIRS** 173
    Steffen Hoffmann, Maria Saev und Natalie Wehlert

9   **Campus Suite** 189
    Markus Kubach, Cornelius Seidler und Patrick Vosshall

10 **Campus Suite in 2011** 201
    Petra Dickel

11 **Regionale akademische Gründungsförderung in Schleswig-Holstein – Ergebnisse und Implikationen der Evaluation der I-SH-Gründerstipendien** 207
    Dirk Ludewig, Grit Müller und Stefanie Jordt

Teil I
Handlungskompetenzen und Aufgabenfelder erfolgreicher Gründer

Management-Herausforderungen in der frühen Entwicklung junger Unternehmen und deren Einfluss auf das Überleben akademischer Spin-offs

Carmen Schüler und Claudio Heitkamp

Inhaltsverzeichnis

1	Einleitung	4
2	Theoretische Grundlagen der Fallstudie	5
	2.1 Phasenbasierte Modelle zur Unternehmensentwicklung	5
	2.2 Gründerteam und Organisation: Erfolgsfaktoren in der Unternehmensentwicklung	7
	2.3 Entwicklungsphasen des akademischen Spin-offs	8
	2.3.1 Forschungsphase	8
	2.3.2 Phase der Chancengestaltung	9
	2.3.3 Vororganisations-Phase	10
	2.3.4 Phase der Reorientierung	12
	2.3.5 Phase der nachhaltigen Erträge	14
3	Empirie	14
	3.1 Methodik und Messung	14
	3.2 Die Fälle	16
	3.2.1 Unternehmen A	16
	3.2.2 Unternehmen B	17
	3.3 Theoretische Einordnung der Befunde aus der Praxis	18
	3.3.1 Forschungsphase	18
	3.3.2 Phase der Chancengestaltung	19
	3.3.3 Vororganisations-Phase	21
	3.3.4 Phase der Reorientierung	24

C. Schüler (✉)
Institut für Betriebswirtschaftslehre, Christian-Albrechts-Universität Kiel,
Westring 425, 24118 Kiel, Deutschland
E-Mail: schueler@bwl.uni-kiel.de

C. Heitkamp
Töpferweg 13a, 32429 Minden, Deutschland
E-Mail: heitkamp@bwl.uni-kiel.de

3.4   Ergebnisse der Fallstudie 25
4 Implikationen für die Praxis 28
Literatur 30

Überblick

Technologieorientierte akademische Spin-offs bergen eine große Chance der wirtschaftlichen Verwertung von Wissen. Die Gründer sind jedoch häufig naturwissenschaftlich oder technisch ausgebildet und besitzen wenig bis keine Erfahrung in der Industrie. Sie sind auch nach dem Unternehmensstart sehr produkt- und innovationsorientiert, während wichtige wirtschaftliche Aspekte der Gründung, etwa eine nachhaltige und ganzheitliche Zielmarktanalyse, oftmals vernachlässigt werden. Fehler in der Anfangszeit eines jungen Unternehmens können sich jedoch noch Jahre später auf dessen Leistungsfähigkeit auswirken, insbesondere wenn die Ressourcen des Spin-offs stark limitiert sind. Im vorliegenden Beitrag werden in zwei Fällen die entwicklungsbezogenen Herausforderungen dargestellt und analysiert, denen insbesondere Spin-offs aus einer akademischen Mutterorganisation gegenüberstehen. Beide Unternehmen haben bereits im Rahmen der Gründung elementare Aufgaben vernachlässigt. Gleichzeitig wurde Wissen, das für die langfristig erfolgreiche Führung des Unternehmens benötigt wurde, nicht entwickelt oder mittels entsprechender Mitarbeiter integriert. Während dies in einem Fall zu einer kontinuierlichen Schwächung und schließlich zur Insolvenz des Spin-offs führte, zeigte sich im zweiten Fall das Risiko eines solchen Verhaltens erst sehr spät, resultierte aber schließlich ebenfalls in der Insolvenz. Durch den Vergleich beider Unternehmen wird der Einfluss verschiedener Managementaktivitäten auf die Leistungsfähigkeit von Spin-offs veranschaulicht. Daraus werden Empfehlungen für die Führung von akademischen Ausgründungen abgeleitet.

1   Einleitung

Hochschulen sind Schlüsselakteure in der Schaffung und Verbreitung von Wissen und Innovation. Sie tragen auf diese Weise entscheidend zum wirtschaftlichen Wachstum eines Landes bei (vgl. [4], S. 175). Die damit einhergehende enge Beziehung zwischen Hochschulen und Industrie hat sich allerdings erst in den letzten Jahrzehnten aus verschiedenen Gründen intensiviert. So bildeten sich Disziplinen mit einer hohen industriellen Anwendbarkeit und geringen Zeitspannen zwischen Forschung und kommerzieller Entwicklung wie Molekularbiologie oder Informatik heraus (vgl. [21], S. 5–6). Die politisch intendierte Kommerzialisierung von akademischem Wissen (vgl. [6], S. 628, 630; [42], S. 231–232) ist über verschiedene Kanäle möglich, etwa mittels Patentierung, Lizenzierung, Forschungs-Joint-Ventures und der Gründung von Spin-offs (vgl. [30], S. 981).

Ausgründungen aus einer akademischen Mutterorganisation sind ein besonders attraktiver Weg der Kommerzialisierung von wissenschaftlichem Know-how und können einen wichtigen Impuls für die Wirtschaft und Innovationsdynamik einer Region darstellen (vgl. [33], S. 333; [35], S. 825). Gleichzeitig birgt der Aufbau eines Spin-offs auch viele Herausforderungen. So kann beispielsweise die Hochschule im Vergleich zu einem etablierten Unternehmen weniger Hilfestellung in Form von Ressourcen leisten, seien es Laboratorien, Kunden- oder Lieferantenkontakte (vgl. [35], S. 825); die Gründer selbst weisen häufig nur eingeschränkte Industriekenntnisse und -erfahrungen auf (vgl. [52], S. 147–148).

Es sind also sehr spezielle Herausforderungen, denen akademische Spin-offs und damit ihre Gründer gegenüberstehen. Die vorliegende Arbeit untersucht die Entwicklung zweier akademischer Spin-offs von ihrer Gründung bis zur Insolvenz. Der Zusammenhang zwischen strategischen Entscheidungen in der Gründungsphase und der resultierenden Überlebenswahrscheinlichkeit der Spin-offs wird analysiert. Die Studie gibt somit Aufschluss darüber, welchen Aufgaben der Anfangsphase die Gründer besonders viel Zeit und Energie widmen sollten. Speziell die betriebswirtschaftlichen Aspekte der Unternehmensgründung stellen die ehemaligen Wissenschaftler häufig vor Herausforderungen, und es sind gerade Vernachlässigungen in diesem Bereich, die die Leistungsfähigkeit des Spin-offs nachhaltig schwächen können (vgl. [43], S. 69–70).

Der Beitrag ist wie folgt gegliedert. Zunächst wird in Kap. 2 der theoretische Rahmen der vorliegenden Arbeit dargestellt. Es wird kurz auf das zu Grunde gelegte phasenbasierte Unternehmensentwicklungsmodell eingegangen, welches mittels zweier Dimensionen, dem Gründer(team) sowie der Organisation, differenziert wird. Anhand dieser Dimensionen wird innerhalb jeder Phase der Spin-off-Entwicklung jeweils eine Proposition literaturbasiert hergeleitet, die eine verbesserte Überlebenswahrscheinlichkeit der Ausgründung auf ein bestimmtes Verhalten in dieser Phase zurückführt. Anschließend werden in Kap. 3 nach einer kurzen Vorstellung der betrachteten Unternehmen die beiden Fallstudien auf Grundlage der Propositionen analysiert und die jeweiligen Erkenntnisse zusammengeführt und verglichen. Die Arbeit schließt mit daraus abgeleiteten Implikationen für die Praxis.

2 Theoretische Grundlagen der Fallstudie

2.1 Phasenbasierte Modelle zur Unternehmensentwicklung

Akademische Spin-offs, die in den letzten Jahren vermehrt in den Fokus der Entrepreneurship-Forschung gerückt sind, können sich hinsichtlich diverser Charakteristika stark unterscheiden (vgl. [37], S. 356). Aufgrund dieser Heterogenität, die sich beispielsweise im beruflichen Hintergrund der Gründer oder im Wesen des kommerzialisierten Know-hows (z. B. Reife der Idee oder Patentschutz) zeigen kann (ebenda:357), soll das in dieser Studie verwendete Konzept des Hochschul-Spin-offs kurz definiert werden. Betrachtet werden junge Unternehmen, die 1) aus einer Hochschule (Mutterorganisation) ausgegründet wurden, deren Gründer 2) wenigstens zum Teil zuvor Angehörige der Mutterorganisation waren, die 3) eine von der Mutterorganisation unabhängige wirtschaftliche Einheit darstellen und deren Gründung 4) auf einer (gegebenenfalls geschützten) Technologie und/oder Wissen basiert, die/das zuvor in der Mutterorganisation entwickelt wurde (vgl. [37], S. 356–357).

Die Entrepreneurship-Forschung hat eine Vielzahl von Modellen hervorgebracht, die sich mit den verschiedenen Phasen in der Entwicklung von neuen Unternehmen befassen (vgl. z. B. [23]; [28]; [45]; [47]). Jede dieser Phasen ist durch eigene Herausforderungen an das Unternehmen geprägt, so dass entsprechend fortwährend Anpassungen der Ressourcenallokation und der Priorisierung von Aufgaben vorgenommen werden müssen (vgl. [52], S. 151). Die Entwicklung über die Phasen hinweg wird von den spezifischen Eigenschaften des Unternehmens beeinflusst, weshalb Forschungserkenntnisse stets von der Art des betrachteten Unternehmenstyps abhängen. Daher orientiert sich der vorliegende Beitrag vor allem an der Studie von Vohora et al. ([52]). Die Autoren analysieren in ihrer Arbeit explizit akademische Hochtechnologie-Spin-offs und beziehen im Zuge dessen speziell jene Eigenschaften ein, die von dem akademischen Ursprung des Unternehmens herrühren. Grundlage der Untersuchung sind neun Spin-offs verschiedener britischer Hochschulen, wobei sich jedes Unternehmen in einer anderen Entwicklungsstufe befindet (vgl. [52], S. 148–149). Es zeigt sich, dass akademische Ausgründungen eine nicht-lineare Entwicklung durch verschiedene Phasen aufweisen, die durch so genannte „critical junctures", kritische Augenblicke, voneinander getrennt sind ([52], S. 150). Das Management eines Spin-offs muss, um von einer Entwicklungsphase in die nächste zu gelangen und damit das Überleben der Ausgründung sicherzustellen, unternehmerische Ressourcen und Leistungen anpassen (vgl. [52], S. 150). Werden Kernaufgaben einer Phase vernachlässigt oder die kritischen Hürden unvollständig antizipiert, übertragen sich diese Fehler auf spätere Phasen. Sie können somit die weitere Entwicklung und letztlich das Überleben des Unternehmens gefährden. Bei den durch Vohora et al. ([52]) identifizierten Entwicklungsstadien handelt es sich um die Forschungsphase („research phase"), die Phase der Chancengestaltung („opportunity framing phase"), die Vororganisations-Phase („pre-organization phase"), die Phase der Reorientierung („re-orientation phase") und die Phase der nachhaltigen Erträge („sustainable returns phase"). Diese Phasen werden im Abschn. 2.3 im Einzelnen betrachtet.

Das phasenbasierte Modell der Entwicklung von akademischen Spin-offs wird durch Dimensionen ergänzt und damit konkretisiert, die den Arbeiten von Van de Ven et al. ([50]) und Gartner ([20]) entnommen sind. Diese Dimensionen ermöglichen eine klare Einteilung der verschiedenen Forschungsaspekte jeder Phase. Van de Ven et al. ([50], S. 88) betrachten erstmals mehrere Komponenten einer Unternehmensgründung in einer gemeinsamen Studie und unterscheiden dabei zwischen dem Entrepreneur, der Organisation und der Umwelt. Ebenso nennt Gartner ([20], S. 698) das Individuum, die Organisation sowie die Umwelt des neuen Unternehmens als wichtige Perspektiven der Untersuchung von Unternehmensgründungen. Allerdings betrachtet er den Gründungs- und Entwicklungsprozess selbst ebenfalls als eine Dimension in der Beschreibung der Bildung neuer

Unternehmen (vgl. [20], S. 698–699) und weicht damit vom Vorgehen von Van de Ven et al. ([49]) ab. Der vorliegende Beitrag orientiert sich in diesem Punkt an der Methode von Van de Ven et al. ([50]). Der Fokus der vorliegenden Untersuchung liegt auf den internen und damit durch das Spin-off beeinflussbaren Faktoren, so dass die Umwelt-Dimension nicht explizit Gegenstand sein soll. Die Auswirkungen der im Jahr 2007 einsetzenden Wirtschafts- und Finanzkrise werden in einem späteren Kapitel dargestellt, während die anderen beiden Komponenten als Säulen des Ordnungsschemas dieser Arbeit im Folgenden erläutert werden. Der Gründungsprozess sowie die weiteren Entwicklungsphasen eines akademischen Spin-offs (vgl. z. B. [52], S. 151–159) werden anschließend jeweils anhand dieser zwei Variablenkomplexe charakterisiert.

2.2 Gründerteam und Organisation: Erfolgsfaktoren in der Unternehmensentwicklung

Der theoretische Bezugsrahmen dieser Arbeit besteht aus den zwei Dimensionen Gründer(team) und Organisation; diese dienen der Strukturierung der einzelnen Aspekte jeder Entwicklungsphase.

Der *Gründer(team)-Komponente* lassen sich wichtige Erfolgsfaktoren aus den Bereichen Gründer- bzw. Teamcharakteristika (vgl. [20], S. 93–95; [17], S. 1093–1095), Teamzusammenarbeit (vgl. [51], S. 252–253; [17], S. 1095–1096) sowie Mechanismen der Problemlösung (vgl. z. B. [10], S. 75) zuordnen. So beeinflussen beispielsweise Gründereigenschaften wie Erfahrungen in der Industrie und in der Führung von Mitarbeitern sowie der Bildungsstand der Teammitglieder die Wahrscheinlichkeit, Risikokapital-Geber von der eigenen Geschäftsidee überzeugen zu können (vgl. [19], S. 477–478). Besitzen Teammitglieder bereits Gründungserfahrung, hat dies einen signifikant positiven Einfluss auf das Unternehmenswachstum (vgl. [11], S. 810). Die Qualität der sozialen Interaktion im Team, die sich unter anderem über die Kommunikation, die wechselseitige Unterstützung sowie gemeinsame Normen bemisst, hat nicht nur substantiellen Einfluss auf die Zufriedenheit der Kunden, sondern auf den Erfolg des ganzen Unternehmens (vgl. [29], S. 272–273, 275–276).

Die *organisationale Komponente* legt das Hauptaugenmerk auf die Bedingungen, die in der Organisation vorliegen; die Handlungen der Organisation zu Beginn der Entwicklung haben evidenten Einfluss auf die spätere Struktur und Leistungsfähigkeit ([50], S. 88). Schmidt et al. ([44], S. 681) fassen Erfolgsfaktoren, die auf Ebene der Organisation vorliegen, in den Themenblöcken Unternehmens- und Marktstrategien, Technologieeigenschaften, Wissensbasis und Netzwerke zusammen. Der Schwerpunkt der vorliegenden Studie liegt auf den drei erstgenannten Faktoren, daher soll der Netzwerk-Aspekt in den folgenden Kapiteln nicht weiter vertieft werden. Des Weiteren werden in den nächsten Kapiteln finanzielle Aspekte der Unternehmensplanung der organisationalen Komponente zugeordnet (vgl. z. B. [9]; [14]).

Die Dimensionen Gründer(team) und Organisation fassen Faktoren zusammen, die den Erfolg und das Überleben des Unternehmens bedingen können. Im Folgenden sollen die verschiedenen Entwicklungsphasen eines Spin-offs hinsichtlich dieser Faktoren genauer betrachtet werden; deren jeweilige Relevanz verändert sich über die Phasen hinweg, wie das nächste Kapitel aufzeigen soll.

2.3 Entwicklungsphasen des akademischen Spin-offs

2.3.1 Forschungsphase

In dieser Phase wird das geistige Eigentum produziert, das die Grundlage des späteren Spin-offs bildet. Vohora et al. ([52], S. 160) identifizieren als kritische Hürde der Forschungsphase das Erkennen einer (Markt-)Chance („opportunity recognition"), das heißt technologisches Wissen muss hinsichtlich der Möglichkeit, ein existierendes Kundenbedürfnis zu befriedigen, bewertet werden können. Dafür müssen unternehmerische Kenntnisse, ein Bewusstsein für Anforderungen und Bedürfnisse des Marktes sowie Industrieerfahrungen vorhanden sein (vgl. [52], S. 160). Van de Ven et al. ([50], S. 91) bezeichnen diese Phase als „gestation", die spätere Gründungsidee reift gewissermaßen heran.

Gründer(team). Die Gründer entwickeln Fähigkeiten und sammeln Erfahrungen in der akademischen Mutterorganisation, die sie für ihre spätere Tätigkeit im neuen Unternehmen benötigen (vgl. [50], S. 92). Wird das Verwertungspotential einer Technologie erkannt, erachten die Gründer es meist als notwendig, das von ihnen geschaffene Wissen rechtlich schützen zu lassen, sofern etwaige vorangegangene Publikationen dies nicht unmöglich machen. Im Zuge dessen kommt es zu einer ersten Begegnung mit der Technologietransferagentur ihrer Einrichtung oder ähnlichen Abteilungen bzw. Institutionen. Diese beraten sie hinsichtlich der verschiedenen Kommerzialisierungsmöglichkeiten und tragen dabei gegebenenfalls zum ersten Mal die Idee einer eigenen Firmengründung an das spätere Gründerteam heran (vgl. [51], S. 258). Der Wille zur Gründung kann jedoch ebenso aus individuellen Motiven heraus entstehen, etwa dem Wunsch der Wissenschaftler nach Prestige oder dem Ausbau der eigenen Forschungsinfrastruktur (vgl. [18], S. 397–398). Eine Herausforderung dieser Phase ist häufig das Fehlen von Marktkenntnissen und Industrieerfahrungen seitens der Gründer, sofern diese nicht durch Drittmittelprojekte aus der Industrie oder auf anderem Wege bereits außerhalb der akademischen Welt aktiv gewesen sind (vgl. [43], S. 70). Vielfach verwenden Risikokapitalgeber die Managementerfahrung des Gründerteams als Hauptkriterium bei der Investitionsentscheidung (vgl. [10], S. 55), weil ein Mangel in diesem Bereich oft zur Folge hat, dass eine klare Markteintrittsstrategie, die Kundenbedürfnisse gezielt adressiert, nicht oder nur eingeschränkt verfolgt wird (vgl. [52], S. 169).

▶ **Proposition 1** Mangelt es den Gründern an Branchenkenntnissen und einem industriellen Hintergrund, wird zwar das Verwertungspotential der Technologie erkannt, diese aber nicht oder nur unzureichend auf Bedürfnisse des Marktes zugeschnitten.

Organisation. Da in der Forschungsphase zunächst nur eine Gründungsabsicht, jedoch keine formale Gründungsstruktur entsteht, haben organisationale Erfolgsfaktoren noch keinen Einfluss auf die Leistungsfähigkeit der späteren Spin-offs. Die Wissensbasis, die das geistige Eigentum sowie das organisationale Wissen umfasst (vgl. [30], S. 983; [53], S. 289; [55], S. 576–577), ist zu diesem Zeitpunkt eine Eigenschaft der Individuen, die die spätere Organisation bilden werden.

2.3.2 Phase der Chancengestaltung

Wurde in der Forschungsphase das kommerzielle Potential der in der Mutterorganisation entwickelten Technologie entdeckt, gestalten die Forscher und gegebenenfalls die involvierte Technologietransfer-Agentur diese Marktchance nun aus. Im Zuge dessen wird die Leistungsfähigkeit der Technologie in möglichen industriellen Anwendungen geprüft, insbesondere mit Blick auf die Funktionalität und die praktische Relevanz.

Die kritische Hürde dieser Phase ist die Ausbildung eines unternehmerischen Bekenntnisses seitens der akademischen Gründer; der Übergang von der bloßen Idee einer Unternehmensgründung hin zu einer tatsächlichen Bindung des (ehemaligen) Forschers an das Gründungsprojekt und damit an das zukünftige Unternehmen muss vollzogen werden (vgl. [52], S. 160, 163–164). Andere Autoren bezeichnen dies als die Motivation des Gründers und beschreiben damit dessen Engagement für die entstehende Organisation (vgl. [50], S. 94).

Gründer(team). Stehen den Gründern nicht die bereits in der Forschungsphase angesprochenen Branchenkenntnisse durch entsprechend qualifizierte Berater oder Mitgründer in der Zwischenzeit zur Verfügung, so führt diese Analyse häufig nur zu unpräzisen, mehrdeutigen und praxisfernen Marktchancen (vgl. [52], S. 151, 156). Erstrecken sich also die Kontakte der Gründer in erster Linie auf die akademische Welt, so erschwert dies die Bindung an das zukünftige Unternehmen, da Bedenken gegenüber der Kommerzialisierung von beispielsweise universitärem Wissen überwunden werden müssen, die durch das Umfeld geprägt werden (vgl. [52], S. 163).

Das Engagement für die Ausgründung muss neben dem Bekenntnis zum Spin-off auch tatsächliche Verpflichtungen beinhalten. Diese können sich etwa darin zeigen, wie viel Zeit die Gründer in das Unternehmen investieren (vgl. [52], S. 95). Auch größere finanzielle Investitionen in das Unternehmen können ein Signal an die Umwelt des Spin-offs sein, dass die Gründer der eigenen Idee oder Technologie vertrauen und eine Bindung zu dieser aufgebaut haben (vgl. [8], S. 154; [43], S. 69). Die Forscher müssen zudem in der Lage sein, an die eigenen Fähigkeiten zu glauben, aber auch persönliche Grenzen zu identifizieren und anzuerkennen (vgl. [52], S. 163–164). Eine „attitudinal preparedness" seitens der Wissenschaftler ist erforderlich, das heißt der Wille und das Interesse, sich neue Fähigkeiten im Zuge einer Firmengründung anzueignen ([40], S. 285, 292).

▶ **Proposition 2a** Ist das Bekenntnis der Gründer zum neu entstehenden Unternehmen zu schwach und investieren diese daher zu wenig Zeit und Engagement in die Ausgründung, gefährdet dieses Verhalten in der Folge das Überleben des Spin-offs substantiell.

Organisation. Im Zuge der Ausgestaltung der unternehmerischen Chance müssen aus organisationaler Sicht insbesondere die benötigten Human- und Finanz-Ressourcen jeder denkbaren Anwendung der entwickelten Technologie definiert werden. Dies sollte unter Beteiligung von potentiellen Investoren, Kunden und Branchenexperten geschehen (vgl. [52], S. 156). Sind die Kenntnisse und Fähigkeiten der Gründer für diese Aufgabe nicht ausreichend, was im Fall von naturwissenschaftlich oder technisch ausgebildeten Akademikern sehr häufig beobachtet werden kann (vgl. [5], S. 99), so muss die Verantwortung geteilt werden. Gründer versuchen dann Mitarbeiter zu gewinnen, deren Kompetenzen und Qualifikationen komplementär zu den eigenen und für die weitere Entwicklung des Unternehmens notwendig sind (vgl. [27], S. 21). Allerdings kann die Suche nach einem Partner oder neuen Teammitglied durch die geringen Ressourcen der zukünftigen Organisation erschwert werden. Das neue Unternehmen hat bei entsprechend ungenügender Ausstattung demzufolge keine oder nur geringe Anreize für qualifizierte Kräfte zu bieten. Überdies besitzen die Gründer durch ihr eingeschränktes Sozialkapital ohnehin nur begrenzten Zugang zu geeigneten potentiellen Mitarbeitern (vgl. [52], S. 164), die über komplementäre Fähigkeiten verfügen.

▶ **Proposition 2b** Gelingt es den Gründern nicht, für Aufgaben, die ihre Fähigkeiten übersteigen, das Team um qualifizierte Fachkräfte zu ergänzen, können Aufgaben, die sich aus dem Ziel der nachhaltigen Unternehmensentwicklung und -sicherung ergeben, nicht hinreichend bearbeitet werden.

2.3.3 Vororganisations-Phase

Haben die Gründer die benötigten Marktkenntnisse erfolgreich in die Organisation integriert und ein klares Bekenntnis für die Ausgründung artikuliert, tritt das Spin-off in die Vororganisations-Phase ein, in deren Fokus die Auswahl und Umsetzung der Unternehmensstrategie stehen. Konkrete Anwendungen der Technologie müssen angestrebt und die dafür benötigten Ressourcen entwickelt oder akquiriert werden. Dies betrifft beispielsweise das Humankapital und die Finanzstruktur des zukünftigen Unternehmens (vgl. [52], S. 156–157).

Für die Akquise dieser notwendigen Ressourcen bedarf es Glaubwürdigkeit gegenüber Investoren, potentiellen Kunden sowie Mitarbeitern („credibility threshold"), deren Erlangung von Vohora et al. ([52], S. 164) als kritische Hürde der Vororganisations-Phase benannt wird. Glaubwürdigkeit erreicht die junge Organisation insbesondere durch eine klare strategische Positionierung und ein umfassendes Bekenntnis aller Mitarbeiter für das Unternehmen. Des Weiteren müssen organisationale Routinen entwickelt und stabile Beziehungen zu etablierten Institutionen sowie wichtigen Marktpartnern aufgebaut werden (vgl. [3], S. 189–191, 214), um die „liability of newness", die Schwäche der Neuheit am Markt ([48]), zu überwinden.

Gründer(team). Die vorhandenen Ressourcen der Organisation müssen angepasst und gegebenenfalls erweitert werden, um den Anforderungen der Unternehmensstrategie gerecht zu werden; dies betrifft auch das Team der jungen Unternehmung. Daher ist es notwendig, dieses um entsprechend qualifizierte Fachkräfte zu ergänzen, wenn die benötigten Anlagen oder Fähigkeiten noch nicht in der Ausgründung vorliegen. Obwohl konfliktäre Denkweisen im Team durchaus positive Effekte auf die Leistungsfähigkeit der Organisation haben können (vgl. [16], S. 154–155), werden weitere Mitarbeiter häufig auch nach der Übereinstimmung mit den Werten und Ansichten der Gründer ausgewählt. Vanaelst et al. ([51], S. 263–265) haben entgegen ihren Erwartungen festgestellt, dass Teams akademischer Spin-offs zunehmend homogener hinsichtlich ihrer Wahrnehmung und Perspektive auf die Unternehmensführung werden („shared cognition"). Statt das junge Unternehmen um erfolgs- und marktorientierte Fachkräfte zu ergänzen, werden also häufig weitere innovationsorientierte Teammitglieder akquiriert. Dies kann zum einen an der nicht vorhandenen Bereitschaft der Gründer liegen, sich mit anderen Auffassungen bezüglich der strategischen Ausrichtung des Spin-offs auseinanderzusetzen, zum anderen am eingeschränkten Sozialkapital. Die Gründer haben in letzterem Fall schlicht keinen Zugang zu potentiellen Mitarbeitern mit einer anderen Unternehmensperspektive (vgl. [51], S. 263–265) und verpassen aufgrund dessen die Möglichkeit, die Leistungsfähigkeit des Unternehmens insbesondere in einer feindlichen Umgebung zu verbessern (vgl. [13], S. 83).

▶ **Proposition 3a** Die fehlende Bereitschaft oder Fähigkeit der Gründer, das Team um Mitarbeiter mit einer anderen strategischen Ausrichtung zu ergänzen, verhindert das Aufeinandertreffen konfliktärer Denkweisen und verhindert letztlich eine notwendige Marktorientierung des Unternehmens.

Organisation. Das Entwicklungsstadium einer Technologie zum Zeitpunkt der Gründung wird als wichtiger Faktor für das Überleben eines neuen Unternehmens hervorgehoben. Inventionen in einer frühen Phase sind häufig in einer Vielfalt von Anwendungen potentiell einsetzbar (vgl. [31], S. 375), allerdings konnte Romanelli ([41], S. 385) zeigen, dass spezialisierte Unternehmen häufig bessere Überlebenschancen aufweisen als Generalisten. Die Gründer müssen daher kritische strategische Entscheidungen hinsichtlich der Frage treffen, welche Anwendungen verstärkt verfolgt werden sollen (vgl. [25], S. 1662–1663). Dies betrifft insbesondere radikale Technologien, die häufig durch Neugründungen kommerzialisiert werden (vgl. [46], S. 207–208). Das Fehlen eines klaren Marktfokus kann zu einer unsicheren Unternehmenssituation führen, die die Gründer – bei gleichzeitigem Druck auf das Unternehmen, Einkünfte zu generieren – dazu verführt, sich zunächst mit Auftragsarbeiten, Beratung oder anderen Tätigkeiten abseits des eigentlichen Kernprodukts zu behelfen (vgl. [26], S. 259). Dies führt zuweilen dazu, dass Produktentwicklungsprozesse verlangsamt werden und die Firma den Vorteil eines Pioniers im Markt verliert oder sogar vollständig vom Kernprodukt abkommt (vgl. [26], S. 259).

▶ **Proposition 3b** Ist die Technologie zum Zeitpunkt der Gründung noch nicht marktreif, wird die Forcierung der Entwicklungsaktivitäten zur Voraussetzung für die Sicherung des unternehmerischen Fortbestehens.

Sobald sich die Gründer in Absprache mit Schlüsselkunden, Experten aus der Industrie und anderen Fachleuten mit beratender Funktion für eine konkrete Anwendung der Kerntechnologie des Unternehmens entschieden haben, müssen die notwendigen Ressourcen für die Kommerzialisierung erworben werden. Wichtigster Aspekt dieser Akquise ist die Finanzierung der Organisation, da erst eine konsistente und langfristige Finanzplanung dem Unternehmen die Erschließung und Einbindung weiterer benötigter Einsatzmittel ermöglicht (vgl. [52], S. 164). Auch Dunn und Cheatham ([14], S. 1–2) betonen die außerordentliche Wichtigkeit von ausreichend vorhandenen Geldmitteln für die Leistungsfähigkeit von jungen Unternehmen, da Versäumnisse in diesem Bereich schnell zum Liquiditätsverlust und damit zur Insolvenz führen. Die Autoren beschreiben fünf Faktoren, die Ausgründungen hinsichtlich ihrer Finanzplanung zu beachten haben: 1) die Vermeidung von Unterfinanzierung, 2) die Bereitstellung von „survival cash", um kurzfristige Liquiditätsengpässe zu überbrücken, 3) die finanzielle Planung und Absicherung im Falle zukünftigen Wachstums, 4) die Antizipation des Einflusses von externen Veränderungen, wie konjunkturellen Schwankungen, auf die Unternehmensfinanzen sowie 5) die Abgrenzung von Unternehmens- und privaten Finanzen. Chiesa und Piccaluga ([9], S. 336) stellen in ihrer Studie zu akademischen Spin-offs in Italien ebenfalls fest, dass die Bereitstellung der Finanzausstattung die größte Schwierigkeit während der Gründung der untersuchten Unternehmen darstellt. Der Aufbau einer verlässlichen Finanzplanung wird jedoch behindert, wenn potentielle Investoren durch den unsicheren Kommerzialisierungserfolg der Technologie abgeschreckt werden, weil die Auswahl des Zielmarktes Mängel aufweist (vgl. [26], S. 259).

▶ **Proposition 3c** Gelingt es dem Spin-off nicht, Investoren von der Unternehmensstrategie zu überzeugen, wird die Akquise von Finanzkapital sowie eine zugehörige Planung erschwert und damit die Wahrscheinlichkeit einer Insolvenz verstärkt.

2.3.4 Phase der Reorientierung

Sofern das Spin-off genügend Glaubwürdigkeit gegenüber Investoren und anderen wichtigen Marktpartnern erlangt hat, um die benötigten Ressourcen zu akquirieren, kann das Unternehmen in die Phase der Reorientierung eintreten. Es wird sodann mit den Herausforderungen der erfolgten Kommerzialisierung der Kerntechnologie konfrontiert. Die Fähigkeiten und Ressourcen der Ausgründung müssen fortwährend an sich ändernde Bedingungen des Marktes und Anforderungen der Kapitalgeber sowie zusätzliche Informationen angepasst werden (vgl. [52], S. 157–158). Strategische Entscheidungen, etwa hinsichtlich der avisierten industriellen Anwendung für die Kerntechnologie, müssen überdacht und gegebenenfalls revidiert werden. Dies kann auch eine Rückkehr des Spin-offs in die Phase der Forschung oder der Chancengestaltung zur Folge haben. Generell hängt die Wahrscheinlichkeit, dass die Ausgründung diese Phase verlassen und in die finale Phase der nachhaltigen Erträge eintreten kann, stark davon ab, wie gut die Kernaufgaben der vorherigen Phasen gelöst und die kritischen Hürden überwunden wurden (vgl. [52], S. 159). Das heißt Unzulänglichkeiten der Unternehmensressourcen, fehlende Fähigkeiten und Kenntnisse und unzureichendes Sozialkapital der Gründer verhindern eine Etablierung der Ausgründung (vgl. [52], S. 167).

Gründer(team). Die fortwährenden Herausforderungen dieser Phase machen eine hohe Lernbereitschaft seitens der Gründer unabdingbar. Dieser Wille hat direkten Einfluss auf die Überlebenswahrscheinlichkeit sowie Leistungsfähigkeit des Unternehmens (vgl. [49], S. 172). Das Gründerteam trifft Entscheidungen, indem Informationen verarbeitet werden; die verwendeten Informationen hängen vom Wissen und der Erfahrung im Team ab. Während des Entscheidungsprozesses haben die Gründer die Wahl zwischen zwei Möglichkeiten: Einerseits können vorherige strategische Muster wiederholt, andererseits eine bis dato nicht verwendete Alternative gewählt werden. Im ersten Fall wollen die Gründer möglichst sicher die Folgen ihres strategischen Handelns kennen, im zweiten Fall akzeptieren sie ein größeres Risiko für das Spin-off, erhoffen sich allerdings auch eine größere Chance. Die Wahrscheinlichkeit eines Erfolgs im zweiten Fall wird durch mehr Informationen auf Seiten der Entscheider erhöht, das heißt je größer die Bereitschaft der Gründer ist, sich neues Wissen anzueignen, desto qualifizierter werden sie in der Wahl zwischen strategischen Alternativen (vgl. [32], S. 5–6). Die Motivation und Fähigkeit, sich dieses unternehmerische Wissen anzueignen, wird wiederum durch Kreativität, kritisches und reflektiertes Denken im Team beeinflusst (vgl. [38], S. 417).

▶ **Proposition 4a** Kontinuierliche Kreativität und Reflexion im Team verbessern den Lernprozess der Gründer und erleichtern dadurch die kontinuierliche strategische Nachjustierung des Unternehmens; dies verbessert wiederum die Überlebenswahrscheinlichkeit der Ausgründung angesichts neuer Herausforderungen.

Organisation. Die Bedingungen des Marktes und Anforderungen seitens der Stakeholder ändern sich fortwährend. Um diese Veränderungen verlässlich wahrnehmen zu können und die Reaktionsfähigkeit der Organisation sicherzustellen, ist eine Formalisierung der Unternehmensorganisation notwendig: Routine, detaillierte Anweisungen und Ablaufpläne in der Firma sowie eine geordnete Kommunikation ermöglichen eine bessere

Übersicht über knappe Ressourcen, die Produktionstätigkeit oder die Auftragslage des Unternehmens (vgl. [52], S. 166–167).

Auch das Wachstum des Unternehmens selbst kann eine zunehmende Formalisierung erforderlich machen; ab einem gewissen Punkt ist es für die Unternehmensleitung nicht mehr möglich, zu jeder Zeit alle Mitarbeiter anzuleiten. Formale Beschreibungen, Regeln und Prozeduren, die von der Organisation verbindlich vorgegeben werden, können ein Versagen des Unternehmens aufgrund unkontrollierten Wachstums verhindern (vgl. [34], S. 36–37).

▶ **Proposition 4b** Eine zunehmende Formalisierung der Entscheidungsprozesse und operativen Abläufe im Unternehmen erleichtert die Wahrnehmung von neuen Herausforderungen und damit die Anpassung des Spin-offs an die veränderte Situation, was letztlich dessen Überlebenswahrscheinlichkeit erhöht.

2.3.5 Phase der nachhaltigen Erträge

Die Zielphase eines akademischen Spin-offs ist durch die Generierung von nachhaltigen Erträgen gekennzeichnet. Frühere Unzulänglichkeiten in der strategischen Ausrichtung des Unternehmens, der Mangel an Fähigkeiten, Erfahrungen oder Ressourcen oder auch das fehlende Bekenntnis der Gründer zu der neuen Organisation konnten erfolgreich überwunden werden, während das Produkt kontinuierlich weiterentwickelt wurde (vgl. [52], S. 159).

Gegebenenfalls wird in dieser Phase das Produktportfolio des Unternehmens ergänzt und das Spin-off geht vertragliche Vereinbarungen oder Joint Ventures mit anderen Firmen ein (vgl. [50], S. 92). Da keine der in dieser Studie betrachteten Ausgründungen die Phase der nachhaltigen Erträge erreicht hat, soll diese hier nicht weiter erörtert werden.

In Tab. 1 sind die Propositionen jeder Entwicklungsphase noch einmal übersichtlich dargestellt.

3 Empirie

3.1 Methodik und Messung

Fallstudien sind in diversen Kontexten hilfreiche Instrumente; so können sie beispielsweise zur Herleitung von Theorien oder zur Beschreibung von verschiedensten Sachverhalten herangezogen werden (vgl. [15], S. 535). Die vorliegende Arbeit dient der Überprüfung und Veranschaulichung existierender Theorien (vgl. [1], S. 216; [36], S. 370) und soll einen Beitrag in der Untersuchung von akademischen Spin-offs leisten. Konkret wird die Bedeutung verschiedener Erfolgsfaktoren auf das Überleben der Spin-offs analysiert. Ferner wird untersucht, inwiefern die Relevanz dieser Erfolgsfaktoren phasenabhängig

Tab. 1 Übersicht der phasenabhängigen Propositionen

Phase	Gründer(-team)	Organisation
Forschungsphase	*P 1:* Mangelt es den Gründern an Branchenkenntnissen und industriellem Hintergrund, wird zwar das Verwertungspotential der Technologie erkannt, diese aber nicht oder nur unzureichend auf Bedürfnisse des Marktes zugeschnitten	keine
Phase der Chancengestaltung	*P 2a:* Ist das Bekenntnis der Gründer zum neu entstehenden Unternehmen zu schwach, investieren diese zu wenig Zeit und Engagement in die Ausgründung, was in der Folge das Überleben des Spin-offs substantiell gefährdet	*P 2b:* Gelingt es den Gründern nicht, für Aufgaben, die ihre Fähigkeiten übersteigen, das Team um qualifizierte Fachkräfte zu ergänzen, können Aufgaben, die sich aus dem Ziel der nachhaltigen Unternehmensentwicklung und -sicherung ergeben, nicht hinreichend bearbeitet werden
Vororganisations-Phase	*P 3a:* Die fehlende Bereitschaft oder Fähigkeit der Gründer, das Team um Mitarbeiter mit einer anderen strategischen Ausrichtung zu ergänzen, verhindert das Aufeinandertreffen konfliktärer Denkweisen und verhindert letztlich eine notwendige Marktorientierung des Unternehmens	*P 3b:* Ist die Technologie zum Zeitpunkt der Gründung noch nicht marktreif, ist die Forcierung der Entwicklungsaktivitäten Voraussetzung für die Sicherung des unternehmerischen Fortbestehens. *P 3c:* Gelingt es dem Spin-off nicht, Investoren von der Unternehmensstrategie zu überzeugen, wird die Akquise von Finanzkapital sowie eine zugehörige Planung erschwert und damit die Wahrscheinlichkeit einer Insolvenz verstärkt
Phase der Reorientierung	*P 4a:* Kontinuierliche Kreativität und Reflexion im Team verbessern den Lernprozess der Gründer und erleichtern dadurch die kontinuierliche strategische Nachjustierung des Unternehmens; dies verbessert wiederum die Überlebenswahrscheinlichkeit der Ausgründung angesichts neuer Herausforderungen	*P 4b:* Eine zunehmende Formalisierung der Entscheidungsprozesse und operativen Abläufe im Unternehmen erleichtert die Wahrnehmung von neuen Herausforderungen und damit die Anpassung des Spin-offs an die veränderte Situation, was letztlich dessen Überlebenswahrscheinlichkeit erhöht

variiert. Innerhalb der Bereiche Gründerteam und Organisation beschreibt die Studie Kernressourcen und -aufgaben jeder Phase, die das Spin-off akquirieren bzw. bewältigen muss, und fördert dadurch das Verständnis strategischer Herausforderungen in einer akademischen Ausgründung.

Vergleichende Fallstudien wie die vorliegende Arbeit ermöglichen es, existierende Realphänomene zu identifizieren und kritisch zu beleuchten (vgl. [54], S. 19, 53). Die Auswahl der beiden betrachteten Spin-offs erfolgte aufgrund unverkennbarer Unterschiede bezüglich der strategischen Ausrichtung in Hinsicht auf die Produktpolitik oder auch das Humankapital. Gleichzeitig wurde eine Vergleichbarkeit beider Fälle durch eine ähnliche Unternehmenshistorie sichergestellt. Die Unternehmen entstanden nach einer intensiven Forschungsphase innerhalb derselben akademischen Mutterorganisation. In beiden Fällen gründeten die Forscher selbst das Spin-off und nutzten eine Ko-Finanzierung aus einem öffentlich finanzierten Investment-Fonds.

Die verwendeten Informationen wurden in mehrstündigen, sowohl persönlichen als auch telefonischen Gesprächen mit den ehemaligen Gründern und Geschäftsführern der untersuchten Spin-offs erfasst. Darüber hinaus wurden im Fall eines der beiden Unternehmen Interviews mit Mitgliedern des ehemaligen Beirats geführt, um die Aussagen der Gründer um eine weitere Perspektive zu ergänzen und zu validieren. Als Erhebungsinstrumente dienten freie Gespräche mit offenen Fragen sowie in einigen Fällen semi-strukturierte Fragebögen. Bereits vor der Befragung der Interviewpartner wurden daher einige Konstrukte des späteren Ordnungsrahmens spezifiziert, wodurch eine exaktere Untersuchung ermöglicht wurde; nichtsdestotrotz wurde den Faktoren, die erst während der Befragungen beziehungsweise in der Phase der Auswertung in das Blickfeld rückten, die gleiche Bedeutung eingeräumt (vgl. [15], S. 536).

Im Rahmen dieser Untersuchung wird das Überleben der Spin-offs als Erfolgsgröße verwendet (vgl. z. B. [7]; [12]; [22]; [39]). Brüderl et al. ([7], S. 229) gehen davon aus, dass die Wirtschaftlichkeit eines jungen Unternehmens und dessen Überleben direkt zusammenhängen. Diese wiederum wird von der strategischen Ausrichtung, etwa in Hinsicht auf das Humankapital, beeinflusst. Mittels eines Fortbestands des Spin-offs kann also geprüft werden, ob die strategischen Entscheidungen der Gründer zu verschiedenen Zeitpunkten vorteilhaft für das Unternehmen waren.

3.2 Die Fälle

3.2.1 Unternehmen A

Die Gründer und Geschäftsführer des Unternehmens A, ein promovierter Informatiker sowie ein ebenfalls promovierter Physiker, hatten die Kerntechnologie des Unternehmens im Rahmen ihrer akademischen Forschungstätigkeit mitentwickelt und das Spin-off im Jahr 2006 gegründet. Ein weiterer Geschäftsführer mit einer abgeschlossenen Ausbildung als Diplomkaufmann, dessen Schwerpunkt im Bereich Controlling lag, stieß ein Jahr später dazu. Allerdings verließ er bereits 2008 das Unternehmen wieder.

Die durch das Spin-off vermarktete Technologie kann dem Bereich der so genannten „Rekonstruktion", das heißt der Identifikation der räumlichen Beziehungen von dargestellten Objekten, zugeordnet werden. Mit Hilfe von herkömmlichen Fotografien sollten dreidimensionale Modelle, etwa zur Vermessung von Werkshallen, berechnet werden können, was bisher nur mit sehr viel mehr Aufwand unter Verwendung so genannter Marker möglich gewesen war. Die Gründer erhofften sich zudem eine Anwendung dieser Technologie z. B. in der Automobilbranche sowie in der Bau-, Architektur- und Möbelindustrie.

Das junge Unternehmen wurde durch einen Beirat unterstützt, der aus dem ehemaligen Universitätsprofessor der beiden Gründer, einem im Bereich Gründungsmanagement promovierten Wirtschaftsingenieur sowie einem Unternehmensberater bestand. Einmal pro Quartal kam der Beirat zusammen, um aktuelle technologische wie wirtschaftliche Fragestellungen zu erörtern. Des Weiteren gab es vor allem zu Beginn der Geschäftstätigkeit eine enge Zusammenarbeit mit der Konzernforschung eines großen Automobilherstellers, der mit seinem nachhaltigen Interesse an der Technologie auch den entscheidenden Impuls für die Gründung geliefert hatte.

Es zeigte sich schnell, dass das Kernprodukt des Unternehmens, A1, den Anforderungen der fokussierten Kundengruppe noch nicht gerecht wurde. Daher musste es von der in der Visualisierung verwendeten, wenig innovativen Technologie A2 flankiert werden. Darüber hinaus wurde das finanzielle Überleben des Spin-offs durch die Annahme von Auftragsarbeiten im Bereich der Programmierung gesichert, wohingegen die Ergänzung des Produkt-Portfolios um A2 den Auftragsrückgang nicht aufhalten konnte. Im Zuge der Finanz- und Wirtschaftskrise verstärkte sich dieses Problem, so dass sich die beiden Gründer im Frühjahr 2010 schließlich für eine geordnete Insolvenz des Unternehmens entschieden.

3.2.2 Unternehmen B

Das Unternehmen B, das von einer promovierten Agraringenieurin sowie einem ebenfalls promovierten Informatiker und ehemaligen Projektmanager aus der Softwarebranche im Jahr 2006 als akademisches Spin-off gegründet wurde, entwickelte und vermarktete Messsysteme zur Analyse der verschiedenen Prozesssubstanzen in Biogasanlagen. Durch die Kombination eines in die Anlage integrierten Messkopfes mit Nahinfrarotspektroskopie (NIRS) und einer speziellen Software sollte die fortwährende Überwachung und Steuerung der empfindlichen Prozesse sichergestellt werden können, um somit ein „Kippen", das heißt eine nicht umkehrbare Fehlentwicklung der Vorgänge in der Anlage, zu verhindern.

Die Gründerin hatte sich bereits im Rahmen ihrer Forschungstätigkeit im Bereich der landwirtschaftlichen Verfahrenstechnik intensiv mit der Thematik auseinandergesetzt und Teile der für die Kalibrierung der Messtechnik benötigten Daten gewinnen können. Im Zuge einer Forcierung von akademischen Ausgründungen durch eine öffentliche Einrichtung für Wirtschaftsförderung und Technologietransfer, die mit einer „Boomphase" in der Biogasanlagen-Branche zusammenfiel, entschieden sich die beiden späteren Geschäftsführer für eine Ausgründung. Schon wenige Monate nach dem Start konnte das Unternehmen mehrere vergütete Pilotprojekte akquirieren, wodurch weitere Kalibrierungsdaten zur Verfügung standen.

Die Auftragslage des Spin-offs entwickelte sich positiv. Der Kundenkreis, der vornehmlich aus Anlagenbauern bestand, erstreckte sich über ganz Deutschland. Im Jahr 2008 erwarb ein strategischer Investor aus der Biogasanlagen-Branche 49 % des Unternehmens, wodurch eine langfristige Finanzierung des Unternehmens B sichergestellt werden sollte. Aufgrund der Finanz- und Wirtschaftskrise verschlechterte sich allerdings die Lage vieler Anlagenbauer, da beispielsweise Projekte ihrer Kunden zeitlich verschoben wurden. Dies führte auch zu einer deutlichen Absatzabnahme beim Unternehmen B, gleichzeitig verzögerte sich die Auszahlung der Investitionstranchen. Da die Suche nach einem anderen Investor nicht erfolgreich war, musste das Unternehmen im Jahr 2009 schließlich Insolvenz anmelden und wurde im Anschluss daran von einem ehemaligen Kunden übernommen.

3.3 Theoretische Einordnung der Befunde aus der Praxis

Im Folgenden sollen die zu beiden Unternehmen erhobenen Informationen zunächst unter Verwendung des in Kap. 2 präsentierten theoretischen Rahmens dargestellt werden. Anschließend werden jeweils die Gemeinsamkeiten und Unterschiede analysiert und den zu jeder Entwicklungsphase hergeleiteten Propositionen gegenübergestellt, um die darin enthaltene theoretische Aussage im gegebenen Kontext empirisch zu belegen.

3.3.1 Forschungsphase

Da die Unternehmen in der Forschungsphase noch nicht existieren, sind organisationale Aspekte an dieser Stelle nicht zu berücksichtigen.

P 1: Marktgerechte Technologieentwicklung erfordert gute Branchenkenntnis
Die beiden Geschäftsführer des Unternehmens A waren vor der Unternehmensgründung an der Universität beschäftigt und hatten sich im Rahmen ihrer Forschungstätigkeit wertvolles technisches Wissen im Hinblick auf das spätere Produkt aneignen können. Durch die Wahrnehmung von Präsentationsmöglichkeiten wie Messen und Workshops kamen die Gründer in Kontakt mit Industrievertretern, die an der A1-Technologie Interesse zeigten und dadurch auf das Verwertungspotential aufmerksam machten. Insbesondere das Zusammentreffen mit einem Mitarbeiter der Konzernforschung eines namhaften Automobilherstellers führte den beiden Wissenschaftlern vor Augen, dass die von ihnen mitentwickelte Technologie eine kommerzielle Chance darstellte, nicht zuletzt in der Automobilbranche. Die Branchenkenntnis der Gründer war allerdings aus Sicht eines Beiratsmitgliedes nur schwach ausgeprägt, und beide hatten außerhalb der akademischen Welt kaum berufliche Erfahrungen gesammelt. Nachdem die beiden Geschäftsführer durch die vielversprechende Begegnung mit dem Vertreter des Automobilkonzerns auf die potenti-

ellen Möglichkeiten ihrer Technologie aufmerksam geworden waren, drängten sie auf eine Kommerzialisierung im Zuge einer Unternehmensgründung.

Später zeigte sich, dass das Produkt A1 nur unzureichend an die Bedürfnisse der Zielkunden angepasst war. Die Anforderungen mancher Branchen waren zum Teil falsch antizipiert worden, so stellte sich beispielsweise heraus, dass Architekten bei der Präsentation ihrer Entwürfe entgegen der Annahme der Gründer kein realitätsnahes Abbild der Umgebung wünschten, sondern im Gegenteil eine möglichst „schöne" Umwelt erzeugen wollten.

Die Geschäftsführerin des Unternehmens B konnte vor der Gründung bereits mehr als zehn Jahre Erfahrung in der Agrarbranche vorweisen, die sie im Rahmen ihrer Tätigkeit an der Universität gesammelt hatte. Das Potential der Nahinfrarotspektroskopie für die Überwachung von Biogasanlagen erkannte sie im Zuge dieser Beschäftigung selbst. Allerdings verblieb sie auch nach der Entdeckung dieser Kommerzialisierungschance zunächst in ihrer akademischen Mutterorganisation und trieb die Entwicklung der Technologie voran, um zum Zeitpunkt der Gründung über eine hinreichende Basis an Kalibrierungsdaten verfügen zu können. Aufgrund der guten Marktkenntnis konnten Landwirte frühzeitig als potentielle Kunden ausgeschlossen werden, da der mit dieser Kundengruppe verbundene antizipierte Vertriebsaufwand sehr hoch gewesen wäre. Das technische Know-how der Gründerin wurde durch die unternehmerischen Kenntnisse ihres Mitgründers ergänzt, der lange Zeit als Projekt- und Produktmanager tätig gewesen war.

Es zeigte sich nach Beginn der Geschäftstätigkeit schnell, dass das Spin-off in der Forschungsphase einen attraktiven Zielmarkt gewählt hatte. Die Biogasanlagenbauer zeigten großes Interesse an der Technologie. Das Unternehmen konnte daher schon nach wenigen Monaten Pilotprojekte einwerben und zugleich Verhandlungen mit großen Energieversorgern beginnen.

Der Mangel an Branchenkenntnissen und Industrieerfahrung im Fall der Gründer von Unternehmen A resultierte in der Wahl von Zielmärkten, für die die A1-Technologie nur bedingt oder nicht geeignet war. Die beiden späteren Geschäftsführer hatten in Hinsicht auf die Automobilbranche Kundenbedürfnisse ignoriert oder nicht gekannt und daher fälschlicherweise einen Fit von Technologie und Markt angenommen. Im Gegensatz dazu ermöglichte es die Industrieerfahrung des ehemaligen Projekt- und Produktmanagers und Mitgründers des Unternehmens B den Geschäftsführern, die Relevanz einer klaren Definition des Zielmarktes zu erkennen und diese strategische Prämisse im Zuge der Gründung umzusetzen.

3.3.2 Phase der Chancengestaltung

P 2a: Commitment der Gründer gegenüber dem Projekt notwendig für Bereitschaft zur Akquise essentieller Fähigkeiten

Obwohl die beiden Gründer des Unternehmens A der Überzeugung waren, auch nach einer möglichen Insolvenz andere attraktive Beschäftigungen wahrnehmen zu können, mangelte es ihnen nicht an unternehmerischem Ehrgeiz, wie eines der Beiratsmitglieder konstatierte. Schon im Vorfeld der Gründung investierten sie enorme Zeit und Energie in das spätere Spin-off und eigneten sich bereitwillig ein für die Leistungsfähigkeit des Unternehmens notwendiges Know-how an, etwa in Hinsicht auf Preisverhandlungen oder Vertriebsaktivitäten.

Die beiden Gründer von Unternehmen B wendeten ebenfalls den Großteil ihrer Zeit und Energie für das spätere Unternehmen auf. Der frühere Produktmanager gab seine Beschäftigung auf, um der Gründung des Spin-offs mehr Aufmerksamkeit widmen zu können. Auch die Agraringenieurin kündigte schließlich ihre attraktive Stelle an der Universität, um sich vollständig für das junge Unternehmen engagieren zu können.

Weder im Fall von Unternehmen B noch von Unternehmen A lag ein mangelndes Engagement seitens der Gründer vor – soweit dies aus den Interviews ersichtlich war. Das unternehmerische Bekenntnis war in beiden Spin-offs stark ausgeprägt, so dass die Bereitschaft, notwendige Kenntnisse und Fähigkeiten zu erwerben, stets gegeben war. Es gibt keinerlei Hinweise darauf, dass die Überlebenswahrscheinlichkeit der beiden Spin-offs durch mangelndes Commitment seitens der jeweiligen Gründer reduziert worden wäre.

P 2b: Einbindung ergänzender Ressourcen und Fähigkeiten ist wichtig für die nachhaltige Wettbewerbsfähigkeit

Im Zuge der Ausgestaltung der Gründungsidee von Unternehmen A zeigte sich, dass die Fähigkeiten und Kenntnisse der beiden ursprünglichen Geschäftsführer primär für die technologischen Herausforderungen des neuen Spin-offs von Nutzen waren. Die gleichzeitige Notwendigkeit betriebswirtschaftlichen Know-hows in einer akademischen Ausgründung wurde ihnen auch seitens des Beirats vermittelt. Aufgrund des homogenen Sozialkapitals der beiden Gründer, welches insbesondere aus akademischen Kontakten bestand, war die Suche nach einem geeigneten Mitarbeiter mit den gewünschten Qualifikationen erheblich erschwert. Dies wurde durch die finanzielle Ausstattung des Unternehmens noch verstärkt, die nur geringe Anreize für potentielle Mitarbeiter zuließ. In der Konsequenz wurde Unternehmen A durch einen befreundeten Diplom-Kaufmann ergänzt. Während es der Organisation mit den beiden produktorientierten Gründern an einer Person mangelte, die die Strategieentwicklung und das Marketing lenken konnte, war der dritte Geschäftsführer ein Controlling-Experte. Dieser Bereich wiederum kann in einem kleinen Unternehmen wie Unternehmen A problemlos durch eine Teilzeit- oder externe Kraft übernommen werden, wie es nach dem Ausstieg des Kaufmanns auch geschah. Entscheidender wäre in der Phase der Chancengestaltung die Einstellung eines Mitarbeiters mit Netzwerk in der avisierten Branche gewesen.

Die organisationalen Voraussetzungen seitens Unternehmen B waren von Beginn an im direkten Vergleich vorteilhafter. Während die Agraringenieurin im Team das notwendige Technologie- und Branchenwissen einbrachte, stellte der ehemalige Projektmanager ein ausreichendes betriebswirtschaftliches Wissensfundament des Unternehmens sicher. Des Weiteren sollte er interne kaufmännische Aufgaben des späteren Spin-offs übernehmen, die Abwicklung der Buchhaltung war über ein extern beauftragtes Steuerberatungsbüro geplant. Entsprechend waren die für die Ausgestaltung der unternehmerischen Chance benötigten Fähigkeiten und Kenntnisse grundsätzlich im Unternehmen vorhanden. Allerdings beklagte die Gründerin im Nachhinein das Fehlen eines Mentors, um insbesondere strategische Entscheidungen reflektieren zu können. Einen solchen Berater hatten die Geschäftsführer von Unternehmen B aufgrund der erhaltenen Seed-Gelder einer Wirtschaftsförderungsgesellschaft zwar verpflichtend aufsuchen müssen. Die Gründer waren jedoch bereits nach wenigen Konsultationen zu der Entscheidung gelangt, darauf zu verzichten, weil es den Unternehmensberatern stets an Kenntnissen der Agrar- und speziell der Biogasbranche mangelte.

Während es den Gründern von Unternehmen A nicht gelang, die Organisation um (leitende) Mitarbeiter mit komplementären Fähigkeiten zu ergänzen, war Unternehmen B bezüglich dieser Herausforderung erfolgreicher. In der Folge war die Leistungsfähigkeit und damit das Überleben von Unternehmen A stark gefährdet, weil beispielsweise die Vertriebstätigkeit des Unternehmens, aber auch die kontinuierliche Bewertung der Zweckmäßigkeit des ausgewählten Zielmarktes nur unzureichend verfolgt wurden (vgl. Abschn. 3.3.1). Dagegen konnte Unternehmen B sowohl in technologischer als auch betriebswirtschaftlicher Hinsicht erfolgreich operieren, weil notwendige Fähigkeiten und Kenntnisse im Unternehmen gegeben waren. Fraglich ist jedoch, ob die Entscheidung der beiden Gründer von Unternehmen B gegen einen Unternehmensberater von Vorteil war. Die zentrale Aufgabe dieser Experten, die Mithilfe bei der Reflexion wichtiger Entscheidungen, wäre durch einen unvoreingenommenen Blick auf das Vorgehen der Gründer, das heißt ohne ausgeprägtes Wissen über die avisierte Branche, vielleicht sogar erfolgreicher zu lösen gewesen. So hätten kritische Maßnahmen, etwa der Gang in eine starke finanzielle Abhängigkeit von einem einzigen Investor, der Bewertung durch einen objektiven Beobachter wohl nicht standgehalten.

3.3.3 Vororganisations-Phase

P 3a: Wettstreit konfliktärer Denkweisen für die strategische Ausrichtung und Anpassung des Unternehmens nutzen

Das Gründerteam von Unternehmen A bestand zu Beginn des Unternehmens aus einem Naturwissenschaftler sowie einem Informatiker. Dieser Umstand hatte eine äußerst homogene, nämlich innovations- und produktorientierte strategische Ausrichtung des Unternehmens zur Folge, die auch durch den zusätzlichen Geschäftsführer, einen Betriebswirt, nicht „korrigiert" wurde. Von Seiten einzelner Beiratsmitglieder wurde die große Harmonie in der unternehmerischen Wahrnehmung beider Gründer betont. Konfliktäre Denkweisen, und damit ein Wettstreit um die beste Idee oder das beste strategische Vorgehen, waren selten. Die nötige markt- und zielorientierte Perspektive, die einen verstärkten Fokus des Unternehmens auf Kunden und den Erfolg des Produktes am Markt bedeutet hätte, konnte durch den Diplom-Kaufmann nicht ergänzt werden. Vielmehr bedeutete sein Eintritt in das Spin-off das vermehrte Auftreten persönlicher Konflikte.

Neben der innovationsorientierten Agraringenieurin bestand das Team von Unternehmen B aus dem eher zielorientierten ehemaligen Projektmanager. Zwar herrschte zwischen den beiden miteinander verheirateten Geschäftsführern nach eigener Aussage stets Einvernehmen in allen Entscheidungen. Aber die ausgeprägte Marktorientierung der technologieversierten Gründerin zum einen und die Verantwortung des Projektmanagers für die Programmierung der im Produkt integrierten Software zum anderen ließ genügend Berührungspunkte entstehen, an denen ein konstruktiver Konflikt ausgetragen werden konnte und musste.

Teams verbessern ihre strategischen Entscheidungen durch eine konstruktive Streitkultur. Teilen jedoch die Gründer grundsätzliche Ansichten bezüglich der Ausrichtung des Unternehmens (technologie- versus marktorientiert), gibt es keinen Wettstreit um die optimale Strategie, da alle „in dieselbe Richtung ziehen". Dieses Szenario lässt sich auf die Verhältnisse in Unternehmen A übertragen. Die beiden Gründer waren grundsätzlich zu einseitig interessiert und orientiert. Der eigentlich marktorientierte dritte Geschäftsführer konnte keinen Beitrag zur strategischen Ausrichtung leisten, sondern verstärkte vielmehr die destruktiven und persönlichen Konflikte im Unternehmen. In der Folge wurde um wichtige Entscheidungen nicht gerungen, was zur Wahl von falschen Alternativen führte. Im Gegensatz dazu konnten die Gründer von Unternehmen B Technologie- und Marktaspekte erfolgreich miteinander verbinden. Persönliche Konflikte dagegen scheinen nicht im Unternehmen ausgetragen worden zu sein. In der Konsequenz war das Unternehmen in strategischer Hinsicht grundsätzlich vorteilhafter aufgestellt.

P 3b: Forcierung der Entwicklungsaktivitäten ist Voraussetzung für erfolgreichen Vertrieb der Innovation

Unternehmen A war mit dem Vorhaben gegründet worden, das noch nicht fertiggestellte Produkt zeitgleich mit seiner Vermarktung weiterzuentwickeln. Dieses von Teilen des Beirats stark kritisierte Vorgehen hatte zur Folge, dass sich erst während des Spin-off-Bestehens der mangelnde Fit von Technologie und Zielmarkt zeigte. Das Kernprodukt A1 hätte, wenn überhaupt, erst in langer Sicht die Anforderungen der Automobilbranche erfüllen können, fraglich ist, ob die Ansprüche weiterer Industriezweige (Architekten, Möbelbranche) grundsätzlich hätten befriedigt werden können. So war die Technologie zum Zeitpunkt der Gründung nicht (ziel-)marktreif und konnte mit der gebotenen Qualität nicht überzeugen, ohne dass die Gründer diese technischen Probleme zeitnah hätten lösen können.

Die Gründung von Unternehmen B war stark durch in Aussicht gestellte Fördergelder aus einem öffentlichen Investment-Fonds stimuliert worden. Zwar war die Hardware-Problematik der vermarkteten Technik zu Beginn der Unternehmenstätigkeit bereits zufriedenstellend gelöst worden, die Kalibrierung der Überwachungssoftware musste jedoch noch optimiert werden. Hierzu mangelte es vor allem an Daten, die im Verlauf des Bestehens durch Pilotprojekte gesammelt werden sollten. Drei Jahre nach der Gründung, zum Zeitpunkt der Insolvenz, war die Kalibrierung allerdings noch immer nicht erfolgreich abgeschlossen worden, und die Gründerin räumte ein, dass – unabhängig von der Gefährdung des Unternehmens durch den zahlungsunfähigen Investor – dies zu einem späteren Zeitpunkt durchaus zum Scheitern des Unternehmens hätte führen können. Die Gründer hatten den für die Sammlung von Kalibrierungsdaten benötigten Zeitraum falsch antizipiert. Für den avisierten Zielmarkt war das Produkt dementsprechend bis zuletzt nicht leistungsfähig gewesen, allerdings zeigte das große Interesse diverser Anlagenbauer, dass die industrielle Anwendung grundsätzlich korrekt gewählt worden war.

Obschon beide Spin-offs mit einem technologisch unausgereiften Produkt gegründet wurden und somit während der Unternehmenstätigkeit noch wertvolle Ressourcen für die Optimierung verwendet werden mussten, zeigte sich vor allem im Fall von Unternehmen A schnell die Konsequenz dieses Verhaltens. Die Diskrepanz zwischen den Möglichkeiten der Technologie und den Anforderungen potentieller Kunden hätte sich mit einer längeren Entwicklungsphase vor der Gründung unter Umständen rechtzeitig offenbart und eine veränderte strategische Orientierung des Unternehmens nach sich gezogen oder sogar dessen Nicht-Gründung. Im Gegensatz dazu kann bei Unternehmen B davon ausgegangen werden, dass auch eine längere vororganisationale Produktentwicklung in keinem anderen Zielmarkt resultiert hätte. Die Technologie war zum Zeitpunkt der Gründung zwar ausgereift und attraktiv genug, um Pilotprojekte anregen zu können. Eine fehlende Marktreife des Produktes ohne Aussicht auf einen baldigen Abschluss der Entwicklungsarbeiten wie im Fall von Unternehmen B wird jedoch stets zu einer Gefährdung des Spin-offs führen. So hätte die unzureichende Kalibrierung der vermarkteten Software später durchaus zur Insolvenz des Unternehmens führen können.

P 3c: Ansprache von privaten Investoren dient als Prüfung für die Unternehmensstrategie
Die Finanzierung von Unternehmen A basierte auf zwei Säulen: Neben den Tranchen aus dem öffentlichen Fonds konnte das Unternehmen auch auf einen Kontokorrentkredit zurückgreifen, für den in erster Instanz eine Bürgschaftsbank bürgte. Man hatte sich bewusst gegen Investitionen von Beteiligungsgesellschaften oder Risikokapitalgebern entschieden, um den Schwerpunkt des Spin-offs eigenverantwortlich auf die Entwicklungstätigkeit legen zu können. Dementsprechend musste die Unternehmensstrategie von Unternehmen A nicht den „Praxistest" in Gestalt einer Investorensuche bestehen. Nachträgliche Überlegungen von ehemaligen Beiratsmitgliedern lassen vermuten, dass im Rahmen einer solchen Kapitalakquise vielleicht schon die Schwäche des Kernproduktes A1 und des ausgewählten Zielmarktes offensichtlich geworden wäre, weil sich kein Investor für dieses Geschäftsmodell gefunden hätte.

Das finanzielle Ziel der Gründer von Unternehmen B war das Erreichen eines ausgeglichenen Geschäftsergebnisses innerhalb von fünf Jahren. Aus diesem Grund war das Spin-off unattraktiv für Venture-Capital-Geber. Voraussetzung für die Auszahlung weiterer Seed-Gelder war jedoch die Akquise von Fremdkapital, weswegen sich das junge Unternehmen um einen strategischen Partner bemühte. Dieser konnte aufgrund der überzeugenden und vielversprechenden strategischen Ausrichtung des Spin-offs in Form eines Anlagenbauers leicht gefunden werden.

Eine falsch gewählte Unternehmensstrategie kann nicht nur direkt das Überleben eines Spin-offs gefährden, indem sich auf den avisierten Zielmärkten nicht die geplanten Erfolge realisieren lassen. Es kann auch indirekt dazu führen, dass die akademische Ausgründung von Beginn an auf Ressourcen verzichten muss, die für das Gelingen von evidenter Wichtigkeit sind, etwa hinsichtlich des Finanzkapitals. Unternehmen A hatte zwar durch den zusätzlichen Kontokorrentkredit genügend Flexibilität, um mittelfristig handlungsfähig zu sein, allerdings erhöhte dieser auch die Schuldenbelastung der Gründer und beeinflusste maßgeblich deren Risikoaversion und damit die Entscheidung für eine Insolvenz. Die Geschäftsführer von Unternehmen B hatten dagegen mit dem akquirierten Fremdkapital eine größere Handlungsfreiheit gewonnen. Die dadurch gestattete verlässliche Finanzplanung war durch das überzeugende Geschäftsmodell ermöglicht worden. Die Unternehmensstrategie von Unternehmen A hätte dagegen das Finden eines strategischen Investors sicherlich erschwert.

3.3.4 Phase der Reorientierung

P 4a: Teams müssen kontinuierlich die Unternehmensstrategie prüfen und gegebenenfalls anpassen

Die Gründer von Unternehmen A wurden unter anderem in Bezug auf den Vertriebsaufwand für ihr Produkt im Allgemeinen, aber auch in Preisverhandlungen im Speziellen von den Verhältnissen und herrschenden Kräften in der industriellen Praxis aufgrund ihres primär wissenschaftlichen Hintergrunds überrascht. Strategische Muster wurden daher zunächst beibehalten. Erst nach zwei Jahren Geschäftstätigkeit entschloss sich das Team zu einer grundlegenden Änderung, indem es das Produktportfolio um A2 ergänzte. Zu diesem Zeitpunkt hatten die Gründer bereits einige unternehmerische Erfahrungen sammeln können und verfügten über wirtschaftlich relevantes Wissen.

Es wurde bereits an anderer Stelle erwähnt, dass es den Gründern von Unternehmen B nach eigener Aussage an einem Berater mangelte, der bei der Reflexion von Entscheidungen half. Darunter litt die erforderliche strategische „Rekonfiguration" des Unternehmens, nicht zuletzt in Bezug auf den Hauptinvestor des Spin-offs. Als sich die Finanz- und Wirtschaftskrise andeutete und damit die Gefahr von Insolvenzen im Umfeld der Ausgründung, unterließen es die Geschäftsführer, ihre starke finanzielle Abhängigkeit unter diesem Gesichtspunkt kritisch zu bewerten. Auch als Zahlungen des Investors bereits ausblieben, wurden notwendige strategische Anpassungen zunächst unterlassen und schließlich viel zu spät vorgenommen, ein Mangel an Reflexion der eigenen Position, der schließlich zum Scheitern des Spin-offs führte.

Das Team von Unternehmen A wurde im Laufe der Zeit geübter in der Bewertung der Unternehmenssituation und konnte durch verbesserte Kenntnisse qualifiziertere Entscheidungen treffen. Auch Beiratsmitglieder attestierten den beiden Geschäftsführern eine hohe Lernbereitschaft und wachsende Erfahrung im Umgang mit Kunden. Ein kritischer Blick auf ihr Unternehmen ermöglichte schließlich den Wechsel hin zum vielversprechenderen Produkt A2. Dieser kritische Blick fehlte den Gründern von Unternehmen B in finanziellen Belangen, in der Konsequenz konnte das Unternehmen nicht erfolgreich an die sich verändernden Bedingungen angepasst werden.

P 4b: Formalisierung organisationaler Prozesse erhöht die Reaktionsfähigkeit des Unternehmens

Die Aufgaben im Unternehmen A waren grundsätzlich klar verteilt, sowohl unter den Mitarbeitern als auch im Gründerteam, und konnten dadurch nicht vernachlässigt werden. Die nach dem Ausstieg des dritten Geschäftsführers in das Unternehmen integrierte Buchhalterin präsentierte einmal pro Woche in einer so genannten „Liquiditätssitzung" die aktuellen Unternehmenszahlen. Dadurch konnte frühzeitig die drohende Insolvenz erkannt werden, was den Gründern theoretisch die Möglichkeit gegeben hätte, langfristig auf diese Herausforderung zu reagieren. Eine denkbare Option wäre eine Kooperation mit einem strategischen Partner gewesen. Aufgrund der zu konstatierenden Risikoaversion entschieden sich die Gründer jedoch für eine geordnete Insolvenz.

Auch bei Unternehmen B herrschte eine klare Aufgabenverteilung unter den Mitarbeitern. Diese trafen sich einmal wöchentlich zur Besprechung des operativen Geschäfts. Darüber hinaus diskutierten die beiden Gründer einmal pro Woche die strategische Ausrichtung des Unternehmens. Obwohl es dadurch ein Bewusstsein für die Probleme hinsichtlich des Ausbleibens der Investorenzahlungen gab, reagierte das Unternehmen dennoch zu langsam auf die veränderten Bedingungen.

Während eine zunehmende Formalisierung der Entscheidungsprozesse und operativen Abläufe im Fall von Unternehmen A die rechtzeitige Reaktion auf eine drohende Gefahr für das Unternehmen gestattet hat, lässt sich dies nicht für Unternehmen B belegen. Trotz regelmäßiger Treffen erkannte das Team viel zu spät die Gefährdung des Spin-offs durch einen möglichen Investorenausfall. Formale Regeln und Prozeduren können dementsprechend nur bedingt das Scheitern eines Unternehmens verhindern; wirken andere Bedingungen zu stark, hilft auch das frühzeitige Erkennen von neuen Herausforderungen nicht.

3.4 Ergebnisse der Fallstudie

Die Beschreibung der empirischen Befunde, die in Tab. 2 und Tab. 3 übersichtlich zusammengefasst sind, hat gezeigt, dass die Teams der beiden akademischen Spin-offs sowohl in der Gründer(team)- als auch in der organisationalen Dimension zahlreiche Herausforderungen bewältigen mussten. Dies ist unterschiedlich gut gelungen und hat, meist unter Bestätigung der zugrunde liegenden Proposition, evidente Auswirkungen auf die Leistungsfähigkeit und das Überleben der jungen Unternehmen gehabt.

Zum Teil zog die Vernachlässigung der Kernaufgabe einer Entwicklungsphase sehr schnell die Schwächung der Organisation nach sich, etwa im Fall des dritten Geschäftsführers von Unternehmen A. In der Folge wurden die Vertriebs-, Management- und Marketingaufgaben der Ausgründung nicht optimal abgedeckt. In anderen Fällen führten erst veränderte Umweltbedingungen dazu, dass sich die zu geringe Berücksichtigung von zentralen unternehmerischen Aufgaben bemerkbar machte.

Die seit 2007 zunehmend wirkende globale Finanz- und Wirtschaftskrise zog auch Konsequenzen für die beiden Spin-offs nach sich und offenbarte dabei Vernachlässigungen früherer Entwicklungsphasen. Erst die in der Krise sich verschlechternde Auftragslage für Biogasanlagenbauer führte zu einem Liquiditätsengpass beim Investor von Unternehmen B und deckte die nicht optimale Finanzstrategie des Unternehmens auf. Da in dieser Zeit viele

Tab. 2 Prüfung der Gründerteam-Propositionen mittels der empirischen Befunde

Phase	Proposition	Unternehmen A	Unternehmen B	Ergebnis
Forschungsphase	P 1: Marktgerechte Technologieentwicklung erfordert gute Branchenkenntnis	Geringe Branchenkenntnisse führten zu fehlerhafter Wahl des Zielmarktes	Ausgeprägtes Branchenwissen ermöglichte erfolgreichen Unternehmensfokus	Vernachlässigte Pflege von Branchenwissen führt zu geringer Produktnachfrage und somit verringerter Überlebenswahrscheinlichkeit
Phase der Chancengestaltung	P 2a: Commitment der Gründer gegenüber dem Projekt notwendig für Bereitschaft zur Akquise essentieller Fähigkeiten	Starkes unternehmerisches Bekenntnis des Teams, dadurch Bereitschaft zu umfassendem Engagement	Starke Bindung der Gründer zum Unternehmen (durch Aufgabe anderer Beschäftigungen unterstrichen), Investment von sehr viel Zeit und Energie	Folgen bei zu geringem Commitment nicht durch Fallstudie abgedeckt
Vororganisations-Phase	P 3a: Wettstreit konfliktärer Denkweisen für die strategische Ausrichtung und Anpassung des Unternehmens nutzen	Einseitige (Technologie-)Orientierung der Gründer resultierte in strategischer „Harmonie", d. h. kein Wettstreit ggs. Denkweisen um beste Ausrichtung o. Ä	Beide Gründer sowohl innovations- als auch marktorientiert; dadurch konstruktiver Wettstreit um Gestaltung der Unternehmensstrategie	Fehlen konstruktiver Konflikte kann zu eingeschränkter Entscheidungskraft und damit Wahl falscher Alternativen führen
Phase der Reorientierung	P 4a: Teams müssen kontinuierlich die Unternehmensstrategie prüfen und gegebenenfalls anpassen	Verbesserte Kenntnisse und zunehmende Reflexion von Entscheidungen führten zur besseren Wahl von Alternativen	Vernachlässigte Reflexion führte zu unterlassenen Anpassungen des Finanzkapitals und dies zur Insolvenz	Verzicht auf Reflexion der Entscheidungen kann direkt zu verringerter Überlebenswahrscheinlichkeit führen

Tab. 3 Prüfung der organisationalen Propositionen mittels der empirischen Befunde

Phase	Proposition	Unternehmen A	Unternehmen B	Ergebnis
Forschungsphase	keine Proposition			
Phase der Chancengestaltung	P 2b: Einbindung ergänzender Ressourcen und Fähigkeiten ist wichtig für die nachhaltige Wettbewerbsfähigkeit	Organisation nicht um Mitarbeiter mit komplementären Fähigkeiten ergänzt, dadurch unzureichende Bearbeitung von Kernaufgaben	Notwendige Kenntnisse und Fähigkeiten vorhanden, resultierte in erfolgreicher Geschäftstätigkeit auf Technologie- und Managementebene	Vernachlässigte Einbindung komplementärer Fähigkeiten führt zu verringerter Leistungsfähigkeit in betroffenen Bereichen und damit zu niedrigerer Überlebensfähigkeit
Vororganisations-Phase	P 3b: Forcierung der Entwicklungsaktivitäten ist Voraussetzung für erfolgreichen Vertrieb der Innovation	Unternehmensgründung mit unausgereiftem Produkt resultierte in Wahl eines falschen Zielmarktes	Produktsoftware zum Gründungszeitpunkt noch nicht kalibriert, trotz Wahl eines langfristig vielversprechenden Zielmarktes hätte dies noch zur Gefährdung des Spin-offs führen können	Gründung mit unausgereiftem Produkt führt zu gravierenden Nachfrageproblemen und schließlich zu verringerter Überlebenswahrscheinlichkeit
	P 3c: Ansprache von privaten Investoren dient als Prüfung für die Unternehmensstrategie	Kontokorrentkredit ohne weitere Probleme erhalten, weiteres Kapital nicht akquiriert – Einfluss von Unternehmensstrategie nicht belegbar	Problemlose Akquise des strategischen Investors dank überzeugender Unternehmensstrategie	Folgen bei fehlerhafter Unternehmensstrategie nicht durch Fallstudie abgedeckt
Phase der Reorientierung	P 4b: Formalisierung organisationaler Prozesse erhöht die Reaktionsfähigkeit des Unternehmens	Formalisierung gestattete früh- und rechtzeitige Reaktion auf drohende Insolvenz, verhinderte größeren privaten Schaden	Formalisierung ermöglichte nicht rechtzeitige Wahrnehmung der Gefährdung durch Investorenausfall	Proposition nicht bestätigt

kleinere Unternehmen um nur noch stark eingeschränkt vorhandenes Investitionskapital konkurrierten, war es Unternehmen B nicht mehr möglich, einen alternativen Investor zu finden. Unternehmen A hatte zunächst durch Versuchsprojekte aus der Automobilindustrie sowie Auftragsentwicklungen abseits des Kernproduktes verhindern können, dass der fehlende Fit zwischen Technologie und Kundenbedürfnissen zu einem Problem für das Unternehmen wurde. Im Zuge der Wirtschaftskrise jedoch offenbarten sich auch hier schnell die zuvor verschleierten Vernachlässigungen, da es den Automobilherstellern bald an den finanziellen Mitteln fehlte, um weiterhin solche externen Projekte zu vergeben. Die Management-Fehler früherer Phasen wurden demnach durch den externen Schock aufgedeckt, ohne dass dieser letztlich die originäre Ursache für das Scheitern der Spin-offs war.

4   Implikationen für die Praxis

Akademische Spin-offs müssen vor und zu Beginn ihrer Geschäftstätigkeit trotz häufig stark limitierter Ressourcen viele Aspekte der Unternehmensführung gleichzeitig beachten. Während neben staatlichen Fördergeldern weiteres Fremdkapital akquiriert werden muss, sollte gleichzeitig bereits die Technologie für die ausgewählte Kommerzialisierungsstrategie angepasst werden, damit das Unternehmen einen etwaigen Pionier-Vorteil nicht verliert. Die simultane Berücksichtigung aller relevanten Faktoren kann zu einer Überforderung der beteiligten Gründer führen – vor allem, wenn es sich bei diesen um Wissenschaftler ohne unternehmerische oder Managementerfahrung handelt. Daher ist es wichtig, bei der Kommerzialisierung einer Technologie aus einer akademischen Mutterorganisation besonders planvoll und sequentiell vorzugehen, damit eine zu frühe und nicht ausreichend vorbereitete Gründung vermieden wird. Die in diesem Beitrag zugrunde gelegte phasenabhängige Entwicklung akademischer Spin-offs legt nahe, dass es in jedem Stadium spezifische Herausforderungen gibt. Gründer sollten sich dieser Tatsache bewusst sein und sie für sich nutzen. Während es beispielsweise bereits vor dem Start in die Unabhängigkeit wichtig ist, potentielle Zielmärkte hinsichtlich ihrer (langfristigen) Eigenschaften intensiv zu analysieren, sind formalisierte Prozesse in der Anfangsphase je nach Arbeitskultur hilfreich, aber nicht notwendig. Es ist also keineswegs vonnöten, alle Details der Unternehmensführung gleichzeitig zu lösen. Der Planungsprozess enthält demnach „trade-off decisions", abwägende Entscheidungen zwischen verschieden wichtigen zu planenden Aktivitäten ([24], S. 801). Aufgaben mit einem nachhaltigen Einfluss auf die Struktur und Leistungsfähigkeit des Spin-offs sollten dabei so zeitig und umfassend wie möglich bearbeitet werden.

Die Befunde der vorliegenden Untersuchung haben wiederholt die Wichtigkeit betriebswirtschaftlichen Know-hows im Unternehmen nahegelegt. Sofern dieses nicht schon durch ein Gründungsmitglied mit Management- oder unternehmerischer Erfahrung vorliegt, muss die Organisation möglichst frühzeitig um entsprechend qualifizierte Mitarbeiter ergänzt werden. Dabei sollte es einen ausreichenden Fit zwischen den Schwerpunkten der neuen Fachkraft und den zu bearbeitenden Feldern im Unternehmen geben.

In diesem Zusammenhang ist auch die Bedeutung umfassender Branchenkenntnisse zu betonen. Die Gründer sollten die mit ihrer Technologie avisierte Branche entweder gut kennen oder über ausgeprägte Industriekontakte verfügen, so dass sie leichten Zugang zu Expertenwissen haben. Alternativ kann auch ein externer Berater oder Mentor mit entsprechendem Wissen genutzt werden. In diesem Fall sollte es jedoch sehr intensiven und regelmäßigen Austausch geben. Ohne eine genaue Kenntnis der angestrebten Branche kann die Analyse des Zielmarktes nicht umfassend durchgeführt werden, und das Unternehmen läuft Gefahr, Kundenbedürfnisse oder auch langfristige Entwicklungen nicht korrekt zu antizipieren.

Der externe Berater kann noch eine weitere Aufgabe erfüllen, die akademische Gründer nicht aus dem Blick verlieren sollten: die kontinuierliche Reflexion des strategischen Vorgehens. Insbesondere im Fall von bisher geringen Managementerfahrungen ist es wichtig, sich der Fehlbarkeit der eigenen Entscheidungen bewusst zu sein und diese kritisch zu hinterfragen. Dies kann bei einem möglichst heterogen gestalteten Team intern geschehen, vor allem dann, wenn sowohl technologie- als auch marktorientierte Mitarbeiter Mitspracherecht besitzen. Ist das Management des Spin-offs jedoch sehr homogen in seiner strategischen Orientierung, sollte zusätzlich auf externe Kräfte zurückgegriffen werden.

Aufgaben

1. Verfügten die beiden akademischen Spin-offs A und B über einen nachhaltigen Wettbewerbsvorteil ([2])? Überprüfen Sie die Ressourceneigenschaften anhand geeigneter Kriterien, um zu einer begründeten Einschätzung zu gelangen.
2. Welche Maßnahmen hätten die Gründer beider Unternehmen ergreifen können, um die jeweiligen Schwächen des vorhandenen Humankapitals auszugleichen? Gehen Sie dabei differenziert auf die verschiedenen Arten von Humankapital ein ([12]).
3. Welche Beiträge zu einer positiven Unternehmensentwicklung kann ein Beirat leisten? In welchen Situationen ist er potentiell besonders hilfreich? Berücksichtigen Sie dabei auch die unterschiedlichen Rollen und etwaigen beruflichen Hintergründe von Beiratsmitgliedern.

   Weiterführend:
4. Sie sind Gründungsberater in einer Mutterorganisation und möchten akademische Ausgründungen bestmöglich unterstützen. Ihr Kunde W, ein Wissenschaftler, der im Rahmen seiner Promotion ein aus seiner Sicht vielversprechendes Patent entwickelt hat, möchte so schnell wie möglich ein Unternehmen gründen.
   a. Was raten Sie ihm in dieser frühen Phase?
   b. Mit welchen Maßnahmen könnten Sie ihn unterstützen?

Literatur

1. Anderson PA (1983) Decision making by objection and the cuban missile crisis. Adm Sci Q 28(2):201–222
2. Barney J (1991) Firm resources and sustained competitive advantage. J Manag 17(1):99–120
3. Baum JAC, Oliver C (1991) Institutional linkages and organizational mortality. Adm Sci Q 36(2):187–218
4. Bercovitz J, Feldmann M (2006) Entrepreneurial universities and technology transfer: a conceptual framework for understanding knowledge-based economic development. J Technol Transfer 31(1):175–188
5. Bower DJ (2003) Business model fashion and the academic spinout firm. R D Management 33(2):97–106
6. Bozeman B (2000) Technology transfer and public policy: a review of research and theory. Res Pol 29(4–5):627–655
7. Brüderl J, Preisendörfer P, Ziegler R (1992) survival chances of newly founded business organizations. Am Sociol Rev 57(2):227–242
8. Carter NM, Gartner WB, Reynolds PD (1996) Exploring start-up event sequences. J Bus Ventur 11(3):151–166
9. Chiesa V, Piccaluga A (2000) Exploitation and diffusion of public research: the case of academic spin-off companies in Italy. J Bus Ventur 19(1):55–79
10. Clarysse B, Moray N (2004) A process study of entrepreneurial team formation: the case of a research-based spin-off. J Bus Ventur 19(1):55–79
11. Colombo MG, Grilli L (2005) Founders' human capital and the growth of new technology-based firms: a competence-based view. Res Pol 34(6):795–816
12. Cooper AC, Gimeno-Gascon FJ, Woo CY (1994) Initial human and financial capital as predictors of new venture performance. J Bus Ventur 9(5):371–395
13. Covin JG, Slevin DP (1989) Strategic management of small firms in hostile and benign environments. Strateg Manag J 10(1):75–87
14. Dunn P, Cheatham L (1993) Fundamentals of small business financial management for start up, survival, growth, and changing economic circumstances. Manag Financ 19(8):1–13
15. Eisenhardt KM (1989) Building theories from case study research. Acad Manage Rev 14(4):532–550
16. Ensley MD, Pearce CL (2001) Shared cognition in top management teams: implications for new venture performance. J Organ Behav 22(2):145–160
17. Ensley MD, Hmieleski KM (2005) A comparative study of new venture top management team composition, dynamics and performance between university-based and independent start-ups. Res Pol 34(7):1091–1105
18. Fini R, Grimaldi R, Sobrero M (2009) Factors fostering academics to start up new ventures: an assessment of Italian founders' incentives. J Technol Transfer 34(4):380–402
19. Franke N, Gruber M, Harhoff D, Henkel J (2008) Venture capitalists' evaluations of start-up teams: trade-offs, knock-out criteria, and the impact of VC experience. Entrep Theor Pract 32(3):459–483
20. Gartner WB (1985) A conceptual framework for describing the phenomenon of new venture creation. Acad Manage Rev 10(4):696–706
21. Geuna A (1998) Resource allocation and knowledge production: studies in the economics of university research. Dissertation, Universität Maastricht
22. Gimeno J, Folta TB, Cooper AC, Woo CY (1997) Survival of the fittest? entrepreneurial human capital and the persistence of underperforming firms. Adm Sci Q 42(4):750–783
23. Greiner LE (1972) Evolution and revolution as organizations grow: a company's past has clues for management that are critical to future success. Harv Bus Rev 50(4):37–46

24. Gruber M (2007) Uncovering the value of planning in new venture creation: a process and contingency perspective. J Bus Ventur 22(6):782–807
25. Gruber M, MacMillan IC, Thompson JD (2008) Look before you leap: market opportunity identification in emerging technology firms. Manage Sci 54(9):1652–1665
26. Heirman A, Clarysse B (2004) How and why do research-based start-ups differ at founding? A resource-based configurational perspective. J Technol Transfer 29(3/4):247–268
27. Kamm JB, Nurick AJ (1993) The stages of team venture formation: a decision-making model. Entrep Theor Pract 17(2):17–27
28. Kazanjian RK, Drazin R (1990) A stage-contingent model of design and growth for technology based new ventures. J Bus Ventur 5(3):137–150
29. Lechler T (2001) Social interaction: a determinant of entrepreneurial team venture success. Small Bus Econ 16(4):263–278
30. Lockett A, Siegel D, Wright M, Ensley MD (2005) The creation of spin-off firms at public research institutions: managerial and policy implications. Res Pol 34(7):981–993
31. Maine E, Garnsey E (2006) Commercializing generic technology: the case of advanced materials ventures. Res Pol 35(3):375–393
32. Minniti M, Bygrave W (2001) A dynamic model of entrepreneurial learning. Entrep Theor Pract 25(3):5–16
33. Nicolaou N, Birley S (2003) Academic networks in a trichotomous categorisation of university spinouts. J Bus Ventur 18(3):333–359
34. Olson PD, Terpstra DE (1992) Organizational structural changes: life-cycle stage influences and managers' and interventionists' challenges. J Organ Change Manag 5(4):27–40
35. Pérez PM, Martínez SA (2003) The development of university spin-offs: early dynamics of technology transfer and networking. Technovation 23(10):823–831
36. Pinfield LT (1986) A field evaluation of perspectives on organizational decision making. Adm Sci Q 31(3):365–388
37. Pirnay F, Surlemont B, Nlemvo F (2003) Towards a typology of university spin-offs. Small Bus Econ 21(4):355–369
38. Politis D (2005) The process of entrepreneurial learning: a conceptual framework. Entrep Theor Pract 29(4):399–424
39. Preisendörfer P, Voss T (1990) Organization mortality of small firms: the effects of entrepreneurial age and human capital. Organization Studies 11(1):107–129
40. Roberts EB (1991) The technological base of the new enterprise. Res Pol 20(4):283–298
41. Romanelli E (1989) Environments and strategies of organization start-up: effects on early survival. Adm Sci Q 34(3):369–387
42. Rothwell R, Dodgson M (1992) European technology policy evolution: convergence towards SMEs and regional technology transfer. Technovation 12(4):223–238
43. Samson KJ, Gurdon MA (1993) University scientists as entrepreneurs: a special case of technology transfer and high-tech venturing. Technovation 13(2):63–71
44. Schmidt A, Heinrichs S, Walter A (2011): technologiebasierte Spin-offs – Ein Forschungsüberblick zu Einflussgrößen ihrer Entwicklung. Zeitschrift für Betriebswirtschaft 81 (6):677–714
45. Scott M, Bruce R (1987) Five stages of growth in small business. Long Range Plan 20(3):45–52
46. Shane S (2001) Technological opportunities and new firm creation. Manage Sci 47(2):205–220
47. Smith KG, Mitchell TR, Summer CE (1985) Top level management priorities in different stages of the organizational life cycle. Acad Manage J 28(4):799–820
48. Stinchcombe AL (1965) Social Structure and Organizations. In: March J G (Hrsg) Handbook of Organizations. Rand McNally, Chicago, S 142–193
49. Sullivan R (2000) Entrepreneurial learning and mentoring. Int J Entrep Behav Res 6(3):160–175
50. Van de Ven AH, Hudson R, Schroeder DM (1984) Designing new business startups: entrepreneurial, organizational, and ecological considerations. J Manag 10(1):87–107

51. Vanaelst I, Clarysse B, Wright M, Lockett A, Moray N, S'Jegers R (2006) Entrepreneurial team development in academic spinouts: an examination of team heterogenity. Entrep Theor Pract 30(2):249–271
52. Vohora A, Wright M, Lockett A (2004) Critical junctures in the development of university high-tech spinout companies. Res Pol 33(1):147–175
53. Wright M, Vohora A, Lockett A (2004) The formation of high-tech university spinouts: the role of joint ventures and venture capital investors. J Technol Transfer 29(3/4):287–310
54. Yin RK (2003) Case Study Research. Design and Methods. 3. Aufl Sage, Thousand Oaks u. a
55. Zahra SA, Van de Velde E, Larraeta B (2007) Knowledge conversion capability and the performance of corporate and university spin-offs. Ind Corp Change 16(4):569–608

Unternehmerische Chancen in dem frühen Entwicklungsprozess akademischer Spin-Offs

Der Einfluss des Humankapitals im Kontext des wissensbasierten Ansatzes

Andreas Winkelbach

Inhaltsverzeichnis

1	Problemstellung, Zielsetzung und Aufbau der Arbeit	35
2	Theoretische Grundlagen	37
	2.1 Basistheoretische Bezugspunkte – Der wissensbasierte Ansatz	37
	2.2 Wissen im KBV und die Wissensbasis von Unternehmen	38
	2.3 Dimensionen des Humankapitals	39
	2.4 Identifikation und Verfolgung unternehmerischer Chancen	40
	2.5 Entwicklungsstadien eines akademischen Spin-Offs	41
	2.6 Theoretisch konzeptioneller Bezugsrahmen	41
3	Ableitung der Propositionen	42
	3.1 Phase I – Identifikation und die Natur der unternehmerischen Chance	42
	3.2 Phase II – Phase der Chancengestaltung	44
	3.3 Phase III – Vororganisationsphase	45
	3.4 Tazites Wissen im unternehmerischen Entwicklungsprozess	47
4	Fallstudienmethodik und Untersuchungsgegenstand	47
	4.1 Fallstudienmethodik und Datenerhebung	47
	4.2 Untersuchungsgegenstand – Scuddy GmbH & Co. KG	48
5	Zusammenführung von Theorie und empirischen Befunden	49
	5.1 Phase I – Identifikation und die Natur der unternehmerischen Chance	49
	5.2 Phase II – Phase der Chancengestaltung	50
	5.3 Phase III – Vororganisationsphase	51
	5.4 Tazites Wissen im unternehmerischen Entwicklungsprozess	53
6	Schlussfolgerungen, Zusammenfassung und Ausblick	54
	6.1 Zusammenfassung der wesentlichen Ergebnisse	54
	6.2 Limitationen und Implikationen für die zukünftige Forschung und Praxis	55

A. Winkelbach (✉)
Institut für Betriebswirtschaftslehre, Christian-Albrechts-Universität Kiel,
Westring 425, 24118 Kiel, Deutschland
E-Mail: a.winkelbach@bwl.uni-kiel.de

      6.2.1   Implikationen für die Praxis 55
      6.2.2   Limitationen der vorliegenden Abhandlung 57
      6.2.3   Ansatzpunkte für die zukünftige Forschung 57
7   Anhang 58
Literatur 60

Überblick

Akademische Spin-Offs sind gewerbliche Ausgründungen von Hochschulabsolventen oder Mitarbeitern öffentlicher Forschungseinrichtungen. Mittels der Kommerzialisierung von Technologien aus der akademischen Mutterorganisation können derartige Unternehmen einen wertvollen Beitrag zum technologischen und ökonomischen Fortschritt einer Volkswirtschaft leisten. Voraussetzung für die Entstehung entsprechender Effekte ist die Identifikation unternehmerischer Chancen und deren erfolgreiche Überführung in marktfähige Anwendungen. In diesem Zusammenhang ist das Humankapital der Gründer von höchster Relevanz. In Abhängigkeit des Humankapitals ergeben sich unterschiedliche Erfolgspotentiale für ein akademisches Spin-Off. Dessen Bedeutung muss jedoch mit dem Entwicklungsprozess eines akademischen Spin-Offs und in Abhängigkeit zu der Natur einer Chance differenziert betrachtet werden.

Bezugnehmend fokussiert die vorliegende ganzheitliche und explorativ ausgerichtete Studie konzeptionelle und methodische Grundlagen zu der Beziehung des Humankapitals akademischer Spin-Offs und dem Umgang mit unternehmerischen Chancen. Vor diesem Hintergrund ist diese Untersuchung in der klassischen Entrepreneurship-Forschung zu verorten. Der Bezugsrahmen erstreckt sich über die Analyse der frühen Phasen des Entwicklungsprozesses akademischer Ausgründungen und untersucht hierbei die differenzierte Bedeutung des Humankapitals im Zeitverlauf und dessen determinierende Wirkung auf die Natur einer Chance. Anhand einer Fallstudie über ein akademisches Spin-Off im frühen Entwicklungsstadium werden diese Zusammenhänge dezidiert aufgezeigt. Gleichzeitig werden basistheoretische Annahmen im Kontext des wissensbasierten Ansatzes analysiert und hinterfragt.

Abkürzungsverzeichnis

AMO	Akademische Mutterorganisation
AHK	Allgemeines Humankapital
ASO	Akademisches Spin-off
F&E	Forschung und Entwicklung
GmbH	Gesellschaft mit beschränkter Haftung
HK	Humankapital
IG	Innovationsgrad
KBV	Knowledge-based view

KMU   Kleine und mittlere Unternehmen
RBV   Resource-based view
SHK   Spezifisches Humankapital
UC   Unternehmerische Chance
UN   Unternehmen
USO   University Spin-off University Spin-out

1 Problemstellung, Zielsetzung und Aufbau der Arbeit

Im Zuge des Wandels zu wissensbasierten Ökonomien (vgl. [84], S. 45) gilt Wissen als wichtigste strategische Ressource, um am Markt über Innovationen bestehen zu können (vgl. [24], S. 1132–1135; [32], S. 382; [33], S. 110). Die zunehmende Globalisierung von Wertschöpfungsketten bei gleichzeitiger Verkürzung der Produktlebenszyklen verstärkt diesen Innovationszwang (vgl. [31], S. 134). Diese Tatsache gilt insbesondere für junge Unternehmen, deren primäres Instrument innovative Ideen sind, um im Wettbewerb zu etablierten Unternehmen bestehen zu können (vgl. [75], S. 205; [53], S. 807).

Mit dem Fokus auf der Kommerzialisierung von Wissen und F&E-Ergebnissen aus öffentlichen Forschungsinstituten stellen akademische Spin-Offs (ASOs)[1] einen wichtigen Transferkanal dar (vgl. [51], S. 1043; [106], S. 569; [8], S. 129–131). ASOs bezeichnen gewerbliche Ausgründungen von Hochschulabsolventen oder Mitarbeitern öffentlich geförderter Forschungseinrichtungen (vgl. [81], S. 64; [67], S. 874; [86], S. 93–94). Dieser Transfer kann durch (1) das vermittelte Wissen/Know-how in Form von akademischen Erfindern (vgl. [67], S. 874) oder (2) der Nutzung einer Technologie/-idee aus einer Forschungseinrichtung ausgestaltet sein (vgl. [81], S. 64; [86], S. 93–94; [59], S. 333–334). Im Weiteren wird unter einem ASO eine gewerbliche Ausgründung von Hochschulabsolventen, die unter Zuhilfenahme ihres akademischen Wissens/Know-hows eine Technologie identifizieren und verfolgen, verstanden (vgl. [67], S. 874).

Die Bedeutung dieser jungen und innovationsorientierten Unternehmen für den technologischen und ökonomischen Fortschritt einer Volkswirtschaft und deren Innovationsdynamik ist enorm (vgl. u. a. [56], S. 267; [86], S. 93; [5], S. 175; [38], S. 247). Diese Auswirkungen sind jedoch nur zu erwarten, wenn das Unternehmen Chancen wahrnimmt und erfolgreich umsetzt (vgl. [76], S. 217–225; [74], S. 448). Erst die Wissensbasis von ASOs, respektive das Humankapital (HK) der Gründer, erlaubt es, Chancen am Markt wahrzunehmen und umzusetzen (vgl. [91], S. 157). Hervorzuheben ist, dass ASOs im Gegensatz zu privatwirtschaftlichen Spin-Offs grundlegend durch ihren akademischen Hintergrund geprägt sind. Respektive weisen ASOs vorrangig technologisches Wissen auf, das die konkrete technische Umsetzung begünstigt (vgl. [99], S. 811–813). Dementgegen haben ASOs deutliche Defizite im Bereich wirtschaftlicher Kenntnisse und

---

[1] Häufig verwendete Synonyme in diesem Zusammenhang sind „university spin-off" und „university spin-out" (USO) (vgl. bspw. [61], S. 874 und [85], S. 147).

Applikation (vgl. u. a. [7], S. 99; [34], S. 797–799; [35], S. 1652). Aufgrund der marginalen Industrieerfahrung existieren zum Gründungszeitpunkt kaum klare Vorstellungen über ein marktfähiges Produkt und dessen Zielmärkte (vgl. ebenda).

Mit dem stetigen Bestreben akademischer Einrichtungen, die Forschungsergebnisse zu kommerzialisieren, umfangreiche Transfermaßnahmen zu etablieren und Förderungen zu erhalten (vgl. [13], S. 330; [8], S. 131), ist es von größter Wichtigkeit, mehr über den Einfluss des HK zu erfahren. In diesem Zusammenhang analysiert ein kaum untersuchter Forschungsstrom das Humankapital als Erfolgsfaktor bei Unternehmensgründungen und dessen Bedeutung für den Umgang mit unternehmerischen Chancen (UC) (vgl. [19]; [78]; [91]). Dieser Ansatz ist im Speziellen für die Prozessanalyse der Beziehung des HK und des Unternehmenserfolges relevant („black-box") (vgl. [19], S. 305).

Trotz der hohen Relevanz derartiger Studien sind die wenigen heterogenen Befunde und die inkonsistente Herangehensweise kritisch zu betrachten. Zwar konstatieren diese die sich ändernde Bedeutung des HK im Unternehmensverlauf, versagen jedoch in definierten Aussagen und Zusammenhängen (vgl. [91], S. 169). Zudem existieren nur Aussagen über etablierte ASOs (vgl. [19], S. 303–306). Unter Berücksichtigung dieser Tatsache ist eine differenzierte Betrachtungsweise des frühen Entwicklungsprozesses eines akademischen Spin-Offs notwendig (vgl. [103], S. 799). Erst auf diesen Befunden aufbauend ist eine prozessuale Betrachtung und ganzheitliche Abbildung der Realität möglich. Ferner wird kritisiert, dass die Wechselseitigkeit des HK und der Natur einer unternehmerischen Chance weitgehend offen ist (vgl. [91], S. 170). Bisweilen wird die Natur einer Chance und deren Erfolgswirkung untersucht (vgl. [74]). Qualitative Aspekte zur Generierung von Erfolgspotentialen werden somit ausgegrenzt (vgl. [91], S. 170). Nur vereinzelte Publikationen greifen diesen Kritikpunkt auf (vgl. [53]; [92]). Weiterführend soll diese Arbeit dem Anspruch, basistheoretische Zusammenhänge zu analysieren und deren Sinnhaftigkeit zu hinterfragen, Rechnung tragen. Im wissensbasierten Ansatz gilt spezifisches Humankapital als primärer Garant zur Generierung von Wettbewerbsvorteilen (vgl. [33], S. 111–112). Dass tazitem Wissen jedoch ein strategischer Wert beizumessen ist, wird vereinzelt postuliert (vgl. [48], S. 462; [28], S. 145, 159), bleibt allerdings unbegründet. Die Notwendigkeit, diese Ansätze weiter zu verfolgen, begründet sich sowohl in der geringen Quantität als auch in der inadäquaten und undifferenzierten Betrachtung qualitativer Aspekte.

Das Ziel dieser Studie ist demnach, mittels eines ganzheitlichen Ansatzes bisherige Forschungslücken aufzugreifen und vereinzelte Befunde zu konkretisieren. Die Bedeutung des Humankapitals für die Identifikation und die Verfolgung unternehmerischer Chancen im frühen Entwicklungsprozess eines akademischen Spin-Offs wird analysiert. Gleichzeitig werden vorherrschende Theoreme hinterfragt.

Vor diesem Hintergrund gliedert sich die vorliegende Fallstudie in fünf Kapitel. Anknüpfend an die Einleitung werden im Nachgang elementare theoretische Grundlagen erörtert und in Beziehung zueinander gesetzt (Kap. 2). Hierauf aufbauend werden die erkenntnisleitenden Forschungsfragen dieser Arbeit deduziert (Kap. 3). Nachfolgend werden im Kap. 4 die Forschungsmethodik und die Datenbasis erörtert. In diesem Zusammenhang wird auch detailliert auf den Untersuchungsgegenstand eingegangen. Im Kap. 5 werden die

Untersuchungsergebnisse dargelegt und in Beziehung zu der Erwartungshaltung gesetzt. Die Arbeit schließt mit einer zusammenfassenden, kritischen Betrachtung und Diskussion der Ergebnisse (Kap. 6). Rückblickend werden aus den gewonnenen Erkenntnissen Implikationen für die Praxis und den weiteren Forschungsbedarf stringent und systematisch erfasst und abgeleitet. Die Limitationen der vorliegenden Arbeit werden in diesem Zusammenhang aufgezeigt.

2 Theoretische Grundlagen

2.1 Basistheoretische Bezugspunkte – Der wissensbasierte Ansatz

Mit der Begründung des ressourcenbasierten Ansatzes („resource-based view", RBV) durch Penrose ([62], S. 26) wurden neben tangiblen insbesondere intangible Ressourcen für die Generierung unternehmerischer Wettbewerbsvorteile erkannt (vgl. [98], S. 172). Kritisch in diesem Zusammenhang ist die Erkenntnis, dass eben jene Ressourcen einem starken dynamischen und somit stetigen Zerfallsprozess unterworfen sind, wobei der RBV zumeist statisch ausgerichtet ist und in einem hyperkompetitiven Wettbewerb an Erklärungsgehalt verliert (vgl. [66], S. 32–34). Mit Rückbezug auf diese Aspekte und auf Basis des aktuellen ökonomischen Kontextes (vgl. [85], S. 45; [89], S. 1319) entwickelten sich verschiedene Erklärungsansätze.[2]

Eine dieser Weiterentwicklungen stellt der wissensbasierte Ansatz („knowledge-based view", KBV) dar. Dieser Ansatz basiert auf der Prämisse, dass Wissen die wichtigste strategische Ressource für Unternehmen darstellt (vgl. [32], [31], S. 110/135). Unternehmen definieren sich somit primär über eine Ansammlung an Wissen („body of knowledge") und weniger über eine Ansammlung von heterogenen Ressourcen (vgl. u. a. [47], S. 384; [32], S. 112; [85], S. 45). Die statische Bedeutung einer Ressource wird im KBV um eine dynamische Sichtweise erweitert (vgl. [33], S. 375; [85], S. 54). Sowohl die idiosynkratrische unternehmerische Wissensbasis („asymmetries of knowledge") als auch die Fähigkeiten („capabilities") für eine effiziente Koordination und den produktiven Einsatz der Wissensbasis (Identifikation, Generierung, Transfer und Kombination) und deren Weiterentwicklung repräsentieren die zentralen Einflussgrößen für die Generierung von Wettbewerbsvorteilen (vgl. [32], S. 112–115; [85], S. 54–56; [16], S. 477; [101], S. 740–741). In diesem Zusammenhang bildet der KBV die theoretische Basis für das organisationale Lernen (vgl. u. a. [85], S. 46; [28], S. 141). Ausgehend von den genannten Einflussgrößen des KBV entwickelten sich verschiedene Forschungsströme. Eine zentrale Forschungsrichtung und gleichzeitig Fokus der weiteren Arbeit ist der Einfluss der

---
[2]U.a. der wissensbasierte Ansatz („knowledge-based-view"), der Kernkompetenzansatz („competence-based-view") und der Ansatz der dynamischen Fähigkeiten („dynamic-capabilities") (vgl. bspw. [33], [65] und [90]).

unternehmerischen Wissensbasis auf die Unternehmensentwicklung und die Erlangung von Wettbewerbsvorteilen (für einen ähnlichen Ansatz vgl. u. a. [55]).

2.2 Wissen im KBV und die Wissensbasis von Unternehmen

Definitionen des Wissensbegriffs sind heterogen und variieren mit dem wissenschaftlichen Hintergrund, der Betrachtungsweise und dem kulturellen Bezug (vgl. [28], S. 159–161). Aufgrund der Komplexität und Ambiguität der Thematik wird nachfolgend einzig Bezug auf Studien des strategischen Managements aus dem angelsächsischen Kulturkreis genommen. Hieran anknüpfend ist der Wissenscharakter in epistemologischen Charakteristiken erkennbar. Demnach definiert sich Wissen nach dessen Natur und Ursprung (vgl. u. a. [100] S. 170–172; [32], S. 110–112; [85], S. 49–51; [79], S. 598–600). Analog liefern diese Arbeiten nahezu keine Definition von Wissen[3], sondern bedienen sich verschiedener Taxonomien. Mittels derer wird sich dem Begriff anhand dominanter Eigenschaften und deren Abgrenzung zueinander genähert (vgl. ebenda). Hintergrund ist die Fragestellung und zeitgleich der Kernansatz des KBV, weshalb Unternehmen existieren („organisationale Erkenntnistheorie") und Wettbewerbsvorteile generieren (vgl. [32], S. 109–113).

In der Literatur wird vorrangig die Unterscheidung zwischen tazitem[4] und explizitem Wissen vorgenommen (vgl. [64], S. 4). Neuere Studien differenzieren zudem zwischen weiteren Wissensarten (u. a. Komplexität und Spezifität; vgl. [79], S. 599–600). Im KBV ist primär das tazite Wissen von Bedeutung und gilt als der Garant zur Generierung strategischer Wettbewerbsvorteile (vgl. [33], S. 110). Diese Auffassung ist auf die Basisannahme zurückzuführen, dass tazites Wissen auf Erfahrungen, Gefühlen, Intuitionen und Einsichten beruht und nur begrenzt artikulierbar ist (vgl. [100], S. 170–171; [68], S. 89). Hierdurch begründet erfüllt diese Wissensart am ehesten die Erfolgspotential generierenden Ressourceneigenschaften nach Barney ([3], S. 105–117; vgl. [32], S. 111–112; [79], S. 598–599).

Studien zu dem KBV differenzieren weiterhin zwischen individuellem (vgl. [32], S. 112) und organisationalem Wissen (vgl. [84], S. 185). Dieser Arbeit wird die individuelle Sichtweise zugrunde gelegt. In Anlehnung an die Ausführungen von Grant ([32], S. 112) wird jegliches Wissen individuell erlangt und gehalten (vgl. auch [47], S. 383). Das Bestreben eines Unternehmens (soziale Entität von Wissen, „repository of social knowledge") muss die Integration von individuellem Wissen im Sinne der Organisation zur Generierung von Produkten oder Dienstleitungen sein (vgl. [32], S. 112; [107], S. 76). Diese Wissensbasis umfasst somit alle verfügbaren Informationen, Know-how und Fähigkeiten aller Organisationsmitglieder (vgl. [24], S. 1132–1135). Gleichzeitig repräsentiert diese die

---

[3] Ausnahmen bilden bspw. Liebeskind ([50]), Grant ([32]) und Spender ([85]). Dennoch bedienen sich diese Autoren auch des epistemologischen Ansatzes.
[4] Im Deutschen werden häufig die Begriffe verborgenes, stilles oder implizites Wissen als Synonym verwendet.

Grundlage von Innovationen und die Fähigkeit, Wissen zu verstehen und anzuwenden (vgl. [24], S. 1132–1135; [41], S. 52–54). Ein Unternehmen verfügt sowohl über spezifisches Markt- und Technologiewissen als auch prozessbezogenes Wissen, mit dessen Hilfe Wissen genutzt und verwertet wird (vgl. [71], S. 689; [99], S. 1309–1313; [106], S. 570).

Mit Rückbezug auf die individuelle Verankerung von Wissen repräsentieren die Initiatoren akademischer Ausgründungen die Wissensbasis eines ASO. Derartige Gründungsteams („founding team")[5] beginnen mit einer spezifischen Ausstattung/Wissensbasis (vgl. [35], S. 1654). Helfat und Peteraf ([39], S. 1000) nehmen an, dass diese sowohl Humankapital als auch Sozialkapital und kognitive Fähigkeiten aufweisen. Insbesondere das Humankapital wird als die Wissensbasis einer Neugründung angesehen und dient der Identifikation, Planung und Verfolgung unternehmerischer Chancen (vgl. [102], S. 289; [106], S. 576–577; [91], S. 155). Im Nachgang wird das Humankapital von Gründerteams fokussiert und näher betrachtet.

2.3 Dimensionen des Humankapitals

Das Humankapital (HK) repräsentiert das Wissen, die Erfahrung und die Fähigkeiten von Individuen, welche zu einer Aufgabenerfüllung angewandt werden können (vgl. [17], S. 374–379; [61], S. 1182). Die Grundannahme dieses Konzeptes besagt, dass die Höhe des HK den Erfolg einer Aufgabe determiniert (vgl. [4], S. 16). Individuen investieren oder akkumulieren Humankapital in Form ihrer formalen Ausbildung und Erfahrung. Die klassische Humankapitaltheorie unterscheidet in diesem Zusammenhang zwischen dem allgemeinen (AHK) und dem spezifischen Humankapital (SHK) (vgl. [4], S. 15–37; [9], S. 228–230).[6]

Der Differenzierung nach Brüderl et al. ([9], S. 228–229) folgend, umfasst das AHK unter anderem die (formale akademische) Bildung (vgl. [17], S. 376; [91], S. 156). Diese gilt als Ursprung von Wissen und Fähigkeiten, aber auch von Disziplin, Motivation und Selbstvertrauen (vgl. ebenda). Jene Aspekte sind essentiell für die Reaktion auf sich verändernde Umweltbedingungen (vgl. [37], S. 1158–1159). Ferner umfasst das AHK die Arbeitserfahrung, welche den (produktiven) Umgang mit neuen Situationen und Wissen fördert (vgl. u. a. [19], S. 306). Das spezifische Humankapital hingegen umfasst die Erfahrung in Bezug auf die Industrie, die Unternehmensführung/-eigentum und die Gründung einer Unternehmung (vgl. [9], S. 229–230). Die industriespezifische Erfahrung kann sowohl technische als auch wirtschaftliche Erfahrungen umfassen (vgl. [91], S. 161). Hierdurch bilden sich fundierte spezifische marktbezogene Kenntnisse sowie Kenntnisse über den Umgang mit Ressourcen und der technischen Weiterentwicklung aus (vgl. u. a. [99],

---

[5]Harper ([36], S. 617) folgend, besteht ein Gründerteam aus Individuen, die ein gemeinsames Ziel verfolgen, welches erst unter optimalem Einsatz individueller unternehmerischer Tätigkeiten erzielt werden kann.
[6]Für einen Überblick bisheriger Ergebnisse vgl. u. a. Colombo und Grilli ([14], S. 797–799).

S. 811–813). Insbesondere die Gründungs- und Eigentumserfahrung gilt als wesentlicher Einflussfaktor in der Entrepreneurship-Forschung (vgl. u. a. [9], S. 229–230; [30], S. 756). Die Gründungserfahrung wird als Treiber der Kenntnisbildung und des Aufbaus von Netzwerken verstanden (vgl. [17], S. 377; [30], S. 775) und differenziert sich nach persönlichen und familiären Gründungsaktivitäten (vgl. [9], S. 230).

Basierend auf der Grundannahme der Humankapitaltheorie existiert eine Vielzahl empirischer Studien zu der Humankapital-Erfolg-Beziehung (vgl. u. a. [9]; [17]; [6]; [30]). Erst jüngere Studien analysieren die Beziehung des Humankapitals und des Umgangs mit unternehmerischen Chancen (vgl. u. a. [19]; [78]; [91]). Dieser Wirkungszusammenhang bildet vor dem Hintergrund eines ASOs die Grundlage dieser Studie und wird nachstehend näher dargelegt.

2.4 Identifikation und Verfolgung unternehmerischer Chancen

Die unternehmerische Chance (UC) ist ein kritischer Faktor bei Unternehmensgründungen. Bevor ein im Entstehen befindliches Unternehmen etabliert ist, existiert eine Geschäftsidee (vgl. [76], S. 222; [75], S. 205). Diese unternehmerische Chance kann als Situation definiert werden, in der „[...] neue Produkte, Dienstleistungen, Rohmaterialien, Märkte und Organisationsmethoden [...]" durch die Entwicklung neuer Mittel, neuer Zwecke oder neuer Mittel-Zweck-Beziehungen hervorgebracht werden (vgl. [76], S. 220; [26], S. 336). In Erweiterung dieser Definition können unternehmerische Chancen als profitorientierte Situationen, die Markineffizienzen angehen, gedeutet werden (vgl. [80], S. 11; [82], S. 40–41).

In der Literatur existieren die ökonomische, die kulturell-kognitive sowie die soziopolitische Schule, deren Angehörige die Entdeckung und Verfolgung unternehmerischer Chancen unterschiedlich erklären (vgl. [15], S. 301). Der ökonomischen Schule folgend, liegen UC exogen vor, wobei deren Identifikation primär durch Informationsasymmetrien bedingt wird ([45], S. 62–81; [74], S. 451–452). Shane und Venkataraman ([76], S. 222) ersehen (1) adäquates Vorwissen/Erfahrung und (2) kognitive Eigenschaften für deren Beurteilung als Einflussfaktoren an. Demzufolge übt das Humankapital entscheidenden Einfluss auf die Identifikation unternehmerischer Chancen aus (vgl. [92], S. 107; [82], S. 45–46). Bedeutsam hierbei sind die kognitiven Fähigkeiten, die als Voraussetzung zur Erfassung von Veränderungen in der Umwelt und komplexer Probleme gelten (vgl. [76], S. 222; [37], S. 1158–1159). Huber ([43], S. 91) postuliert zudem, dass das Wissen von Organisationen zum Zeitpunkt der Gründung die Such-, Experimentier- und Interpretationsprozesse beeinflusst. Dennoch ist der Betrachtungshorizont einer Chance von einer Vielzahl von Aspekten abhängig. Dieser ergibt sich aus sozialen, technologischen und industriellen Veränderungen (vgl. [75], S. 205). Demnach werden UC in einem subjektiven Prozess entdeckt und entspringen objektiv veränderten Bedingungen (vgl. ebenda, S. 220). Wesentlich ist, dass der Wert von Geschäftsideen ex ante kaum bestätigt werden kann und die Beurteilung des Wertes und der Machbarkeit einzig den Gründern unterliegt (vgl. [76],

S. 218; [91], S. 158). In diesem Zusammenhang üben die individuelle Einstellung, das Humankapital und die Natur einer unternehmerischen Chance gleichermaßen (gegenseitigen) Einfluss auf die Verfolgung einer Geschäftsidee aus (vgl. [76], S. 222–224; [15]).

2.5 Entwicklungsstadien eines akademischen Spin-Offs

Im Zuge der Entrepreneurship-Forschung sind eine Vielzahl von Entwicklungsmodellen für neu gegründete Unternehmen aufgezeigt worden (vgl. u. a. [83]; [72]; [44]; [58]; [39]; [97]). Grundlegend gilt für jedes Modell die Ausweisung einer spezifischen Aufgabenheterogenität und -komplexität, die sich mit der betrachteten Phase ändert (vgl. [97], S. 148). Mit Rückbezug auf ASOs identifizieren Vohora et al. ([97], S. 150–172) ein fünfphasiges Modell der Entwicklungsstadien. Alle Phasen umfassen kritische Entwicklungsschwellen (sog. „critical junctures"), die im Entstehungsprozess eines etablierten und gewinnbringenden Unternehmens durchlaufen werden müssen. Aufgrund der thematischen Fokussierung werden die ersten drei Phasen erörtert. Vorangehend umfasst die (1) Forschungsphase („research phase") die Generierung und Akkumulation von Wissen und endet mit der Identifikation einer potentiell kommerziellen Chance (vgl. [97], S. 151). Darauffolgend bezeichnet die (2) Chancengestaltungsphase („opportunity framing phase") die Überführung der Unternehmenschance in eine Geschäftsidee. Hierbei werden konkrete Verwertungsmöglichkeiten der Technologie spezifiziert und notwendige Ressourcen identifiziert. Die Autoren ersehen das Ende dieser Phase mit der Bereitschaft, eine Unternehmung zu gründen (vgl. [97], S. 163, 170–171). Innerhalb der (3) Vororganisationsphase („pre-organization phase") müssen für die Entwicklung notwendige Ressourcen akquiriert und deren Einsatz strategisch geplant werden. Gleichzeitig muss die Technologie in ein marktfähiges Produkt überführt werden. Für diesen Prozess ist unternehmerische Glaubwürdigkeit notwendig, um essentielle Ressourcen erwerben zu können (vgl. [97], S. 164). Trotz der Linearität von Entwicklungsschwellen sind phasenbezogene Überschneidungen und das erneute Aufgreifen von kritischen Aufgaben, Fähigkeiten und Ressourcen realistisch (vgl. [97], S. 152).

2.6 Theoretisch konzeptioneller Bezugsrahmen

Mit Rückbezug auf die dargelegten Inkonsistenzen und die theoretischen Grundlagen leitet sich der Bezugsrahmen dieser Fallstudie ab (s. Abb. 1). Nachfolgend wird das Humankapital des Gründungsteams als Einflussfaktor im Umgang mit unternehmerischen Chancen untersucht. Der Analyse- und Handlungsfokus erstreckt sich hierbei über den frühen Entwicklungsprozess von ASOs und thematisiert die ersten drei Phasen nach Vohora et al. ([97]). Analog ist die Identifikation in der ersten Entwicklungsstufe und die beginnende Chancenverfolgung in den nachkommenden zwei Phasen verortet

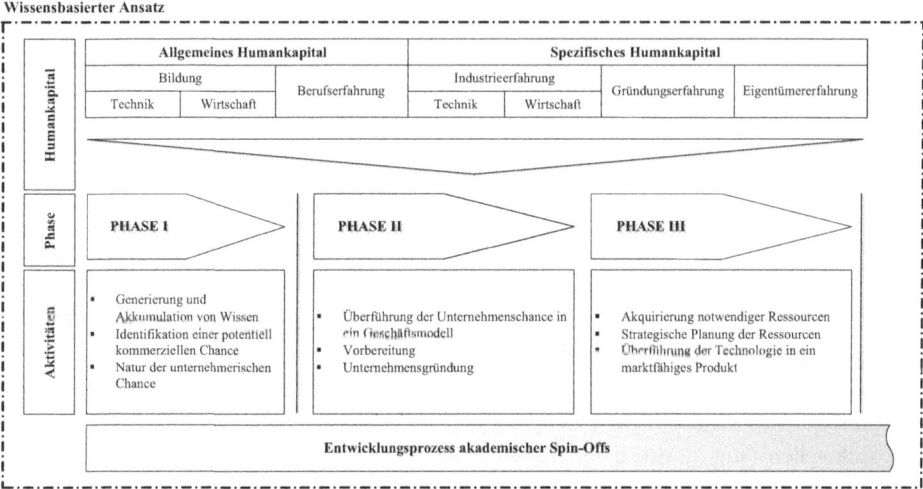

Abb. 1 Bezugsrahmen der Arbeit (Eigene Darstellung)

(vgl. ebenda, S. 151–159). Eine Betrachtung des relevanten Humankapitals für die Chancenidentifikation wird aufgrund der Dichte hinreichender Studien nur marginal berücksichtigt. Im Zuge dieser Untersuchung werden weiterführend basistheoretische Annahmen des KBV kritisch hinterfragt.

3 Ableitung der Propositionen

3.1 Phase I – Identifikation und die Natur der unternehmerischen Chance

Unternehmensgründer identifizieren mit Hilfe ihrer einzigartigen Wissensbasis unternehmerische Chancen (vgl. u. a. [74], S. 448–449; [21], S. 518). Bedeutsam ist jedoch, dass Gründer von akademischen Spin-Offs ihre Fähigkeiten und Erfahrungen zum Großteil in der akademischen Mutterorganisation sowohl bewusst als auch unbewusst erlangen (vgl. [95], S. 92). Gleichzeitig weisen akademische Gründer kaum spezifisches Humankapital auf (vgl. [97], S. 170). Respektive ist die nachstehende Vermutung anzustellen:

▶ **Proposition I** Gründer akademischer Spin-Offs identifizieren unternehmerische Chancen vorrangig auf Basis des in der akademischen Mutterorganisation erlangten allgemeinen Humankapitals.

Die reine Identifizierung und Verfolgung von Chancen sind kein Garant für den Unternehmenserfolg (vgl. [91], S. 170). Erst die Kenntnis über die Charakteristika einer Chance und das zur Identifikation relevante HK ermöglichen es nachzuvollziehen, wie Erfolgspotentiale generiert werden. Diese Tatsache wurde vereinzelt in jüngeren Studien erkannt, wobei der ex post Innovationsgrad (IG) als Charakteristikum fokussiert wurde (vgl. [53]; [92]). In diesem Zusammenhang ist die höhere Überlebenswahrscheinlichkeit etablierter Unternehmen bei der Kommerzialisierung radikaler Inventionen hervorzuheben (vgl. [18], S. 251–255). Es ist daher kritisch anzuerkennen, dass die Erfolgsfaktoren und insbesondere das erforderliche Humankapital mit dem IG variieren (vgl. [54], S. 425; [70], S. 242). Demnach ist die Kenntnis über die Radikalität nicht nur für die Erfolgsabschätzung, sondern auch als Indikator für den adäquaten Umgang mit spezifischen Technologien bei ASOs hochgradig relevant. Problematisch an der bisherigen Herangehensweise ist, dass der IG ex ante kaum beurteilt werden kann, da der radikale Charakter einer Innovation erst im Kontext des Marktnutzens ersichtlich wird (vgl. [46], S. 36–37; [11], S. 476). Unter Beachtung, dass ASOs nur eine prospektive Einschätzung zulassen, ist es angebracht, für diese alternative Gütemaße anzusetzen (vgl. [18], S. 251).

Die Entstehung radikaler Innovationen auf Basis des Humankapitals ist nahezu unberücksichtigt (vgl. [53], S. 807). Das Know-how akademischer Spin-Offs kann nach technologischen und wirtschaftlichen Bestandteilen differenziert werden (vgl. [14], S. 796–797). Primär weisen akademische Gründer nur formale technologische Kenntnisse auf (vgl. [29], S. 128). Das technologisch geprägte Bildungsniveau und das technische SHK wirken signifikant positiv auf die Existenz radikaler Innovationen (vgl. [53], S. 819; [92], S. 110). Auffallend ist der signifikant höhere positive Einfluss des Bildungsniveaus auf die Existenz von radikalen Innovationen in Relation zu der wirtschaftlichen Erfahrung (vgl. ebenda). Eben jene beeinflusst stark die Kundenorientierung von Chancen (vgl. [96], S. 317; [74], S. 457–465; [35], S. 1653–1654). Eng mit dieser Taxonomie verknüpft ist der Gedanke über den Impuls der unternehmerischen Chance. Diese kann sowohl den Kundenbedürfnissen folgen („market-pull") als auch technologiegetrieben sein („technology push") und keinen Zielmarkt aufweisen (vgl. [23], S. 147). Auch die Tatsache, dass grundlagenorientierte Forschung zumeist zu radikalen Innovationen führt, legt nahe, dass die Anwendungsorientierung von Know-how einen Indikator für den Innovationsgrad darstellt (vgl. [87], S. 811–819; [96]).[7] Respektive deuten die Befunde an, dass Chancen, die auf Basis wirtschaftlicher Kenntnisse identifiziert werden, sich grundlegend am Markt ausrichten und einen anwendungsorientierten und inkrementellen Charakter aufweisen (vgl. Abb. 2). Es ist demnach die folgende Proposition zu postulieren:

▶ **Proposition 2** Die Art des in der Identifikationsphase genutzten Humankapitals determiniert die Anwendungsorientierung der unternehmerischen Chance.

---

[7]Für Definitionen des Begriffes „Grundlagenforschung" vgl. u. a. Salter und Martin ([69]) und OECD ([60])

		Allgemeines Humankapital		Spezifisches Humankapital	
		Technologisches Wissen	Wirtschaftliches Wissen	Technische Erfahrung	Wirtschaftliche Erfahrung
Art der Chance	An-wendung	+	+++	+	+++
	Grund-lagen	+++	./.	+++	./.
Art des UN		Akademische Spin-Offs			
		Andere Unternehmensgründungen			

+++ = sehr hohe Bedeutung; ++= hohe Bedeutung; += von Bedeutung; ./.= nicht von Bedeutung; NA= nicht anwendbar

Abb. 2 Humankapital und die Natur der Chance (Eigene Darstellung)

3.2 Phase II – Phase der Chancengestaltung

Innerhalb der zweiten Phase ist die Überführung einer Chance in ein konkretes Geschäftsmodell (z. B. Business-Plan; vgl. [73], S. 118) entscheidend (vgl. [97], S. 168; [21], S. 519–520). Eine rein technologische Einschätzung ist hierbei unzureichend, da dieses die Definition der Wertvorstellung, die Identifikation des Zielmarktes, der Position innerhalb der Wertschöpfungskette mitsamt den involvierten Akteuren und der Finanzaspekte umfasst (vgl. [12], S 533–534). Somit müssen die Unsicherheiten in Bezug auf die Kunden, den Markt, die Erfolgsaussichten, Finanzierung, Wettbewerbsstrategie und ein Konzept für ein marktfähiges Produkt definiert und analysiert werden (vgl. ebenda, S. 533–535; [97], S. 156–168).[8]

Die Industrieerfahrung kann als Akkumulation von funktionalem Wissen über Marketing, Vertrieb, Finanzen, die Fähigkeit mit (externen) Personen umzugehen und die Identifikation und Umverteilung strategischer Ressourcen angesehen werden (vgl. [10], S. 225; [17], S. 377; [21], S. 518). Gleichzeitig hilft die Industrieerfahrung, Informationen über das Wettbewerbsumfeld, die Kundenwünsche und Lieferbedingungen zu erlangen (vgl. ebenda). Aufgrund der marginalen Industrieerfahrung von ASOs existieren zum Gründungszeitpunkt kaum klare Vorstellungen über ein marktfähiges Produkt und die Zielmärkte (vgl. [7], S. 99). Es ist dennoch anzunehmen, dass Gründer mit wirtschaftlichem Vorwissen ähnliche, wenn auch grundlagenorientiertere Kenntnisse auf diesem Gebiet besitzen (vgl. [95], S. 92). Insbesondere der wirtschaftlichen Chancengestaltung muss eine höhere Priorität beigemessen werden. Fehlender Marktfokus und die unzureichende Kundenrelevanz der wirtschaftlichen Anwendungen erschweren die Akquise von notwendigen Ressourcen (vgl. [38], S. 259). Dieses „Venture Capital" ist jedoch prekär, da erst eine sichere, nachhaltige und strategiekonforme Finanzplanung die weitere Erschließung relevanter Ressourcen gestattet (vgl. [97], S. 164). Das zumeist formal geprägte Vorwissen der Gründer determiniert die Chancengestaltung auch unter technischen Aspekten (vgl. [76], S. 222; [7], S. 99). Dieses technisch geprägte AHK ist demnach zielführend für die funktio-

---

[8]Vor- und Nachteile von Planungsdokumenten sind bei Dencker et al. ([21], S. 520) nachzulesen.

nale Gestaltung des Geschäftsmodells (vgl. [12], S. 533–535). Analog den Anforderungen an ein Geschäftsmodell gilt es, sowohl formale betriebswirtschaftliche als auch technische Kenntnisse erfolgreich anzuwenden, so dass folgende Vermutung anzustellen ist:

▶ **Proposition 3** Für die Chancengestaltung und Entwicklung des Geschäftsmodells sind bei ASOs formale wirtschaftliche und technische Kenntnisse bedeutsam. Insbesondere das wirtschaftliche AHK ist hochgradig relevant in dieser Phase.

Mosey und Wright ([57], S. 927) belegen, dass mit zunehmender Gründungserfahrung das Managementwissen zunimmt (vgl. auch [17], S. 377). Dencker et al. ([21], S. 520) ersehen die Gründungserfahrung als Hilfestellung bei der Anfertigung von Business-Plänen. Dieses SHK dient als Fähigkeit („guide") bei der Gestaltung von Chancen (vgl. ebenda; [91], S. 158). Ucbasaran et al. ([91], S. 158) belegen zudem, dass die Gründungserfahrung zwar nicht den Umgang mit unternehmerischen Chancen per se verbessert, aber unterstützend auf die Senkung der Kosten und des Zeitaufwandes wirkt. Es kann daher antizipiert werden, dass die Gründungserfahrung die realistische Aufarbeitung des Geschäftsmodells unterstützt, was zu der folgenden Annahme verleitet:

▶ **Proposition 4** Kenntnisse, die im Rahmen früherer Gründungsaktivitäten erlangt wurden, begünstigen die Chancengestaltung und Entwicklung des Geschäftsmodells.

3.3 Phase III – Vororganisationsphase

Mit dem klaren Bekenntnis zur Ausgründung und Gestaltung der UC tritt das ASO in die Vororganisationsphase ein. Innerhalb dieser Phase sind das Geschäftsmodell umzusetzen und strategische Ressourcen zu akquirieren. Ziel ist die Entwicklung eines marktfähigen Produktes (vgl. [97], S. 156–157).

Kommerzielle Weiterentwicklung und Ressourcen
Für die Weiterentwicklung einer UC gilt es für technologiebasierte Unternehmen, die Beschaffung sowohl von Materialien als auch Finanzen zu planen, zu allokieren, zu kontrollieren und zu steuern (vgl. [12] S. 532–535). Die Autoren Vohora et al. ([97], S. 156) zeigen die zunehmende Bedeutung der Industrieerfahrung auf. Gründer mit wenig bis keiner Industrieerfahrung weisen eine sehr steile Lernkurve in den späteren Phasen auf. Ganzheitlich betrachtet kann gefolgert werden, dass konkrete Managementerfahrungen mit Beginn der Umsetzung des Geschäftsmodells notwendig und nutzenstiftend sind. Zu diesem Zweck müssen ASOs meist um wirtschaftlich versiertes Fachpersonal ergänzt werden (vgl. ebenda, S. 166–167; [52], S. 187). Auf Basis dieser Ausführungen ist folgende Behauptung aufzustellen:

▶ **Proposition 5** Im Zuge der Verfolgung unternehmerischer Chancen gewinnt spezifische wirtschaftliche Erfahrung an Bedeutung.

Die Ausstattung eines Unternehmens nimmt eine entscheidende Signalwirkung ein und kann den Ressourcenbestand im Unternehmen maßgeblich beeinflussen (vgl. [88], S. 317–330). Nach Stuart ([88], S. 317–330) induzieren die Anzahl der Patente und die Qualifikation (Humankapital) die Glaubwürdigkeit, die Substanz und die Nachhaltigkeit der Geschäftsidee, wodurch diese indirekt Anteil am Finanzierungserfolg des Unternehmens haben (vgl. auch [51], S. 1056; [42], S. 33). Entscheidend ist, dass Schutzrechte in Form von Patenten primär technisches Wissen widerspiegeln (vgl. [1], S. 8), so dass technisches AHK für die Erstellung von Schutzrechten zielführend ist. Darüber hinaus erhöht eine vorzeitige Planung die Überlebenswahrscheinlichkeit von Spin-Offs (vgl. [21], S. 520; [20], S. 1166–1180). Wie bereits angeführt, ist für die Erstellung von Planungs- und Strategiedokumenten Humankapital notwendig, wobei die Gründungserfahrung deren Anfertigung begünstigt (vgl. [21], S. 520).

▶ **Proposition 6** Schutzrechte und andere Strategiedokumente tragen entscheidend zur Akquise finanzieller Mittel bei. Für die Erstellung von Schutzrechten ist technisches AHK notwendig.

Mosey und Wright ([57], S. 912–913) können zeigen, dass die Eigentums- und Gründungserfahrung einen positiven und sogar höheren Einfluss als der Support durch externe Stellen und Machbarkeitsnachweise auf den Erhalt von Finanzierungsmitteln und Managementwissen hat. Die Autoren begründen den Befund mit der Tatsache, dass erfahrene Gründer bereits soziale Netzwerke aufweisen und diese besser ausbilden können (vgl. ferner [30], S. 775). Respektive ist die folgende Aussage anzunehmen:

▶ **Proposition 7** Akademische Spin-Offs, die bereits Gründungserfahrung aufweisen, können leichter Ressourcen allokieren.

Technische Weiterentwicklung
Mit der Überführung der Geschäftsidee in ein konkretes marktfähiges Produkt sind im Zuge der technischen Weiterentwicklung anwendungsorientierte technische Erfahrungen zielführend (vgl. [91], S. 169). Die Autoren nehmen an, dass mit zunehmender Erfahrung das Risiko und die Kosten gesenkt werden können, was die Verfolgung von UC insgesamt begünstigt. Auch zeigt sich die zunehmende Bedeutung der technischen Erfahrung innerhalb der Umsetzung von Geschäftsideen (vgl. ebenda, S. 165). Weitere Autoren erkennen ebenfalls den Wert technischer Erfahrungen für den erfolgreichen Umgang mit Technologien und betonen deren Relevanz für die Weiterentwicklung und Umsetzung in konkrete Applikationen (vgl. [53], S. 812; [99], S. 1309–1313). Analog ist der folgende Sachverhalt anzunehmen:

▸ **Proposition 8** Für die Überführung einer Geschäftsidee in eine marktfähige Anwendung sind überwiegend spezifische technische Kenntnisse und Erfahrungen notwendig.

3.4 Tazites Wissen im unternehmerischen Entwicklungsprozess

Eine Basisannahme des KBV ist, dass primär tazites Wissen für die Generierung von Wettbewerbsvorteilen und die Existenz von Unternehmen verantwortlich ist (vgl. [33], S. 111–112). Das Humankapital umfasst explizite und tazite Anteile (vgl. [19], S. 306). Das AHK definiert sich als explizites Wissen, wohingegen das SHK auf persönlichen Erfahrungen beruht und das tazite Wissen beschreibt (vgl. [19], S. 306; [2], S. 361). Diese Operationalisierung wird durch andere Studien mit der Begründung, dass tazites Wissen nicht direkt zu messen ist und sich in der Praxis und Erfahrung von Individuen ausdrückt, gestützt (vgl. [33], S. 111; [35], S. 1655). Gemäß den Ausführungen nach Vohora et al. ([97], S. 170–172) variiert die Bedeutung der Humankapitaldimensionen im unternehmerischen Entwicklungsprozess. Insbesondere das SHK gewinnt an Relevanz. Auch die Autoren Ucbasaran et al. ([91], S. 169) und Davidsson und Honig ([19], S. 306) führen an, dass dem HK ein strategischer Wert zugerechnet werden muss. Auch diverse Autoren im Kontext des KBV führen diesen Sachverhalt an und kritisieren die stigmatisierte Bedeutung des taziten Wissen (vgl. u. a. [48], S. 462; [28], S. 145, 159). Mit Rückbezug auf diese Ausführungen ist folgende Annahme zu treffen:

▸ **Proposition 9** Mit der Entwicklung eines ASOs steigt die Aufgabenkomplexität, und die Bedeutung des taziten Wissens nimmt zu. Insgesamt ist tazitem Wissen ein strategischer Wert beizumessen.

4 Fallstudienmethodik und Untersuchungsgegenstand

4.1 Fallstudienmethodik und Datenerhebung

Der Einbezug qualitativer Forschungsergebnisse in Form von Fallstudien gestattet einen realitätsnahen, ganzheitlichen Blick auf komplexe und dynamische Sachverhalte. Die erkenntnisleitende Fragestellung innerhalb dieser Methodik kann die Beschreibung von Sachverhalten, der Test bestehender Literatur und die Generierung von Theorien sein (vgl. [27], S. 535; [105], S. 1). Der Kernansatz dieser Arbeit ist die Theorieerstellung bei gleichzeitiger Verifizierung bestehender Ergebnisse. Es werden erstmalig (a) die Wirkungszusammenhänge zwischen den Humankapitaldimensionen und dem Umgang mit unternehmerischen Chancen im Entwicklungsprozess von ASOs analysiert und (b) der Wert des taziten Wissens hinterfragt.

Diese Forschungsschwerpunkte werden nach der Typisierung von Yin ([105], S. 39–45) in Form einer Einzelfallstudie („single case") analysiert. Mit Beachtung des Untersuchungsgegenstandes wird der holistische Ansatz verfolgt (vgl. ebenda, S. 45). Diese Art der Herangehensweise ist insbesondere gerechtfertigt, wenn der untersuchte Gegenstand einzigartige und seltene Umstände repräsentiert (vgl. ebenda, S. 45–46). Aufgrund der Notwendigkeit, gezielt Charakteristika von ASOs in den frühen Phasen des Entwicklungsprozesses zu erfassen, erscheint dieser Ansatz unumgänglich (vgl. [19], S. 303–306). Kritisch anzumerken sind die robusteren Ergebnisse vergleichender Fallstudien ([27], S. 541; [49], S. 250; [105], S. 46–47). Um dennoch die Validität der erhobenen Daten zu gewährleisten, wurde das Triangulations-Prinzip verfolgt (vgl. [27], S. 537–538; [105], S. 98–99). Die qualitativ erhobenen Primärdaten wurden durch externe Recherche (Sekundärdaten) nachvollzogen und verifiziert. Weitere Vor- und Nachteile der jeweiligen Ansätze sind in der einschlägigen Literatur nachzulesen (vgl. [104]; [105]; [27]). Der Forschungsprozess lehnt sich an das Phasenkonzept nach Eisenhardt ([27], S. 533) an.

Die Primärdaten der Studie erschließen sich aus einem mehrstündigen Experteninterview mit den Unternehmensgründern und Geschäftsführern eines ASOs. Diese wurden mittels semi-strukturierter Fragebögen zu den Forschungsschwerpunkten dieser Arbeit erhoben und durch freie themenrelevante Gespräche ergänzt (vgl. [105], S. 90–91). Unter Zuhilfenahme einschlägiger Literatur wurden im Vorfeld Themenkomplexe, die Eingang in die Untersuchung fanden, erarbeitet und spezifiziert. Diese Herangehensweise ermöglichte eine möglichst exakte Erforschung der Thematik. Neue Sachverhalte, die erst innerhalb der Befragung erschlossen wurden, fanden ebenso Eingang in die Studie (vgl. [27], S. 536). Um den Aussagegehalt und die Objektivität der Erkenntnisse zu verbessern, erfolgte das Interview durch zwei Personen, wobei die Befragung und die Transkription getrennt durchgeführt wurden (vgl. [27], S. 538).

4.2 Untersuchungsgegenstand – Scuddy GmbH & Co. KG

Das Gründungsteam der Scuddy GmbH & Co. KG durchlief bis zur Unternehmensgründung formal die identische akademische Ausbildung. Beide Gründer führten nach der allgemeinen Hochschulreife ihren akademischen Bildungsweg an einer norddeutschen Fachhochschule fort. Mit Ausnahme unterschiedlicher Studienschwerpunkte studierten die Gründer zunächst Maschinenbau und im Anschluss Betriebswirtschaftslehre. Letzteres wurde mit der Intention einer gemeinsamen Unternehmensgründung in dem Wissen begonnen, dass eine rein technisch orientierte Ausbildung für eine erfolgreiche unternehmerische Existenz zumeist unzureichend ist. Zu diesem Zeitpunkt existierte noch keine konkrete Geschäftsidee. Der grundlegend ausgeprägte Wunsch der Selbstständigkeit begründet sich auf familiäre und eigene berufliche Erfahrungen. Im Verlauf der akademischen Ausbildung wurde auf Initiative der Gründer ein F&E-Projekt („Formula Student Rennwagen") an der Hochschule ins Leben gerufen. Im Zuge dieses Vorhabens werden Fahrzeugprojekte verwirklicht, in denen neben technischen auch wirtschaftliche Aspekte relevant sind. Beide Gründer nahmen innerhalb dieses Projektes leitende Positionen ein und vertraten es nach außen. In diesem Zusammenhang wurden durch die Gründer das Vorhaben geplant, relevante Ressourcen akquiriert und Kontakt zu Dritten aufgenommen.

Aus dem hohen Bedarf an elektrischen Fortbewegungsmitteln für den öffentlichen Nahverkehr abgeleitet, produziert die Scuddy GmbH & Co. KG faltbare Elektroroller. Die Gründer erkannten die Thematik der Elektromobilität als potentielles Betätigungsfeld im Rahmen einer universitären Veranstaltung. Die konkrete unternehmerische Chance und deren marktseitiges Potential wurden im Zuge der Abschlussarbeit im Studiengang der Betriebswirtschaftslehre erarbeitet. Der Klappmechanismus des Elektrorollers definiert die Kerntechnologie, wobei dessen Funktionsweise im Zuge des unternehmerischen Entwicklungsprozesses erforscht und patentiert wurde. Zu Beginn bezogen die Gründer eine Räumlichkeit innerhalb der akademischen Mutterorganisation (AMO), wobei Mentoren der Fachhochschule aus dem technischen und wirtschaftlichen Bereich die Gründungsmitglieder bei Bedarf unterstützten. Mit der Unternehmensgründung verließ das Gründungsteam die AMO, um einen eigenen Unternehmensstandort zu erschließen.

Zum Zeitpunkt der Befragung befand sich das Unternehmen im Übergang von der Prototypen- und Pilotstudie zu der Phase der Serienfertigung. Insbesondere spezifische Marketing- und Vertriebsstrategien waren noch im Entstehungsprozess begriffen, so dass der Untersuchungsgegenstand in der dritten Phase des Gründungsprozesses nach Vohora et al. ([97]) zu verorten ist.

5 Zusammenführung von Theorie und empirischen Befunden

Die Erkenntnisse und Charakteristika der Fallstudie werden nachfolgend zusammengefasst und in Beziehung zu den postulierten Propositionen gesetzt. Die Ergebnisse werden entlang des Entwicklungsprozesses akademischer Neugründungen aufgezeigt.

5.1 Phase I – Identifikation und die Natur der unternehmerischen Chance

P1: Gründer akademischer Unternehmen identifizieren unternehmerische Chancen vorrangig auf Basis des in der akademischen Mutterorganisation erlangten allgemeinen Humankapitals. Im Rahmen des betriebswirtschaftlichen Ausbildungsabschnittes wurden die Gründer innerhalb einer Vorlesung an die Thematik und grundsätzliche wirtschaftliche Bedeutung der „Elektromobilität" herangeführt. Das Studium der Betriebswirtschaftslehre wurde mit einer gemeinsamen Abschlussarbeit, die das Marktpotential der Elektromobilität vor dem Hintergrund einer Unternehmensgründung thematisiert, beendet. Im Zuge der einhergehenden Wirtschaftlichkeitsbetrachtung konnte das ökonomische

Potential der Elektromobilität wissenschaftlich fundiert angegangen und konkrete technologieorientierte Nischen identifiziert werden. Auf dieser Basis wurde die unberücksichtigte Leistungsfähigkeit bei gleichzeitig grundständig hoher Nachfrage der Elektromobilität im öffentlichen Nahverkehr erkannt. Demnach wurde die unternehmerische Chance auf Basis des formal erlangten Wissens identifiziert. Hierauf begründet, leitete sich die Idee eines faltbaren Elektrorollers ab, der sowohl die Bedürfnisse eines ökologischen und gleichzeitig mobilen Fortbewegungsmittels garantiert. Unter Beachtung feststehender Aussagen und Befunde, dass das Vorwissen die Fähigkeit, neue Informationen und Gegebenheiten zu verstehen, zu antizipieren und anzuwenden, beeinflusst, scheint sich die erste Annahme zu bestätigen.

P2: Die Art des in der Identifikationsphase genutzten Humankapitals determiniert die Anwendungsorientierung der unternehmerischen Chance. Beide Gründer entstammen derselben AMO und haben mit der Ausnahme differenzierter Studienschwerpunkte die gleichen Studiengänge absolviert. Die hierbei verfolgten Fachdisziplinen sind in ihrer Ausrichtung als anwendungsorientiert zu bezeichnen. Im Zuge der Abschlussarbeit im Bereich der Betriebswirtschaftslehre wurde unter Verwendung des dort formal erlangten Wissens (AHK) die Grundlage der unternehmerischen Chance identifiziert. Mit der Analyse der wirtschaftlichen Bedeutung der Elektromobilität induzierten die genutzten Kenntnisse eine nachfrageorientierte Geschäftsidee, die sich nach dem konkreten Bedarf klappbarer Elektroroller für den öffentlichen Nahverkehr richtet. Auf dieser Basis wurde ein stark anwendungsgetriebenes Produkt konzipiert und im Zuge des unternehmerischen Entwicklungsprozesses verfolgt. Demnach bestätigt der Untersuchungsfall die Annahme, dass die Art des genutzten Humankapitals Einfluss auf die Natur einer UC übt. Respektive erlaubt der angesetzte Indikator offensichtlich, einen direkten Zusammenhang zwischen dem angewandten Humankapital und der Anwendungsorientierung bzw. implizit dem Innovationsgrad einer UC aufzuzeigen.

5.2   Phase II – Phase der Chancengestaltung

P3: Für die Chancengestaltung und Entwicklung des Geschäftsmodells sind bei ASOs formale wirtschaftliche und technische Kenntnisse bedeutsam. Insbesondere das wirtschaftliche HK ist hochgradig relevant in dieser Phase. Durch die Anwendung des an der AMO erlernten betriebswirtschaftlichen und technologischen Wissens konnten die relevanten Aspekte des Geschäftsmodells erarbeitet werden. Insbesondere das formale betriebswirtschaftliche Wissen ermöglichte diesen Planungsprozess. Unter Verwendung dieses Wissens konnten entscheidende Machbarkeits- und Wirtschaftlichkeitsanalysen durchgeführt werden. Zudem gestattete es, eine grundlegende Marktforschung durchzuführen und konkrete Zielmärkte mit definierten Bedarfsmengen zu identifizieren. Auf dieser Grundlage konnten auch erste konkrete Marketing- und Vertriebsstrategien konzipiert werden. Das an der Fachhochschule erlangte technologische Wissen diente in dieser Phase vorrangig der realistischen Abschätzung der zu tätigenden Investitionskosten. Diese Befunde legen den obig postulierten Zusammenhang nahe. Einerseits zeigt sich, dass vorrangig formal erlangtes Wissen im Rahmen der Chancengestaltung notwendig ist. Darüber hinaus ist es anscheinend essentiell, innerhalb dieser Phase den Fokus auf wirtschaftliche Kenntnisse zu legen, mit deren Hilfe ein ganzheitliches und strategiekonformes Geschäftsmodell entwickelt werden kann.

P4: Kenntnisse, die im Rahmen früherer Gründungsaktivitäten erlangt wurden, begünstigen die Chancengestaltung und Entwicklung des Geschäftsmodells. Für eine adäquate Analyse dieser Proposition ist zwischen der familiären und der studentischen Gründungserfahrung zu unterscheiden. Während die familiäre Gründungserfahrung primär nur den Wunsch nach einer selbstständigen Existenz motivierte, unterstützte die aktiv erlangte Gründungserfahrung im hochschulweiten F&E-Projekt sehr wesentlich die Phase der Chancengestaltung. Im Rahmen dieses Vorhabens galt es vielfach, strategische Dokumente anzufertigen. Insbesondere im Zuge der damaligen Gründung wurde ebenfalls ein Business-Plan erstellt. Daher ist festzuhalten, dass durch eine aktive Gründungserfahrung Kenntnisse für die Erstellung von Planungsgrundlagen zur Realisierung unternehmerischer Vorhaben gewonnen werden. Folglich stimulieren diese Kenntnisse die konzeptionelle Phase. Zusammenfassend betrachtet unterstützen die Befunde hingegen nur bedingt die postulierte Vermutung.

5.3 Phase III – Vororganisationsphase

P5: Im Zuge der Verfolgung unternehmerischer Chancen gewinnt spezifisches wirtschaftliches Wissen an Bedeutung. Mit Beginn der produktbezogenen Ressourcenallokation und anfänglichen Vermarktung wurden spezifische Anforderungen definiert. Die erforderlichen Kenntnisse über die Art und Beschaffenheit der Materialien und Fertigung erlangten die Gründer innerhalb ihres Maschinenbaustudiums. Vor dem Hintergrund finanzieller Restriktionen musste der Einkauf relevanter Ressourcen unter quantitativen und qualitativen Aspekten planungssicher und strategiekonform sein. Das innerhalb des Studiums der Betriebswirtschaftslehre erlangte Wissen war vor diesem Hintergrund von großem Nutzen. Die Buchhaltung wurde allerdings von einer externen Instanz getragen, so dass diese spezifischen Kenntnisse primär außerhalb des Unternehmens vorlagen. Weiterführend wurden aktiv die unternehmerischen Marketing- und Vertriebsstrategien forciert. Im Zuge dieses Prozesses gewannen die Gründer tiefergehende Erkenntnisse über Industriegegebenheiten und verfeinerten die Vermarktungsstrategien. Bezugnehmend ist der eingangs formulierte Zusammenhang zu unterstützen.

P6: Schutzrechte und strategische Dokumente tragen entscheidend zur Akquise finanzieller Mittel bei. Für die Erstellung von Schutzrechten ist technisches AHK notwendig. Die Finanzierung der Unternehmung begründet sich neben dem Privatvermögen der Gründer auf zwei Stipendien und dem Kredit einer Investmentbank. Diese finanziellen Mittel wurden auf Basis der erstellten Planungsgrundlagen und des aktiven Schutzes idiosynkratrischer Ressourcen (Schutzrecht, Anmeldung einer Bild- und Wortmarke) erteilt. Der Erhalt der Stipendien begründete sich neben dem hohen Erfolgspotential insbesondere auf dem nachhaltigen und ganzheitlichen Geschäftsplan, der sich durch ausgereifte wirtschaftliche und technische Aspekte auszeichnete. Vor diesem Hintergrund waren das AHK und die konkreten Vorerfahrungen durch das studentische F&E-Projekt von Vorteil (vgl. Proposition 3 und 4). Mit der Intention, die Kerntechnologie zu schützen, erhielten die Gründer eine Förderung zur Erstellung des Schutzrechtes und der ersten Funktionsprototypen. Diese Aktivitäten erfolgten durch das technische AHK der Gründer. Der Anmeldeprozess und die Formulierung des Schutzrechtes wurden von Dritten (Patentanwalt) unterstützt, so dass die Recherche artverwandter Technologien und die dezidierte Abgrenzung extern erfolgten. Auf Basis dieses Schutzrechtes konnte ein Darlehen akquiriert werden.

Zusammenfassend ist zu konstatieren, dass ausgereifte strategische Dokumente und Schutzrechte, die das Potential einer Geschäftsidee unterstreichen, die Akquise finanzieller Mittel unterstützen. Wesentlich für deren Konzeption sind spezifische Vorkenntnisse, die sich mit dem Aufgabenspektrum differenzieren. Die vorliegenden Befunde bekräftigen die angeführten Vermutungen.

P7: Akademische Jungunternehmen, die bereits Gründungserfahrung aufweisen, können leichter Ressourcen allokieren. Mit der Verfolgung der Geschäftsidee rückte die Beschaffung konkreter Ressourcen in den Vordergrund. Die jeweiligen Ressourcenanforderungen wurden durch die Kenntnisse der Hochschulausbildung definiert. Die Beschaffung vieler Ressourcen wurde durch das Lieferanten- und Systempartnernetzwerk des studentischen Fahrzeugprojektes begünstigt. Für die Überzeugung und Akquise neuer Lieferanten waren weiche Faktoren für eine ausgeprägte Glaubwürdigkeit zielführend. Diese wurden durch die damalige Leitungsfunktion geschult und geprägt. Gleichzeitig waren bestehende Beziehungen, insbesondere zu der AMO, von Bedeutung. Diese vermittelte kritische Kontakte an das Unternehmen weiter. Ganzheitlich betrachtet kann vermutet werden, dass die Gründungserfahrung direkten und indirekten Einfluss auf die Ressourcenallokation ausübt, so dass sich die aufgestellte Annahme bestätigt.

P8: Für die Überführung einer Geschäftsidee in eine marktfähige Anwendung sind überwiegend spezifische technische Kenntnisse und Erfahrungen notwendig. Mit dem Bestreben, die Technologie des Klappmechanismus innerhalb eines Elektrorollers in eine wirtschaftliche Anwendung zu überführen, wurde der Prototyp vor dem Hintergrund der technischen Spezifikationen geplant, konstruiert und produziert. Diesbezüglich gewannen die Gründungsmitglieder an Wissen im Bereich spezifischer Fertigungstechniken dazu, ohne das eine Produktion bestimmter Teile kaum möglich gewesen wäre. Zu Anfang unterstützte sie zudem der technische Mentor der AMO in Fragen der Fertigungstechnik und stellte spezifische Anlagen zur Verfügung. Unter diesen Gesichtspunkten liegt ein externer Eintrag von spezifischen Kenntnissen vor. Die gesammelten konstruktiven Erfahrungen im Rahmen der beruflichen Praktika der Gründungsmitglieder waren nur wenig relevant für diesen Prozess. Einzig positive Mitnahmeeffekte im Sinne der schnelleren Handhabung mit speziellen Programmen waren erkennbar, obgleich diese auch Bestandteil des Maschinenbau-Studiums waren. Dementgegen wurde die Konzeption des Produktdesigns von externer Stelle getragen. Es zeigt sich somit primär die vermeintliche Relevanz des akademischen Maschinenbauwissens für die technische Weiterentwicklung der unternehmerischen Chance. Die Bedeutung spezifischer Erfahrungswerte ist differenziert zu betrachten. Während die berufliche Praxis den Prozess marginal unterstützt, sind konkrete Erfahrungswerte für das Design und die Fertigung bedeutsam, was die Bedeutsamkeit des spezifischen Humankapitals unterstreicht. Insgesamt erscheint jedoch die Wichtigkeit des formal erlangten Wissens hoch, weshalb die postulierte Proposition nicht zu bestätigen ist.

5.4 Tazites Wissen im unternehmerischen Entwicklungsprozess

P9: Mit der Entwicklung eines ASOs steigt die Aufgabenkomplexität, und die Bedeutung des taziten Wissens nimmt zu. Insgesamt ist tazitem Wissen ein strategischer Wert beizumessen. Im Entwicklungsprozess der Scuddy GmbH & Co. KG zeigte sich die Dominanz des AHK. Dieses war ursächlich ausschlaggebend für Identifikation und Gestaltung der unternehmerischen Chance. Die erworbene Gründungs- und Eigentumserfahrung im Rahmen des studentischen Fahrzeugprojektes unterstützte in der zweiten Phase den Planungsprozess. Im Zuge der dritten Phase gewann diese jedoch an Bedeutung, und das Gründungsteam erschloss weitere relevante Fähigkeiten und Kenntnisse. Auch ausgeprägte Fähigkeiten im Bereich Präsentation und Außenwirkung („Sozialkapital") waren für die Glaubwürdigkeit der Unternehmung und Überzeugungsarbeit von hoher Relevanz, obgleich sich diese Fähigkeiten im Zuge dieses Prozesses verbesserten. Gleichzeitig rückten spezifische Kenntnisse im Bereich der Finanzplanung und -kontrolle und des Produktdesigns in den Handlungsfokus des Unternehmens. Mit der Produktkonzeption wurde zeitgleich spezifisches technisches Know-how relevant. Obgleich die Bedeutung des AHK auch in der dritten Phase in absoluter Betrachtung konstant blieb, nahm diese proportional zum SHK ab. Es kann daher konstatiert werden, dass (1) die Komplexität im Entwicklungsprozess und gleichzeitig die Anforderungen an das HK steigen. Zudem ist anzuführen, dass (2) die Relevanz des SHK, respektive das tazite Wissen, in Relation zu den formalen Kenntnissen und Erfahrungen zunimmt. Zusammenfassend ist die angeführte Proposition zu unterstützen.

6 Schlussfolgerungen, Zusammenfassung und Ausblick

6.1 Zusammenfassung der wesentlichen Ergebnisse

Die erkenntnisleitende Fragestellung der vorliegenden Arbeit war die Bedeutung des Humankapitals für die Identifikation und Verfolgung unternehmerischer Chancen im frühen unternehmerischen Entwicklungsprozess. Die empirischen Befunde haben klar die Relevanz bei gleichzeitiger Dominanz des Humankapitals im Gründungsverlauf eines ASOs aufgezeigt. Zunächst verdeutlichen die Ergebnisse, dass akademische Spin-Offs auf Basis ihres Humankapitals unternehmerische Chancen identifizieren. Es erscheint offenkundig, dass die Art des angewandten Humankapitals in der Identifikationsphase die Natur der UC determiniert und sich als Indikator für den Innovationsgrad eignet. Unter Rückbezug auf die vorherigen Ausführungen ist daher anzunehmen, dass eine wirtschaftlich geprägte Hochschulausbildung ähnlich sensibilisierend auf die Chancenidentifikation wirkt wie die spezifische Managementerfahrung. Im Zuge dieser Studie konnten sowohl einflussnehmende Aspekte als auch definierte Anforderungen an das Humankapital im Zeitverlauf des Gründungsprozesses eines ASO analysiert werden. Diesbezüglich zeichnete sich klar die Relevanz des allgemeinen Humankapitals in den frühen Phasen eines ASO für alle kritischen Aktivitäten ab. Es wurde allerdings deutlich, dass formales Wissen erst unter inhaltlichen und situativen Gesichtspunkten an Relevanz gewinnt. Gleichzeitig konnte erstmals verdeutlicht werden, wie der Stellenwert des Humankapitals mit Fortschreiten des Gründungsprozesses variiert. Trotz der vielfach konstatierten immanenten Bedeutung taziter Kenntnisse wurde ersichtlich, dass diese erst mit der Aufgabenspezifität im Entwicklungsprozess für das Unternehmen bedeutsam werden. Nichtsdestotrotz wurde die unterstützende Leistung spezifischer Erfahrung offenkundig, so dass konkrete Erfahrungswerte von Beginn an den Entwicklungsprozess maßgeblich begünstigen können. Vorrangig scheint hierbei die Gründungserfahrung einen grundlegenden Treiber und Erfolgsfaktor darzustellen. Hervorzuheben ist, dass sich in einer differenzierten Betrachtung primär die aktive Gründungserfahrung als zielführend erwies.

Insgesamt betrachtet zeigen die empirischen Befunde sehr eindrucksvoll, dass die bisherigen heterogenen Ergebnisse in der Literatur über die Beziehung zwischen dem Humankapital und unternehmerischen Chancen in der Identifikationsphase auf eine unzureichende Operationalisierung und im weiteren Verlauf auf eine grundlegend undifferenzierte Betrachtung des Entwicklungsprozesses zurückzuführen sind. Gleichzeitig demonstrieren die Ergebnisse deutlich die zunehmende Wichtigkeit spezifischer Kenntnisse, die fortschreitende Lernprozesse implizieren und die steigende Komplexität explizieren. In einer basistheoretischen Betrachtungsweise zeigte sich somit unverkennbar, dass die bisherige Basisannahme des KBV unzulänglich ist. Tazites Wissen repräsentiert einen klaren Erfolgsfaktor für die Generierung von Wettbewerbsvorteilen – jedoch nur in Verbindung mit dem expliziten Wissen. Es ist anzunehmen, dass der Wert beider Wissensarten erst in einem strategischen Kontext erkennbar ist. Die Ergebnisse und Zusammenhänge die-

	Allgemeines Humankapital			Bedeutung	Spezifisches Humankapital				Bedeutung
	Bildung		Berufserfahrung		Industrieerfahrung		Gründungs-erfahrung	Eigentümer-erfahrung	
	Technologie	Wirtschaft			Technik	Wirtschaft			
PHASE I	+++ (Grundlagen)	+++ (Anwendung)	./.		NA	NA	./.	./.	
PHASE II	+	++	./.		NA	NA	++	+	
PHASE III	++	++	+		+	++	++	++	
...									

+++ = sehr hohe Bedeutung; ++= hohe Bedeutung; += von Bedeutung;./.= nicht von Bedeutung; NA= nicht anwendbar

Abb. 3 Visualisierung der Fallstudienergebnisse (Eigene Darstellung)

ser Arbeit sind in Abb. 3 visualisiert. Eine Gegenüberstellung der erkenntnisleitenden Propositionen mit den Befunden findet sich im Anhang (Kap. 7).

6.2 Limitationen und Implikationen für die zukünftige Forschung und Praxis

Basierend auf den gewonnenen Erkenntnissen dieser Arbeit und unter Verwendung bestehender Literaturbefunde werden nachfolgend wegweisende Implikationen für die zukünftige Entrepreneurship-Forschung und die Praxis abgeleitet. Die Limitationen dieser Arbeit und mögliche Lösungsansätze werden aufgezeigt.

6.2.1 Implikationen für die Praxis

In Anlehnung an die Befunde können Handlungsempfehlungen für (1) den Umgang mit unternehmerischen Chancen und im Hinblick auf die (Austausch-)Beziehung zu Dritten für (2) die akademische Mutterorganisation und andere Beteiligte ausgesprochen werden.

Identifikation und Verfolgung von unternehmerischen Chancen
Zu Beginn sollten Gründer ein strategiekonformes Unternehmenskonzept unter Berücksichtigung der Natur einer Chance generieren. Im Zuge dessen können Schwachstellen identifiziert und behoben werden. Gemäß der Befunde gilt es auch unter Aspekten der Finanzierung, strategischen Dokumenten und Schutzrechten verstärkt Beachtung zu schenken (vgl. u. a. [40]). Die Tatsache, dass die Höhe des Finanzkapitals die Verfolgung von Geschäftsideen und den Unternehmenserfolg positiv beeinflusst, bestätigt deren Notwendigkeit (vgl. [13], S. 336–337; [25], S. 1–2). Für deren Erstellung bestätigt sich die anfängliche hohe Relevanz wirtschaftswissenschaftlicher Kenntnisse (vgl. [91], S. 165–168). Darüber hinaus ist über den gesamten Verlauf die Einheit von technologischen und wirtschaftswissenschaftlichen Kenntnissen bei gleichzeitig zunehmender Bedeutung spezifischer Kenntnisse im Zuge der Verfolgung unternehmerischer Chancen erkennbar

(vgl. ebenda). Zukünftige Unternehmensgründer müssen daher Lernprozesse mit zunehmender Aufgabenkomplexität fortsetzen und gezielte Weiterbildungen oder externe Beratungen in Anspruch nehmen (vgl. [97], S. 170–172). Demnach stellt „Lernen" einen kritischen Erfolgsfaktor für das Wachstum und die Anpassungsfähigkeit dar (vgl. [21], S. 518). Im Sinne des KBV sind definierte Routinen und Prozesse im Unternehmen zu implementieren, die eine adäquate Erfassung und Integration von Wissen garantieren (vgl. [32], S. 113–115). Konträr zu den Ergebnissen sind folglich einseitig ausgebildete und wenig erfahrene Gründungsteams mit Beginn der Gründung dazu anzuhalten, eine gezielte fachliche Heterogenität zu gewährleisten, um auf kritische Kenntnisse zurückgreifen zu können (vgl. [97], S. 164; [94], S. 263–265). Überdies ist die Sozialkompetenz aufgrund ihrer hohen Wichtigkeit für die Ressourcenakquise mit gezielten Weiterbildungen zu forcieren (vgl. [77], S. 155–169). In Übereinstimmung mit den Erkenntnissen wirken Netzwerke gleichfalls positiv auf die Ressourcenakquise (vgl. [22], S. 240; [59], S. 337). Unternehmen ohne vorherige Gründungserfahrung oder die Einbindung in soziale Netzwerke müssen versuchen, Zugang zu relevanten Netzwerken über externe Stellen zu bekommen. Analog müssen Unternehmensgründer auf jeweilige Beratungsstellen bzw. die AMO zugehen, da diese wichtige Kontakte vermitteln können und eine anfängliche Nähe erfolgversprechend erscheint (vgl. [67], S. 877).

Implikationen für den Technologietransfer
Die Befunde belegen den grundlegenden Bedarf eines ASOs an externer Unterstützung in den frühen Entwicklungsphasen (vgl. [102], S. 289). Dies schließt den fachlichen Eintrag und die Bereitstellung von Ressourcen und Produktionsmitteln durch die AMO ein (vgl. [86], S. 94; [67], S. 877). Im Regelfall weisen zudem Gründer keine Netzwerke auf, so dass die Einbindung in relevante Netzwerke durch externe Stellen oder die AMO überlebenswichtig ist, um Ressourcen und Informationen zu akquirieren (vgl. [51], S. 1054–1056). Entgegen dem vorliegenden Fall ist es erforderlich, dass externe Einrichtungen aufgrund des fehlenden Bewusstseins der Gründer pro-aktiv agieren. Beratungsstellen (u. a. Transfereinrichtungen, kurz: TTO) sollten in engem Kontakt mit den Gründern Schwachstellen identifizieren und unterstützend eingreifen. Der vorliegende Fall hat weiterhin die finanzielle Unterstützung als Erfolgsfaktor klar unterstrichen (vgl. [25], S. 1–2; [13], S. 336). Entsprechend groß sollten das Angebot und die Transparenz an Stipendien und anderen finanziellen Förderungsformen für ASOs sein. Mittels der genannten Fördermaßnahmen werden zugleich akademische Ausgründungen wahrscheinlicher (vgl. [13], S. 337). Die aufgezeigte Bedeutung des Humankapitals impliziert auch die Relevanz für das Ausbildungsangebot. Akademische Einrichtungen sollten gezielt eine interdisziplinäre Ausbildung oder Weiterbildungen mit Beginn der Unternehmensgründung anbieten und vergleichbare studentische F&E-Projekte zur indirekten Ausbildung und Erlangung von SHK forcieren. Allerdings muss nicht nur das reine Angebot, sondern auch das Bewusstsein relevanter Kenntnisse geschaffen werden und in die Konzeption der Hochschullehre einfließen (vgl. [102], S. 290).

6.2.2 Limitationen der vorliegenden Abhandlung

In Übereinstimmung mit der bisherigen Literatur hat sich bestätigt, dass Fallstudien ein probates Mittel für die Analyse neuer Sachverhalte darstellen. Diffizil ist die geringe Generalisierbarkeit und mögliche Verzerrung der Ergebnisse (vgl. [105], S. 10). Dieser Umstand wird durch die fokussierte Betrachtung eines Unternehmens mit spezifischem Innovationskontext verstärkt. Es ist unklar, wie sich die Anforderungen in einem anderen Zusammenhang gestalten. Demnach ist die fehlende empirische Überprüfung der Befunde problematisch, obgleich mit Rückbezug auf bisherige empirische Ergebnisse Annahmen möglich sind. In dieser Fallstudie wird ein Unternehmen, das im Entstehungsprozess begriffen ist, analysiert. In Folge dieser abschnittsbezogenen Betrachtung war es möglich, die ersten Phasen des Entwicklungsprozesses nachzuvollziehen (vgl. [97], S. 151–159). Die Problematik zeitbezogener Verzerrungen konnte durch diese Herangehensweise minimiert werden, dennoch ist die weitere longitudinale Bestimmung der Humankapitalanforderungen essentiell (vgl. [63], S. 899–900). Es gilt daher, im Rahmen multipler Fallstudien und empirischer Erhebungen die konstatierten Sachverhalte zu analysieren. Diesbezüglich sollten vergleichbare Bedingungen vorzufinden sein.

6.2.3 Ansatzpunkte für die zukünftige Forschung

Im Zuge dieser Arbeit sind konkrete Defizite erkannt und Ansatzpunkte aufgearbeitet worden, die Eingang in die zukünftige Entrepreneurship-Forschung auf den Gebieten des Humankapitals und der unternehmerischen Chancen finden sollten.

Operationalisierung des Humankapitals

Die Inkonsistenzen der verwendeten Studien zum HK und dem Umgang mit UC sind auf Konzeptionalisierungs- und Operationalisierungsdefizite zurückzuführen. Die bisherige Literatur zum HK berücksichtigt zumeist die technologische Ausbildung oder generalisiert dieses Konstrukt (vgl. [91], [92]). Die Bedeutung einer differenzierten Betrachtung konnte mit dieser Studie unterstrichen werden (vgl. ferner [14], S. 796–797; [93], S. 354). Für die zukünftige Forschung auf diesem Gebiet gilt es daher, durch eine einheitliche und standardisierte Messung den Vergleich zu bisherigen Forschungsergebnissen zu ermöglichen.

Operationalisierung des Entwicklungsprozesses und die Natur einer Chance

Zukünftige Studien müssen den Gründungs- und Entwicklungsprozess eines ASO differenzierter betrachten, um die vorherrschende „black box" besser zu analysieren. Die postulierten Zusammenhänge müssen explizit in Studien mit Neugründungen analysiert werden (vgl. [19], S. 303). In Folge sind weitere konkrete (situative) Handlungsempfehlungen in Bezug auf den Gründungs- und Lernprozess für zukünftige Ausgründungen möglich. Um zeitliche Verzerrungen auszuschließen, ist eine longitudinale Erfassung zu definierten Zeitpunkten im Entwicklungsprozess mit verschiedenen Respondenten erforderlich (vgl. [46], S. 29–31; [63], S. 898–900). Aufgrund des vorliegenden spezifischen Innovationskontextes müssen in weiteren Studien, die sich mit dem Neuheitsgehalt von sich verändernden Anforderungen an das Humankapital befassen, analysiert werden (vgl. [70], S. 242; [54], S. 427–433). Dichotomische Studien sollten vermieden werden, so dass Implikationen in Abhängigkeit des Innovationsgradkontinuums abzuleiten sind. Kausal können ASOs ihre Unternehmensstrategie an der Natur einer Chance ausrichten.

Basistheoretische Annahmen des Knowledge-based view
Unter Einbeziehung der Basisannahmen des KBV wurde die immanente Bedeutung des taziten Wissens für die unternehmerischen Wettbewerbsvorteile hervorgehoben. Die vorliegende Studie zeigte jedoch zudem, dass sowohl dem taziten als auch dem expliziten Wissen erst in einem strategischen Kontext und unter situativen Gegebenheiten ein Wert beigemessen werden kann (vgl. [91], S. 169; [19], S. 306). Zukünftige Studien müssen den aufgezeigten Umstand unter anderen Bedingungen aufgreifen und analysieren. Sollten sich die Ergebnisse bestätigen, ist der KBV mit der Fokussierung auf die Relevanz einer Wissensform grundlegend zu überdenken.

7 Anhang

Propositionen und Ergebnisse
   In Tab. 1 werden die Befunde dieser Arbeit den erkenntnisleitenden Propositionen komprimiert gegenübergestellt.

Aufgaben

1. Differenzieren Sie zwischen den Dimensionen des Humankapitals und klären, inwieweit diese üblicherweise bei akademischen Spin-Offs ausgeprägt sind. In diesem Zusammenhang gilt es, die Besonderheiten des aufgezeigten Unternehmens darzustellen.
2. Unternehmerische Chancen werden nach Shane ([74]) durch das Vorwissen und die Erfahrung wahrgenommen. Erklären Sie anhand des vorliegenden Beispiels, was diese Tatsache für die Gründer akademischer Spin-Offs bedeutet.
3. Im wissensbasierten Ansatz wird dem taziten Wissen (hier: spezifisches Humankapital) ein immanenter Wert zugesprochen. Erörtern Sie bitte kritisch anhand der Entwicklung des aufgezeigten Unternehmens und unter Zuhilfenahme bisheriger empirischer Befunde, inwieweit diese Annahme zutrifft.
4. Identifizieren Sie bitte anhand des Untersuchungsgegenstands vier Erfolgsfaktoren im Verhalten der Gründer, die entscheidend für den Aufbau der unternehmerischen Existenz waren. Skizzieren Sie jeweils kurz die unmittelbaren Folgen.

Tab. 1 Propositionen und Ergebnisse (Eigene Darstellung)

Proposition		Ergebnis	Erkenntnis
1	Gründer akademischer Unternehmen identifizieren unternehmerische Chancen vorrangig auf Basis des in der akademischen Mutterorganisation erlangten allgemeinen Humankapitals	Proposition wird unterstützt	ASOs weisen primär AHK auf. Durch dieses werden unternehmerische Chancen identifiziert
2	Die Art des in der Identifikationsphase genutzten Humankapitals determiniert die Anwendungsorientierung der unternehmerischen Chance	Proposition wird unterstützt	Wirtschaftlich geprägtes AHK determiniert die Anwendungsorientierung
3	Für die Chancengestaltung und Entwicklung des Geschäftsmodells sind bei ASOs formale wirtschaftliche und technische Kenntnisse bedeutsam. Insbesondere das wirtschaftliche HK ist hochgradig relevant in dieser Phase	Proposition wird unterstützt	Wirtschaftlich geprägtes AHK dominiert die Gestaltungsphase. Technisches AHK dient primär konzeptionellen Aspekten
4	Kenntnisse, die im Rahmen früherer Gründungsaktivitäten erlangt wurden, begünstigen die Chancengestaltung und Entwicklung des Geschäftsmodells	Proposition wird bedingt unterstützt	Nur die aktive Gründungserfahrung unterstützt diese Phase durch konkrete Vorerfahrungen
5	Im Zuge der Verfolgung unternehmerischer Chancen gewinnt spezifisches wirtschaftliches Wissen an Bedeutung	Proposition wird unterstützt	Mit steigenden Anforderungen gewinnen die Gründer an Industrieerfahrung (wirtschaftliche und technische Kenntnisse)
6	Schutzrechte und andere Strategiedokumente tragen entscheidend zur Akquise finanzieller Mittel bei. Für die Erstellung von Schutzrechten ist technisches AHK notwendig	Proposition wird unterstützt	Strategische Dokumente unterstützen die Akquise finanzieller Mittel. Konkrete Vorerfahrungen zur Erstellung sind notwendig
7	Akademische Jungunternehmen, die bereits Gründungserfahrung aufweisen, können leichter Ressourcen allokieren	Proposition wird unterstützt	Durch die Gründungserfahrung existieren bereits Zulieferernetzwerke
8	Für die Überführung einer Geschäftsidee in eine marktfähige Anwendung sind überwiegend spezifische technische Kenntnisse und Erfahrungen notwendig	Proposition wird nicht unterstützt	Für die technische Weiterentwicklung ist primär AHK notwendig. SHK wird nur bedingt ausgebildet
9	Mit der Entwicklung eines ASOs steigt die Aufgabenkomplexität und die Bedeutung des taziten Wissens nimmt zu. Insgesamt ist tazitem Wissen ein strategischer Wert beizumessen	Proposition wird unterstützt	SHK wird im Verlauf immer bedeutsamer. AHK ist immanent relevant und dominiert die Startphase

Literatur

1. Acs ZJ, Audretsch DB (2005) Entrepreneurship, innovation, and technological Change. Now Publishers Inc, Hannover
2. Balconi M (2002) Tacitness, codification of technological knowledge and the organisation of industry. Research Policy Jg 31:357–379
3. Barney JB (1991) Firm resources and sustained competitive advantage. J Manag 17:99–120
4. Becker GS (1975) Human capital: a theoretical and empirical analysis, with special reference to education. University of Chicago Press, Chicago
5. Bercovitz J, Feldmann M (2006) Entrepreneurial universities and technology transfer: a conceptual framework for understanding knowledge-based economic development. J Technol Transfer 31(1):175–188
6. Bosma N, Van Praag M, Thurik R, De Wit G (2004) The value of human and social capital investments for the business performance of startups. Small Bus Econ 23:227–236
7. Bower DJ (2003) Business model fashion and the academic spinout firm. R D Management 33(2):97–106
8. Breznitz SM, O'Shea RP, Allen TJ (2008) University commercialization strategies in the development of regional bioclusters. J Prod Innovat Manag 25:129–142
9. Brüderl J, Preisendörfer P, Ziegler R (1992) Survival chances of newly founded business organizations. Am Sociol Rev 57(2):227–242
10. Chandler GN, Jansen E (1992) The Founder's self-assessed competence and venture performance. J Bus Ventur 7:223–236
11. Chandy RK, Tellis GJ (1998) Organizing for radical product innovation: the overlooked role of willingness to cannibalize. J Marketing Res 35:474–487
12. Chesbrough H, Rosenbloom RS (2002) The role of the business model in capturing value from innovation: evidence from xerox corporation's technology spin-off companies. Ind Corp Change 11(3):529–555
13. Chiesa V, Piccaluga A (2000) Exploitation and diffusion of public research: the case of academic spin-off companies in Italy. J Bus Ventur 19(1):55–79
14. Colombo MG, Grilli L (2005) Founders' human capital and the growth of new technology-based firms: a competence-based view. Res Pol 34(6):795–816
15. Companys YE, McMullen JS (2007) Strategic entrepreneurs at work: the nature, discovery, and exploitation of entrepreneurial opportunities. Small Bus Econ 28:301–322
16. Conner KR, Prahalad CK (1996) A resource-based theory of the firm: knowledge versus opportunism. Organ Sci 7(5):477–501
17. Cooper AC, Gimeno-Gascon FJ, Woo CY (1994) Initial human and financial capital as predictors of new venture performance. J Bus Ventur 9(5):371–395
18. Danneels E (2004) Disruptive technology reconsidered: a critique and research agenda. The J. Prod. Innov. Manage 21:246–258
19. Davidsson P, Honig B (2003) The role of social and human capital among nascent entrepreneurs. J Bus Ventur 18:301–331
20. Delmar F, Shane S (2003) Does business-planning facilitate the development of new ventures? Strateg Manag J 24:1165–1185
21. Dencker JC, Gruber M, Shah SK (2009) Pre-entry knowledge, learning, and the survival of new firms. Organ Sci 20(3):516–537
22. Djokovic D, Souitaris V (2008) Spinouts from academic Institutions: a literature review with suggestions for further research. J Technol Transfer 33:225–247
23. Dosi G (1982) Technological paradigms and technological trajectories. Res Pol 11:147–162
24. Dosi G (1988) Sources, procedures, and microeconomic effects of innovation. J Econ Lit 26(3):1120–1171

25. Dunn P, Cheatham L (1993) Fundamentals of small business financial management for start Up, survival, growth, and changing economic circumstances. Managerial Finance 19(8):1–13
26. Eckhardt JT, Shane SA (2003) Opportunities and entrepreneurship. J Manage 29(3):333–349
27. Eisenhardt KM (1989) Building theories from case study research. Acad Manage Rev 14(4):532–550
28. Eisenhardt KM, Santos FM (2002) Knowledge-based view: a new theory of strategy? In: Pettigrew A, Thomas H, Whittington R (Hrsg) Handbook of strategy and management. Sage, London, UK, S 139–164
29. Franklin S, Wright M, Lockett A (2001) Academic and Surrogate Entrepreneurs in University Spin-out Companies. J Technol Transfer 6(1-2):127–141.
30. Gimeno J, Folta TB et al (1997) Survival of the fittest? entrepreneurial human capital and the persistence of underperforming firms. Adm Sci Q 42(4):750–783
31. Grant R (2002) The knowledge-based view of the firm. In: Choo CW, Bontis N (Hrsg) The Strategic Management of Intellectual Capital and Organizational Knowledge. Oxford University Press, New York, S 133–148
32. Grant RM (1996a) Prospering in dynamically-competitive environments: organizational capability as knowledge integration. Organization Science 7(4):375–387
33. Grant RM (1996b) Toward a knowledge-based theory of the firm. Strategic Manage J 17(Special Issue: Knowledge and the Firm):109–122
34. Gruber M (2007) Uncovering the value of planning in new venture creation: A process and Contingency Perspective. J Bus Ventur 22(6):782–807
35. Gruber M, MacMillan IC, Thompson JD (2008) Look before you leap: market opportunity identification in emerging technology firms. Manage Sci 54(9):1652–1665
36. Harper DA (2008) Towards a theory of entrepreneurial teams. J Bus Ventur 23:613–626
37. Hatch NW, Dyer JH (2004) Human capital and learning as a source of sustainable competitive advantage. Strateg Manag J 25(12):1155–1178
38. Heirman A, Clarysse B (2004) How and why do research-based start-ups differ at founding? A resource-based configurational perspective. J Technol Transfer 29(3/4):247–268
39. Helfat CE, Peteraf MA (2003) The dynamic resource-based view: capability lifecycles. Strateg Manag J 24(10):997–1010
40. Helmers C, Rogers M (2011) Does patenting help high-tech start-ups? Res Pol 40:1016–1027
41. Hill CWL, Rothaermel FT (2003) The performance of incubent firms in the face of radical technological innovation. Acad Manage Rev 28(2):257–274
42. Honig B, Karlsson T (2004) Institutional forces and the written business Plan. J Manage 30(1):29–48
43. Huber GP (1991) Organizational learning: the contributing processes and the Literatures. Organ Sci 2(1):88–115
44. Kazanjian RK, Drazin R (1990) A stage-contingent model of design and growth for technology based new ventures. J Bus Ventur 5(3):137–150
45. Kirzner IM (1997) Entrepreneurial discovery and the competitive market process: an Austrian approach. J Econ Lit 35:60–85
46. Kock A, Gemünden HG, Salomo S, Schultz C (2011) The mixed blessings of technological innovativeness for the commercial success of new products. J Prod Innov Manage 28:28–43
47. Kogut B, Zander U (1992) Knowledge of the firm, combinative capabilities, and the replication of technology. Organ Sci 3(3):383–398
48. Lane PJ, Lubatkin M (1998) Relative absorptive capacity and interorganizational learning. Strateg Manag J 19:461–477
49. Leonard-Barton D (1990) A dual methodology for case studies: synergistic use of a longitudinal single site with replicated multiple sites. Organ Sci 1(3):248–266

50. Liebeskind JP (1996) Knowledge, strategy, and the theory of the firm. Strategic Manage J 17(Knowledge and the Firm):93–107
51. Lockett A, Wright M (2005) Resources, capabilities, risk capital and the creation of university spin-out companies. Res Pol 34:1043–1057
52. Lockett A, Wright M, Franklin S (2003) Technology transfer and universities' spin-out strategies. Small Bus Econ 20:185–201
53. Marvel MR, Lumpkin GT (2007) Technology entrepreneurs' human capital and its effect on innovation radicalness. Entrep Theor Pract 31(6):807–828
54. McDermott CM, Colarelli O'ConnorG (2002) Managing radical innovation: an overview of emergent strategy issues. J Prod Innov Manage 19:424–438
55. McEvily SK, Chakravarthy B (2002) The persistence of knowledge-based advantage: an empirical test for product performance and technological knowledge. Strateg Manag J 23(4):285–305
56. Mian SA (1997) Assessing and managing the university technology business incubator: an integrative framework. J Bus Ventur 12:251–285
57. Mosey S, Wright M (2007) From human capital to social capital: a longitudinal study of technology-based academic entrepreneurs. Entrep Theor Pract 31(6):909–935
58. Ndonzuau FN, Pirnay F, Surlemont B (2002) A stage model of academic spin-off creation. Technovation 22:281–289
59. Nicolaou N, Birley S (2003) Academic networks in a trichotomous categorisation of university spinouts. J Bus Ventur 18(3):333–359
60. OECD (2002) The measurement of scientific and technological activities. proposed standard practice for surveys on research and experimental development. Frascati Manual. OECD, Paris
61. Patel PC, Fiet JO (2011) Knowledge combination and the potential advantages of family firms in searching for opportunities. Entrep Theor Pract 35(6):1179–1197
62. Penrose ET (1959) The theory of the growth of the firm. Oxford University Press, Oxford
63. Podsakoff PM, MacKenzie SB et al (2003) Common method biases in behavioral research: a critical review of the literature and recommended remedies. J Appl Psychol 88(5):879–903
64. Polanyi M (1966) The tacit dimension. Anchor Day Books, New York
65. Prahalad CK, Hamel G (1990) The core competence of the corporate. Harv Bus Rev 68(3):79–91
66. Priem RL, Butler JE (2001) Is the resource-based view a useful perspective for strategic management research? Acad Manage Rev 26(1):22–40
67. Rappert B, Webster A, Charles D (1999) Making sense of diversity and reluctance: academic-industrial relations and intellectual property. Res Pol 28(8):873–890
68. Reed R, DeFillippi RJ (1990) Causal ambiguity, barriers to imitation, and sustainable competitive advantage. Acad Manage Rev 15(1):88–102
69. Salter AJ, Martin BR (2001) The economic benefits of publicly funded basic research: a critical review. Res Pol 30:509–532
70. Samuelsson M, Davidsson P (2009) Does venture opportunity variation matter? investigating systematic process differences between innovative and imitative new ventures. Small Bus Econ 33:229–255
71. Schmidt A, Heinrichs S, Walter A (2011) Technologiebasierte Spin-offs - Ein Forschungsüberblick zu Einflussgrößen ihrer Entwicklung. Zeitschrift für Betriebswirtschaft 81(6):677–714
72. Scott M, Bruce R (1987) Five stages of growth in small business. Long Range Plan 20(3):45–52
73. Sexton D, Bowman-Upton N (1991) Entrepreneurship: Creativity and Growth. MacMillan, New York
74. Shane S (2000) Prior knowledge and the discovery of entrepreneurial opportunities. Organ Sci 11(4):448–469
75. Shane S (2001a) Technological opportunities and new firm creation. Manage Sci 47(2):205–220

76. Shane S, Venkataraman S (2000) The promise of entrepreneurship as a field of research. Acad Manage Rev 25(1):217–226
77. Shane S, Stuart T (2002) Organizational endowments and the performance of university start-ups. Manage Sci 48:154–170
78. Shepherd DA, DeTienne DR (2005) Prior knowledge, potential financial reward, and opportunity identification. Entrep Theor Pract 29(1):91–112
79. Simonin BL (1999) Ambiguity and the process of knowledge transfer in strategic alliances. Strateg Manag J 20(7):595–623
80. Singh R (2001) A comment on developing the field of entrepreneurship through the study of opportunity recognition and exploitation. Acad Manage Rev 26(1):10–12
81. Smilor RW, Gibson DV, Dietrich GB (1990) University spin-out companies: technology start-ups from UT-Austin. J Bus Ventur 5(1):63–76
82. Smith BR, Matthews CH, Schenkel MT (2009) Differences in entrepreneurial opportunities: the role of tacitness and codification in opportunity identification. J Small Bus Manag 47(1):38–57
83. Smith KG, Mitchell TR, Summer CE (1985) Top level management priorities in different stages of the organizational life cycle. Acad Manage J 28(4):799–820
84. Spender JC (1989) Industry recipes: an enquiry into the nature and sources of managerial judgement. Basil Blackwell, Oxford, UK
85. Spender JC (1996) Making knowledge the basis of a dynamic theory of the firm. Strategic Manage J 17(Winter Special Issue):45–62
86. Steffensen M, Rogers EM, Speakman K (1999) Spin-offs from research centers at a research university. J Bus Ventur 15:93–111
87. Sternitzke C (2010) Knowledge sources, patent protection, and commercialization of pharmaceutical innovations. Res Pol 39:810–821
88. Stuart TE, Hoang H et al (1999) Interorganizational endorsements and the performance of entrepreneurial ventures. Adm Sci Q 44(2):315–349
89. Teece DJ (2007) Explicating dynamic capabilities: the nature and microfoundations of (Sustainable) enterprise performance. Strateg Manag J 28(13):1319–1350
90. Teece DJ, Pisano G et al (1997) Dynamic capabilities and strategic management. Strateg Manag J 18(7):509–533
91. Ucbasaran D, Westhead P, Wright M (2008) Opportunity identification and pursuit: does an entrepreneur's human capital matter? Small Bus Econ 30:153–173
92. Ucbasaran D, Westhead P, Wright M (2009) The extent and nature of opportunity identification by experienced entrepreneurs. J Bus Ventur 24:99–115
93. Unger JM, Rauch A, Frese M, Rosenbusch N (2011) Human capital and entrepreneurial success: a meta-analytical review. J Bus Ventur 26:341–358
94. Vanaelst I, Clarysse B, Wright M, Lockett A, Moray N, S'Jegers R (2006) Entrepreneurial team development in academic spinouts: an examination of team heterogenity. Entrep Theor Pract 30(2):249–271
95. Van deVAH, Hudson R, Schroeder DM (1984) Designing new business startups: entrepreneurial, organizational, and ecological considerations. J Manage 10(1):87–107
96. Veryzer RWJ (1998) Discontinuous innovation and the new product development process. J Prod Innov Manage 15(4):304–321
97. Vohora A, Wright M, Lockett A (2004) Critical junctures in the development of university high-tech spinout companies. Res Pol 33(1):147–175
98. Wernerfelt B (1984) A resource-based view of the firm. Strateg Manag J 5:171–180
99. Wiklund J, Shepherd D (2003) Knowledge-based resources, entrepreneurial orientation, and the performance of small and medium-sized businesses. Strateg Manag J 24(13):1307–1314
100. Winter S (1987) Knowledge and competence as strategic assets. In: Teece D (Hrsg) The Competitive Challenge-Strategies for Industrial Innovation and Renewal. Ballinger

101. Winter SG, Szulanski G (2001) Replication as strategy. Organ Sci 12(6):730–743
102. Wright M, Vohora A, Lockett A (2004) The formation of high-tech university spinouts: the role of joint ventures and venture capital investors. J Technol Transfer 29(3/4):287–310
103. Wright M, Hmieleski KM, Siegel DS, Ensley MD (2007) The Role of human capital in technological entrepreneurship. Entrep Theor Pract 31(6):791–806
104. Yin RK (1981) The Case study crisis: some answers. Adm Sci Q 26(1):58–65
105. Yin RK (2003) Case study research. Design and methods. Sage, Thousand Oaks
106. Zahra SA, Van de Velde E, Larrañeta B (2007) Knowledge conversion capability and the performance of corporate and university spin-offs. Ind Corp Change 16(4):569–608
107. Zander U, Kogut B (1995) Knowledge and the speed of the transfer and imitation of organizational capabilities: an empirical test. Organ Sci 6(1):76–92

Marktorientierte Produktentwicklung aus Sicht der Humankapitaltheorie

Joachim Tischler und Tim Gerken

Inhaltsverzeichnis

1	Einführung: Eigenschaften akademischer Spin-offs	66
2	Grundlagen: Marktorientierte Produktentwicklung aus Sicht der Humankapitaltheorie	67
	2.1 Bildung	68
	2.2 Erfahrungen	68
	2.3 Kompetenzen	69
	2.4 Marktchancen und Marktorientierung	70
3	Untersuchung der Propositionen anhand drei ähnlicher Spin-offs	71
	3.1 Unternehmensvorstellung Spin-off A	73
	3.2 Unternehmensvorstellung Spin-off B	74
	3.3 Unternehmensvorstellung Spin-off C	75
4	Vergleichende Analyse der Spin-offs auf Basis ihrer Gründer	76
5	Zusammenfassung und Diskussion	80
	5.1 Implikationen für die Praxis	83
	5.2 Implikationen für den Technologietransfer	83
	5.3 Implikationen für die Forschung	83
Literatur		84

J. Tischler (✉)
Institut für Betriebswirtschaftslehre, Christian-Albrechts-Universität Kiel,
Westring 425, 24118 Kiel, Deutschland
E-Mail: tischler@bwl.uni-kiel.de

T. Gerken
Freigrafenstraße 96, 59368 Werne, Deutschland
E-Mail: t.gerken@gmx.de

Überblick

In dieser Fallstudie wird anhand einer bewussten Auswahl von drei sehr ähnlichen technologiebasierten akademischen Spin-offs analysiert, wie Unterschiede in den Kenntnissen und Erfahrungen der Gründer über die angestrebten Zielmärkte den Erfolg ihrer Unternehmen beeinflussen. Es kann für die betrachteten Fälle gezeigt werden, dass eine wirtschaftswissenschaftliche Ausbildung und Kompetenzen der Wissenschaftler zur Wahrnehmung langfristig lohnenderer Marktchancen und zu einer stärker kundenorientierten Produktentwicklung führen. Die in der Literatur häufig konstatierte positive Wirkung der Branchenerfahrung konnte nicht gefunden und muss sogar abgelehnt werden. Mögliche Gründe dafür werden aufgezeigt

1 Einführung: Eigenschaften akademischer Spin-offs

Ausgründungen aus Universitäten und Forschungseinrichtungen (Academic Spin-offs [ASOs]) werden als (1) wirtschaftlich selbstständige Unternehmen definiert, (2) deren Gründer direkt vor Gründung in einer Forschungseinrichtung gearbeitet haben und (3) mindestens einen Teil ihrer Kerntechnologie aus dieser Forschungseinrichtung vermarkten ([51], S. 63; [55], S. 97). Kennzeichnend für viele ASOs ist, dass sie über eine neuartige Kerntechnologie verfügen, die sich in verschiedene Produkte mit unterschiedlichen Anwendungsgebieten überführen lässt ([50], S. 123–127). Trotz einer neuartigen Kerntechnologie und einer Einführung ihrer Produkte in einen wachsenden Markt muss jedoch gerade bei ASOs das Gründerteam im Fokus einer Erfolgsfaktorenanalyse stehen. Wie auch bei anderen jungen Unternehmen spielen für den Erfolg technologiebasierter ASOs die Merkmale und Verhaltensweisen des Gründerteams eine entscheidende Rolle ([8], S. 33).

Die Gründer akademischer Spin-offs verfügen aufgrund ihres wissenschaftlichen Hintergrundes zumeist über umfangreiches technologisches Know-how und Expertenwissen ([47], S. 175; [48], S. 459; [61], S. 302; [60], S. 143), jedoch mangelt es ihnen oftmals an Branchen- und Markterfahrung und an einer marktorientierten Denkweise ([19], S. 128; [51], S. 71–73; [26], S. 259). Insbesondere schwache Marktkenntnisse und Fehleinschätzung von Marktanforderungen stellen ein häufiges Problem bei Gründern akademischer Spin-offs dar ([27], S. 7–8). So sind gerade für sie Marktkenntnisse notwendig, da ihre Unternehmen zumeist radikale Technologien kommerzialisieren, die sich in einem frühen Stadium technologischer Entwicklung und Marktreife befinden ([30], S. 243; [49], S. 214; [50], S. 25–26, 103–105; [23], S. 788–789) und die somit mit großer technologischer und marktbezogener Unsicherheit verbunden sind ([50], S. 188–190, 201; [53], S. 565).

Die Identifikation unterschiedlicher Marktchancen vor Markteintritt wurde bereits von Gruber et al. ([24], S. 1661) als wichtiger Faktor für einen nachhaltigen Unternehmenserfolg nachgewiesen. In einer Fallstudie hat Shane ([48], S. 459) gezeigt, dass Gründer akademischer Spin-offs diese alternativen Marktchancen häufig nicht kennen, aber auch dass für ein Erkennen und Nutzen dieser Chancen ihre Kenntnisse und Erfahrungen maßgeblich sind.

In dieser Fallstudie wird vor dem Hintergrund der Humankapitaltheorie daran angeknüpft, und die Befunde werden weiter verdichtet. Es kann anhand von drei ausführlichen Fallbeispielen gezeigt werden, dass tatsächlich das Wissen über den Markt und mögliche spätere Kunden vor Markteintritt den Unterschied zwischen einer guten und einer herausragenden Unternehmensperformance ausmachen kann. Im Detail wird dargestellt, wie die betrachteten Unternehmensgründer ihre Kerntechnologie in einem Erstprodukt vor dem Hintergrund ihrer Kenntnisse und Erfahrungen vermarktet haben. Anhand von vier Propositionen wird der Beitrag unterschiedlicher Aspekte des Humankapitals der Gründer und der damit verbundenen Unterschiede in der Produktentwicklung für die Entwicklung junger Technologieunternehmen untersucht. Diese Propositionen beleuchten ein breites Spektrum an Einflussmöglichkeiten von den Gründerkenntnissen und -fähigkeiten bis hin zur Produktvermarktung. Bemerkenswert und im Widerspruch zu einer Reihe empirischer Forschungsbeiträge ([52], S. 13) ist die Erkenntnis, dass eine langjährige Branchenerfahrung eher hinderlich ist, da die Gründer dadurch in Gefahr laufen, weitere Marktchancen auszublenden und Risiken zu unterschätzen. Das hat dann zur Folge, dass sie sich vor Markteintritt zu wenig differenzierte Marktkenntnisse aneignen sowie den Austausch mit externen Experten leicht vernachlässigen.

2 Grundlagen: Marktorientierte Produktentwicklung aus Sicht der Humankapitaltheorie

Um zu verstehen, welche Verhaltensweisen einen erfolgreichen Unternehmensgründer ausmachen, werden hier einige Aspekte der Humankapitaltheorie im Detail betrachtet. Als Basis dient in der Humankapitaltheorie die Annahme, dass jede Person ein an sie gebundenes Kapital besitzt, das ebenso erfolgswirksam ist wie physisches Kapital. Es umfasst alle Fähigkeiten und Kompetenzen der jeweiligen Person ([37], S. 9; [5], S. 63–67). Gemäß diesem theoretischen Rahmenkonzept hängt der Gründungserfolg eines Unternehmens von der Humankapitalausstattung seiner Gründer ab ([38], S. 46–47; [57], S. 11). Eine stark ausgeprägte Humankapitalausstattung des Gründerteams ist gerade für junge Hochtechnologieunternehmen wichtig ([43], S. 234; [15], S. 318; [50], S. 240–249; [18], S. 1116–1117). Dadurch kann in einem sich fortwährend ändernden technologischen Umfeld hoher Dynamik die Unsicherheit verringert werden ([33]; [36], S. 146–149). Zudem kann die mangelnde Reputation am Markt (*liability of newness*) unter hoher Humankapitalausstattung des Gründerteams reduziert werden ([2], S. 178).

Grundlegend werden in der Humankapitaltheorie zwei Hauptkategorien unterschieden: (1) Investitionen in das Humankapital der jeweiligen Person und (2) Ergebnisse dieser Investitionen [5]. Zu den Investitionen in das Humankapital zählen Ausbildung und Erfahrungen, während die Ergebnisse dann die daraus resultierenden Fähigkeiten und Kompetenzen darstellen. Becker [5] definiert diese Ergebnisse dann als das Humankapital der jeweiligen Person.

Für den Erfolg eines jungen Unternehmens werden in der empirischen Literatur sowohl die Investitionen als auch die Ergebnisse dieser Investitionen in das Humankapital der Gründer ausgemacht ([57], S. 12; [52], S. 13). Nach Sonnentag ([54], S. 710), in Anlehnung an die theoretischen Überlegungen von Becker [5], sind jedoch erst die Fähigkeiten und Kompetenzen des Gründerteams direkt erfolgswirksam. Auf der anderen Seite werden in vielen Studien aus Gründen der einfacheren Messbarkeit lediglich die Investitionen in das Humankapital als Proxy für das tatsächliche Humankapital herangezogen (z. B. [46], S. 366–367; [7], S. 232; [56], S. 159).

Im Verlauf der Fallstudie wird zunächst die Erfolgswirkung der Investitionen in das Humankapital der Gründer, wie wirtschaftswissenschaftliche Ausbildung sowie Branchen- und Managementerfahrung, genauer untersucht. Das Ergebnis der Humankapitalinvestitionen sind dann ihre Fähigkeiten und Kompetenzen ([5], S. 17). Daraufhin wird der Einfluss auch dieser Aspekte auf den Unternehmenserfolg beleuchtet. In einem anschließenden Schritt wird der Grad der Marktorientierung der einzelnen ASOs und ihrer Gründer vor diesem Hintergrund bewertet. Insgesamt werden damit der Erfolgsbeitrag der einzelnen Aspekte des Humankapitals sowie die einhergehenden Unterschiede hinsichtlich der Produktentwicklung anhand von vier Propositionen untersucht.

2.1 Bildung

Als entscheidend für den Unternehmenserfolg junger Technologieunternehmen haben zum Beispiel Bates ([4], S. 554) oder Cooper et al. ([13], S. 385) die Ausbildung der Gründer empirisch nachgewiesen. Sie wird zumeist weiter in die Teilaspekte wirtschaftswissenschaftliche und technologische Ausbildung differenziert, wobei insbesondere der erstgenannte Aspekt bei ASO-Gründern häufig nur wenig ausgeprägt ist ([19], S. 128).

Colombo und Grilli ([12], S. 810) weisen den positiven Zusammenhang einer wirtschaftswissenschaftlichen Ausbildung der Gründer auf das Beschäftigungswachstum ihrer Unternehmen nach, während Chandler und Jansen ([10], S. 233) einen signifikant positiven Zusammenhang auf die Profitabilität gefunden haben. Das führt, zu der ersten Proposition, die im Rahmen dieser Fallstudie untersucht werden soll.

▸ **Proposition 1** Akademische Spin-offs, deren Gründer über fundierte wirtschaftswissenschaftliche Ausbildung verfügen, sind erfolgreicher.

2.2 Erfahrungen

Erfahrungen lassen sich, auf den Gründungskontext zugeschnitten, in allgemeine Berufserfahrung, Gründungs-, Management- und Branchenerfahrung untergliedern ([7], S. 229).

Gimeno et al. ([20], S. 770) zeigen, dass Unternehmen, deren Gründer Gründungs- bzw. Managementerfahrung gesammelt haben, eine höhere Überlebenswahrscheinlichkeit besitzen (siehe auch [16], S. 527; [21], S. 1221). Eine Meta-Studie zu Erfolgsfaktoren junger Technologieunternehmen stellt heraus, dass die Branchenerfahrung der Gründer sowie ihre Erfahrungen im Marketingbereich zu einem höheren Unternehmenserfolg führen ([52], S. 13). Dieser Zusammenhang wurde zum Beispiel auch von Bosma et al. ([6], S. 233) sowie von McGee und Dowling ([35], S. 42–43) für die Branchenerfahrung eines Unternehmensgründers empirisch nachgewiesen. Auf der anderen Seite gibt es Studien, die beim Einfluss der Branchenerfahrung lediglich insignifikante Ergebnisse finden ([40], S. 1402; [14], S. 506; [46], S. 370). Insgesamt ergibt sich, im Einklang mit den meisten empirischen Ergebnissen, die zweite zu überprüfende Annahme.

▶ **Proposition 2** Akademische Spin-offs, deren Gründer über breite Gründungs-, Management- und Branchenerfahrung verfügen, sind erfolgreicher.

2.3 Kompetenzen

In Übereinstimmung mit der Humankapitaltheorie können sich aus Ausbildung und Erfahrungen Kompetenzen als Ergebnis dieser Humankapitalinvestitionen bilden ([5], S. 17). Diese besitzen eine höhere Relevanz bei der Bewertung des Unternehmenserfolgs, da erst sie direkt erfolgswirksam sind ([54], S. 710; [13], S. 393). So können sich bei zwei Personen, die die gleiche Ausbildung und die gleichen Erfahrungen besitzen, unterschiedliche Kompetenzen herausgebildet haben ([45], S. 905). Das Problem bei der Betrachtung dieser Konstrukte ist, dass sie im Vergleich zu den weiter oben genannten Aspekten Ausbildung und Erfahrung sehr viel schlechter messbar sind und in der Literatur häufig lediglich von den jeweils befragten Personen selbst eingeschätzt werden müssen.

In einer Meta-Studie von Unger et al. ([57], S. 12) wird gezeigt, dass gerade in jungen Unternehmen die Kompetenzen der Gründer im Vergleich zu den Humankapitalinvestitionen die stärkeren Erfolgstreiber sind. Beispielsweise haben Chandler und Jansen ([10], S. 232) nachgewiesen, dass speziell die Selbsteinschätzung der Gründer hinsichtlich ihrer Managementkompetenz, ihrer technologischen Kompetenz und ihrer unternehmerischen Kompetenz einen positiven Einfluss auf den Unternehmenserfolg haben. Dabei stellt gerade für junge Technologieunternehmen die unternehmerische Kompetenz einen entscheidenden Faktor dar, da sie Fähigkeiten wie Risikobewertung und Chancenerkennung beinhaltet, die für die Kommerzialisierung der Kerntechnologie besonders wichtig sind ([10], S. 228; [31], S. 119–122).

▶ **Proposition 3** Akademische Spin-offs, deren Gründer ein hohes Maß an Management-, technologischer und unternehmerischer Kompetenz aufweisen, sind erfolgreicher.

2.4 Marktchancen und Marktorientierung

Um zu verstehen, auf welche Art und Weise die Unternehmensgründer mit ihren Erfahrungen und Kompetenzen erfolgreich am Markt bestehen können, ist es notwendig, den Prozess der Einführung des Erstproduktes im Detail zu betrachten. Dazu gehören insbesondere die Identifikation von Marktchancen und die kundenorientierte Produktentwicklung ([24], S. 1653–1654; [48], S. 457–465).

Akademische Spin-offs stehen häufig vor der Herausforderung, mit ihrer Technologie in mehrere Märkte eintreten zu können und damit unterschiedliche Kundensegmente zu bedienen ([50], S. 123–127). Diese Märkte zeichnen sich durch unterschiedliche Potentiale aus. Deswegen spielen die Identifikation und Bewertung potentieller Marktchancen (so genannter *Market Opportunities*) eine besondere Rolle, bevor ein konkreter Zielmarkt für ein Neuprodukt fokussiert werden kann ([41], S. 157–158; [58], S. 317). Gruber et al. ([24], S. 1661) zeigen empirisch, dass die Anzahl der unternehmerischen Chancen in unterschiedlichen Märkten, die ein Gründer vor dem Eintritt in einen bestimmten Markt identifiziert, zu einer höheren Unternehmensperformance führt. Die Identifikation und Bewertung dieser Marktchancen gehen vielfach mit ausgeprägten Erfahrungen der Gründer einher ([48], S. 457–465; [32], S. 178). Der positive Zusammenhang wurde explizit für die Managementerfahrung des Gründerteams nachgewiesen ([24], S. 1660). Allerdings werden in der Literatur auch Ergebnisse aus den Humankapitalinvestitionen als ursächlich für die unterschiedliche Bewertung von Marktchancen ausgemacht. Jolly ([31], S. 119–122) gibt an, dass die unternehmerische Kompetenz dafür entscheidend ist, also diejenige Kompetenz, die in besonderem Maße die Kommerzialisierung der Kerntechnologie voranbringt. Shane ([48], S. 457–465) fand jedoch heraus, dass tatsächlich den Gründern akademischer Spin-offs vielfach diese alternativen Marktchancen nicht bekannt sind. Die Schwierigkeiten bei der Einschätzung von Marktchancen sowie mangelnde Marktkenntnisse können dazu führen, dass akademische Gründer zunächst in ungeeignete Märkte investieren, da sie keine klaren Vorstellungen von den für sie relevanten Zielmärkten und Kundenbedürfnissen besitzen ([23], S. 797–799). Dies birgt die Gefahr von Fehlentwicklungen und nachträglichen Anpassungen an Marktanforderungen ([44], S. 128–135). Die Gründer interpretieren die Interessensbekundungen einzelner Marktakteure häufig fälschlicherweise als generelles Bedürfnis eines Marktsegments ([27], S. 14).

Auf der anderen Seite steigern ein offener Umgang mit Marktinformationen und eine marktgerichtete Produktentwicklung (so genannte *Market Orientation*) die Produktattraktivität für potentielle Kunden und damit den Unternehmenserfolg ([34], S. 6). Dieser Zusammenhang wurde von Grandi und Grimaldi ([22], S. 839) und Parry und Song ([42], S. 1122) für junge Technologieunternehmen empirisch belegt. Letztendlich führt so die Marktorientierung zu sowohl empfundener als auch objektiver Performancesteigerung ([25], S. 31; [29], S. 62). Insgesamt ergibt sich damit die zu untersuchende Proposition.

▶ **Proposition 4** Akademische Spin-offs, deren Gründer mehr Marktchancen identifizieren und stärker marktorientiert handeln, können sich besser am Markt behaupten und sind somit erfolgreicher.

3 Untersuchung der Propositionen anhand drei ähnlicher Spin-offs

Ziel dieser Fallstudie ist es herauszuarbeiten, welchen Beitrag die einzelnen Aspekte der Humankapitalausstattung der Gründer zum Unternehmenserfolg von ASOs leisten. Zudem wird vor dem Kontext dieser unterschiedlichen Humankapitalausstattung untersucht, wie eine unterschiedlich stark marktorientierte Produktentwicklung zu Abweichungen hinsichtlich der Unternehmensperformance führt. Insbesondere die Integration von Marktinformationen in die Produktentwicklung soll den Kern der Untersuchung bilden. Auf dem Diagramm (Abb. 1) sind die untersuchten Zusammenhänge mit ihrer hypothetisierten Wirkrichtung dargestellt.

Für diese detaillierte Untersuchung wurde eine bewusste Auswahl dreier sehr ähnlicher akademischer Spin-offs herangezogen. Es werden die Entwicklung dieser ASOs, die unter nahezu identischen Startbedingungen gegründet wurden, sowie ihre Gründer analysiert und miteinander verglichen. Zur Bewertung des Unternehmenserfolgs werden Umsatz- und Mitarbeiterzahlen sowie der von den jeweiligen Gründern subjektiv empfundene Erfolg ihrer Produkte und ihrer Geschäftstätigkeit betrachtet. Umsatz, Umsatzwachstum sowie Mitarbeiterwachstum eignen sich als Erfolgsmaß akademischer Spin-offs sehr gut, weil sie unabhängiger von kurzfristigen Einflüssen als Profitabilitätsmaße sind und anzeigen, dass mit der Technologie dem Kunden ein Wert geschaffen wurde, der auf dem Markt Akzeptanz findet ([9], S. 403; [11], S. 378; [59], S. 251–254).

Die Erkenntnisse und Fallbeispiele beruhen auf einem vom Lehrstuhl für Gründungs- und Innovationsmanagement der Universität Kiel entwickelten, strukturierten Fragebogen sowie auf einem jeweils etwa zweistündigen, persönlichen Interview mit den Gründern der drei Unternehmen. Um mögliche subjektiven Beeinflussungen der Gründer und Fehleinschätzungen hinsichtlich ihrer Fähigkeiten und Kompetenzen entgegenzuwirken, werden für die Bewertung der einzelnen Aspekte des Humankapitals und der Produktentwicklung sowohl Eindrücke aus den Interviews als auch Antworten aus dem standardisierten Fragebogen verarbeitet.

Die Spin-offs zeichnen sich durch die folgenden Gemeinsamkeiten aus:

- Sie sind Ausgründungen aus der gleichen renommierten, wissenschaftlichen Forschungseinrichtung, entstanden mit nur kurzer zeitlicher Verzögerung und haben ihren Firmensitz in der gleichen Region. Die Unterstützung vom Forschungsinstitut wurde bei ihnen bereits kurz nach Gründung eingestellt. Der Kontakt zur Institutsleitung brach bei allen drei Unternehmen kurz nach der Gründung, beispielsweise aufgrund von Patentstreitigkeiten, ab.

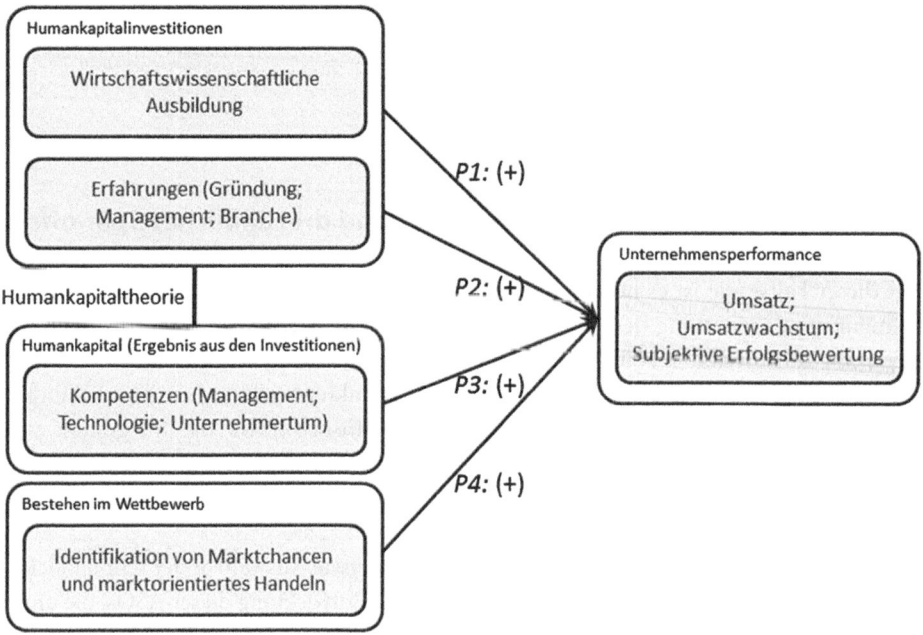

Abb. 1 Im Rahmen der Studie untersuchte Propositionen (Eigene Darstellung)

- Sie kommerzialisieren eine Technologie aus demselben aufstrebenden Technologiefeld. Es handelt sich hierbei um die chemische Nanotechnologie, ein Gebiet, das sich mit dem Aufbau von Werkstoffen aus kleinsten Nano-Bausteinen befasst. Die ASOs haben sich auf den Bereich der Oberflächenbeschichtung spezialisiert. Durch die Manipulation bestimmter Oberflächencharakteristika können hier ganz neue Eigenschaften und Anwendungsgebiete für Materialien erschaffen werden.
- Sie haben ihr Know-how, ihre Produkte und Technologien durch eine Vielzahl an Patenten geschützt. Für junge Unternehmen zeigt sich, dass diese Vorgehensweise einen signifikant positiven Einfluss auf ihren Erfolg aufweist ([52], S. 13; [50], S. 133, 257–261).
- Sie weisen seit ihrer Gründung eine durchgehend positive Entwicklung hinsichtlich ihres Umsatz- und Mitarbeiterwachstums auf.
- Ihre Gründer besitzen einen vergleichbaren universitären Abschluss als Chemiker oder Ingenieur mit anschließender Promotion und waren maßgeblich an der Entwicklung der Kerntechnologie des Spin-offs beteiligt. Sie haben allerdings bis dahin noch kein Unternehmen gegründet, besitzen also keine Gründungserfahrung.

Die drei Unternehmen unterscheiden sich allerdings im Ausmaß ihres Mitarbeiter- und Umsatzwachstums seit Unternehmensgründung stark voneinander. Während zwei dieser Unternehmen einen soliden Wachstumspfad eingeschlagen haben, wächst das dritte ASO deutlich stärker und erzielt mittlerweile etwa den zehnfachen Umsatz der anderen Unternehmen. Der Hauptgrund für diese Differenz wird bereits in der frühen Marktphase bei der Positionierung der Erstprodukte ausgemacht. Wie im Folgenden gezeigt wird, unterscheiden sich die ASOs darin, wie ihre Gründer vorab Marktinformationen eingeholt haben und wie sie ihr Erstprodukt auf den Markt gebracht haben.

Bevor eine genauere Analyse der Unternehmensgründer und der Entwicklung ihrer Produkte durchgeführt wird, werden die Spin-offs kurz vorgestellt. Aus Gründen des Datenschutzes werden die Namen der Unternehmen und ihrer Gründer kodiert. Im weiteren Verlauf der Studie werden die Unternehmen zur Unterscheidung in Spin-off A, B und C (oder ASO A, B und C) bzw. Gründer A, B und C umbenannt. Informationen über konkrete Produkte oder Projekte werden nicht gegeben, da sonst leicht die Verbindung zum jeweiligen Unternehmen hergestellt werden kann.

3.1 Unternehmensvorstellung Spin-off A

Das akademische Spin-off A wurde von einem promovierten Chemiker und einem promovierten Ingenieur als GmbH im Jahr 2000 gegründet. Das Eigenkapital der Firma ist auf die Gründer und drei weitere Privatpersonen aufgeteilt.

Das ASO A besitzt eine große Wertschöpfungstiefe; es betreibt die Entwicklung, Herstellung und den Vertrieb von multifunktionellen Bindemitteln und Oberflächenbeschichtungen auf Basis der chemischen Nanotechnologie. Der Fokus des Unternehmens liegt dabei auf der Herstellung von glasartigen Werkstoffen und im Bereich der Oberflächenkeramik. Im Laufe der Unternehmensentwicklung konnten insgesamt über 20 patentierte Neuprodukte auf den Markt gebracht werden. Zu seinen Kunden gehören Unternehmen aus den Bereichen Elektrotechnik, chemische Industrie, Metallverarbeitung sowie Baugewerbe.

Die Flughafenbrandkatastrophe in Düsseldorf (1996) zeigte mit besonderer Brisanz die Notwendigkeit, sich stärker mit der Erforschung von nichtbrennbaren Isolierungsmitteln zu befassen. Die Gründer des ASOs A erkannten den Trend und entwickelten eine thermisch stabile, nicht brennbare und recycelbare Mineralwolle. Dieses Erstprodukt wurde in einem Zeitraum von sechs Monaten entwickelt und führte zu stabilen Umsätzen bereits ab dem ersten Jahr der Unternehmensgründung. Auf dem Gebiet herrschte jedoch zur Zeit der Gründung ein hoher Konkurrenzdruck, so dass das Erstprodukt zu einem niedrigen Preis abgesetzt werden musste und dementsprechend keinen großen Gewinn generieren konnte.

Bereits während ihrer Tätigkeit in der Forschungseinrichtung knüpften die Gründer viele potentielle Kundenkontakte, die sie jedoch erst nach der Unternehmensgründung kommerziell nutzen konnten. Diese solide Basis war laut Aussage der Gründer eines der Hauptargumente für die Spin-off-Gründung.

Die Entwicklung des Unternehmensumsatzes weist einen wachsenden Verlauf auf. So stieg der Umsatz des ersten vollständigen Geschäftsjahres (2001) von 280.000 € auf über

600.000 € im Jahr 2008 an. Die Prognosen für das Jahr 2009 ergaben eine Umsatzschätzung von etwa einer Million €, wobei etwa 50 % aus dem Export generiert werden konnten. Dabei wird dieser Export zumeist im nahen europäischen Ausland erzeugt. Ebenfalls ist eine stetig steigende Entwicklung der Mitarbeiterzahl zu erkennen. Während im ersten Geschäftsjahr nur die beiden Gründer tätig waren, arbeiten mittlerweile acht Personen im Unternehmen.

Das Gründerteam besaß zum Zeitpunkt der Gründung durch die Tätigkeit in der Forschungsinstitution ein umfangreiches technologisches Know-how. Durch die komplementären Bildungsabschlüsse der Gründer (Chemiker und Ingenieur) konnten komplizierte Prozesse in der Verfahrenstechnik auf differenzierte Weisen analysiert und gelöst werden. Der hohen Expertise der Gründer auf dem Gebiet der Nanotechnologie standen Defizite im Bereich der Betriebswirtschaft gegenüber. Im Verlauf der Fallstudie werden ihre Eigenschaften und Fähigkeiten und die der Gründer der anderen Spin-offs im Detail weiter beleuchtet.

3.2 Unternehmensvorstellung Spin-off B

Das akademische Spin-off B wurde von einem promovierten Ingenieur und Chemiker mit langjähriger Industrieerfahrung ebenfalls im Jahr 2000 als GmbH gegründet. Anteile am Eigenkapital besitzen die Gründer, zwei Privatpersonen, ein Business Angel und ein VC-Geber als stille Beteiligung.

Das von dem Spin-off angebotene Produktportfolio beinhaltet eine Reihe nanotechnologischer Beschichtungsstoffe, die Oberflächen unterschiedlichster Materialien vor Korrosion und mechanischen Angriffen schützen. Die Kerntechnologie ist eine, auf dem Sol-Gel-Prozess basierende chemische Verbindung, die je nach Oberfläche oder Struktureigenschaften eine spezielle Weiterverarbeitung erfordert. Zur Kosteneinsparung hat das ASO B die Produktion mittlerweile selbst übernommen und deckt somit die gesamte Kette der Wertschöpfung ab. Zu seinen Kunden zählen unter anderem Unternehmen aus der Luft- und Raumfahrt, der Maschinenbaubranche sowie der chemischen Industrie.

Laut Aussage des Gründers waren die wachsenden Kundenaufträge der Anlass für die Ausgründung, um so dem hohen Haftungsrisiko entgegenwirken zu können. Bei dem Erstprodukt des ASOs B handelt es sich um einen Korrosionsschutz für industrielle Anwendungen. Konkret wurde ein Einbrennlack hergestellt, der Aluminiumoberflächen effektiver vor Korrosion schützt. Um konstant wettbewerbsfähig zu bleiben, entwickelte man unmittelbar darauf eine Glasbeschichtung für den Endverbrauchermarkt.

In der Firmengeschichte des ASOs B gab es einige prägende Ereignisse. So führte das starke Vertrauen des Gründers in seine Mitarbeiter beinahe zu unkontrolliertem Wissensabfluss. Ein Mitarbeiter schickte regelmäßig Daten über den Firmencomputer an die heimische Adresse. Polizeiliche Untersuchungen ergaben, dass er bereits eine Liste mit Informationen und deren Preisen angefertigt hatte. Möglicherweise war das zu große, wohlwollende Vertrauen des Gründers neben der Chance auf zusätzliche Einnahmen die Ursache, warum sein Mitarbeiter beinahe zum Straftäter geworden wäre. Da der Mitarbeiter vor der kommerziellen Offenlegung von Informationen überführt werden konnte, entstand kein Schaden für das Unternehmen. Ein ähnlicher Vorfall ereignete sich einige Jahre später bei einem wichtigen Kunden in Asien. Zwei Mitarbeiter des Unternehmens verkauften – ohne Kenntnis des geschäftsführenden Gesellschafters – Lizenzen an diesen Kunden. Dieses Hintergehen konnte durch die Ehrlichkeit des ausländischen Kunden aufgedeckt und ebenfalls geahndet werden, so dass ebenfalls kein Schaden entstehen konnte.

Seit Gründung entwickelte das Unternehmen über 20 patentierte Neuprodukte und wies seitdem eine konstante Mitarbeiter- und Umsatzsteigerung auf. So verbuchte das Spin-off im Jahr 2001 mit zwei Mitarbeitern einen Umsatz von 50.000 €. Im Jahr 2008 konnte das Unternehmen einen Umsatz von 600.000 € mit acht Mitarbeitern generieren. Der durchschnittliche Exportanteil am Umsatz beläuft sich auf 20 % mit steigender Tendenz in den letzten zwei Jahren. Dabei wird ein Großteil des Exportes in Japan abgesetzt. Als entscheidenden Grund für das Wachstum des Spin-offs gab der Gründer an, einen engen und direkten Kontakt zu seinen Kunden aufgebaut zu haben. Dass dieser enge Kontakt sich allerdings auch als nachteilig bzw. wachstumshemmend herausstellen kann, wird im Verlauf der Studie beim Vergleich der einzelnen Unternehmen deutlich.

Auch dieses Spin-off zeichnet sich besonders durch die hohe technologische Fachkompetenz des Gründers aus. So sind ihm viele hochrangige Veröffentlichungen und Entdeckungen im Bereich der Oberflächenbeschichtung auf Basis der Nanotechnologie zuzuschreiben. Er hält weltweit Vorträge, ist auf vielen Fachmessen präsent und errang durch seine Arbeiten Auszeichnungen und Preise. Die lange Industrieerfahrung des Gründers in der Branche, die er sich durch seine Tätigkeit als Laborleiter in einem Unternehmen und später als Freiberufler aneignete, und das große technologische Know-how machen ihn zu einem Experten auf dem Gebiet.

3.3 Unternehmensvorstellung Spin-off C

Das akademische Spin-off C wurde im Jahr 1999 von einem promovierten Chemiker und einem Elektroingenieur als GmbH gegründet. Die Gründer sowie drei weitere Mitarbeiter sind am Eigenkapital des Unternehmens beteiligt.

Dieses Spin-off offeriert nicht nur die breiteste Produktpalette auf dem Feld der Oberflächentechnologie der drei betrachteten Unternehmen, sondern ist auch im Dienstleistungsbereich tätig und bietet dort Innovationsberatung und zielgerichtete Anpassungsentwicklungen an. Mittlerweile hat das Spin-off etwa 50 patentierte Neuprodukte für Kunden aus der Luft- und Raumfahrt, der Automobil-, Textil-, Konsumgüterindustrie und der chemischen Industrie sowie aus dem Maschinenbau und dem Baugewerbe im Portfolio. Beispielsweise befindet sich unter den Kunden eine weltweit agierende Fastfood-Kette, die ihren Außenbereich mit speziell beschichteten Steinen ausrüstet, aber auch Großkonzerne der Automobilindustrie, die Karosserieteile mit einem speziellen Lack präparieren.

Bei dem Erstprodukt handelt es sich um eine Oberflächenversiegelung mit Lotuseffekt für Baustoffe. Durch die nanotechnologische Bearbeitung sind die Oberflächen in ihren Eigenschaften wasserabweisend.

Der Gründer konnte sich vor Ausgründung durch seine Tätigkeit als Abteilungsleiter im Bereich der Werkstoff- und Verfahrensentwicklung in seinem Forschungsinstitut eine detaillierte Marktkenntnis aneignen. Durch viele Gespräche und Kontakte zur Industrie war es ihm möglich, sich ein umfangreiches Wissen über unterschiedliche Branchen und Anwendungsmöglichkeiten seiner Technologie aufzubauen. Dadurch erkannte er eine sehr lohnende Marktchance und gründete daraufhin das Unternehmen aus.

Der Umsatz und Mitarbeiterzuwachs zeigt, dass sich das ASO C, im Vergleich zu den beiden ASOs A und B, zu einem großen Akteur in der Nanotechnologiebranche und speziell der Oberflächenbeschichtung entwickelt hat. So startete das Unternehmen bereits im ersten Geschäftsjahr nach Markteinführung (2000) mit zehn Mitarbeitern und einem Umsatz von 500.000 €. Acht Jahre später verbuchte es einen Umsatz von 6 Mio. € mit 50 Mitarbeitern. Der durchschnittliche Exportanteil des Umsatzes beläuft sich auf etwa 10 % mit steigender Tendenz in den letzten zwei Jahren, erzeugt hauptsächlich durch Kunden in den USA und in Asien. Dadurch, dass das Unternehmen trotz seiner Größe weiterhin eigentümergeführt ist, können, laut Angabe des Gründers, selbst Großaufträge, die mit hohen Investitionen verbunden sind, unkompliziert und schnell koordiniert werden. Als Haupttreiber für das schnelle Wachstum seiner Firma sieht der Gründer die starke Nachfrage nach seinen Produkten von unterschiedlichen Kundengruppen.

Wie auch bei den vorher betrachteten Beispielen wird dieses Spin-off ebenfalls durch die tiefgehende technologische Kompetenz seiner Gründer getragen. Derzeit befindet sich einer von ihnen im Habilitierungsprozess mit der Fachrichtung Oberflächenbeschichtung. Seine Kenntnisse im Bereich der Oberflächenbeschichtung haben dem Unternehmen bereits eine Vielzahl an Titeln, Preisen und Anerkennungen eingebracht.

4 Vergleichende Analyse der Spin-offs auf Basis ihrer Gründer

Wie eingangs bereits festgestellt, besitzen alle drei Spin-offs ein stetiges Umsatzwachstum. ASO C erreicht jedoch in der gleichen Zeit den zehnfachen Umsatz der Unternehmen A und B. Der Vergleich der Kennzahlen der akademischen Spin-offs (siehe Tab. 1) zeigt, dass es Unterschiede zwischen der guten und der herausragenden Unternehmensperformance geben muss.

Zudem zeigen auch die subjektive Bewertung des Erstprodukterfolgs und die Bewertung der gesamten Geschäftstätigkeit im Vergleich zum Wettbewerb deutliche Unterschiede. Den Erfolg des Erstprodukts bewerteten die Gründer der ASOs A und B als eher durchschnittlich, da sie ihre hohen Erwartungen nicht erreichen konnten. Der interviewte Gründer von ASO C gab als Einziger an, sehr zufrieden mit der bisherigen Geschäftstätigkeit seines Unternehmens insgesamt und mit dem Erfolg seines Erstprodukts zu sein.

Tab. 1 Subjektiver und objektiver Erfolg der Spin-offs im Vergleich

Bewertungskriterium	Spin-off A	Spin-off B	Spin-off C
Umsatz in 2008	600.000 €	600.000 €	6.000.000 €
Anzahl Mitarbeiter in 2008	8	8	50
Subjektive Bewertung des Erfolgs des Erstproduktes	Mittelmäßig	Mittelmäßig	Sehr hoch
Subjektive Bewertung des Erfolgs zum Wettbewerber	Mittelmäßig	Mittelmäßig	Sehr hoch

Auch im Vergleich zu den Wettbewerbern schätzen die Gründer ihren Erfolg ähnlich unterschiedlich ein. Diese Einschätzungen und die objektiven Unternehmenszahlen bestätigen, dass es sich bei ASO C um ein herausragendes und bei den ASOs A und B um erfolgreiche Spin-offs handelt.

Die Kerntechnologie und die Ausgangsbedingungen der ASOs sind, wie bereits erwähnt, vergleichbar. Der Unterschied in der Unternehmensentwicklung kann mit Hilfe der unterschiedlichen Humankapitalausstattung der Gründer begründet werden. Es werden im Folgenden die Gründer der Unternehmen einander gegenübergestellt und damit der Versuch unternommen, die Performanceunterschiede anhand der oben aufgestellten Propositionen zu erklären.

Wie in der Argumentation für die Proposition 1 dargestellt, wurde in der Literatur ein positiver Zusammenhang zwischen der *wirtschaftswissenschaftlichen Ausbildung* der Gründer und dem Unternehmenserfolg nachgewiesen ([4], S. 554; [12], S. 810). Für die hier untersuchten Unternehmen zeigt die genauere Betrachtung der Ausbildungsniveaus im wirtschaftswissenschaftlichen Bereich zum Gründungszeitpunkt, dass Gründer C als Einziger über eine fundierte Ausbildung auf diesem Gebiet verfügte. Beispielsweise erlernte er Kenntnisse im Bereich des Patentwesens, der Personalführung und des Projektmanagements. Dieses Wissen konnte sich der promovierte Diplomchemiker während seiner Tätigkeit als Abteilungsleiter des Forschungsinstitutes aneignen. Die Teilnahme an Weiterbildungsseminaren führte zu einer stetigen Erweiterung seiner Kenntnisse. Der Gründer von ASO B konnte hingegen während seiner Beschäftigung als Laborleiter keine betriebswirtschaftlichen Fähigkeiten erwerben, da er nach eigenen Angaben auf das Forschungsbemühen konzentriert war. Auch Gründer A gab an, keine betriebswirtschaftliche Ausbildung oder Kenntnisse zum Zeitpunkt der Gründung besessen zu haben.

Auch beim zweiten Aspekt der Humankapitaltheorie – den Erfahrungen der Gründer (Proposition 2) – sind Unterschiede zwischen den Spin-offs zu erkennen. Gründer C entwickelte als Einziger der betrachteten Gründer eine dezidierte *Managementerfahrung* sukzessiv über mehrere Jahre hinweg, indem er nach kurzer Tätigkeit als Gruppenleiter die Abteilungsleiterposition in dem Forschungsinstitut mit einer Verantwortung für über achtzig Mitarbeiter übertragen bekam.

Bemerkenswert ist auf der anderen Seite, dass Gründer C nach eigenen Angaben über keine *Branchenerfahrung* zum Zeitpunkt der Gründung verfügte. Hier besteht ein großer

Unterschied zu den Gründern A und B, welche bereits mehrere Jahre Branchenerfahrung gesammelt hatten. Dies steht im Kontrast zu den Erkenntnissen der oben vorgestellten Meta-Studie von Song et al. ([52], S. 13), die einen positiven Erfolgsbeitrag der Branchenerfahrung der Gründer feststellten. Bei der genauen Analyse der drei untersuchten Spin-offs wird deutlich, dass die Branchenerfahrung zu einer stark einseitigen Betrachtung der Branche führte. Die jeweiligen Gründer fokussierten sich zu stark auf den Erstkunden mit dem Erstprodukt und ließen den Gesamtmarkt und weitere Chancen bzw. Anwendungsbereiche ihrer Technologie außer Acht. Daraus entstanden fehlerhafte Ableitungen auf den Gesamtmarkt, die auch eine höhere Unzufriedenheit mit dem eigenen Unternehmenserfolg zur Folge hatten.

Proposition 3 befasst sich mit den Kompetenzen der Gründer, welche dann direkt für den Erfolg verantwortlich sind ([54], S. 710). Abgeleitet aus ihrem Forschungshintergrund und jetzigen komplexen technologischen Tätigkeitsfeld besitzen alle Gründer eine sehr hohe *technologische Kompetenz*. Sie haben international auf ihrem jeweiligen Gebiet ein hohes Maß an Reputation als Experten aufbauen können und publizieren in regelmäßigen Abständen Forschungsbeiträge oder halten Vorträge auf Konferenzen in den Bereichen Nanotechnologie und Oberflächeneigenschaften. Dadurch konnten sie das Vertrauen potentieller Kunden gewinnen, welches besonders für den Bestand junger Technologieunternehmen entscheidend ist ([28], S. 170). Aus der großen Zahl an Neuproduktentwicklungen erkennt man, dass sie zudem alle in der Lage sind, ihr Know-how und die Ideen ihrer Kunden in Produkte zu überführen.

Die *Managementkompetenz* nach Chandler und Jansen ([10], S. 225–226) ist bei allen drei befragten Gründern insgesamt gut ausgeprägt. Im Detail zeigen sich jedoch Unterschiede. Der Fall des beinahe stattgefundenen Wissensabflusses bei ASO B macht deutlich, dass dort den Mitarbeitern möglicherweise zu viel Vertrauen entgegengebracht wurde. Demgegenüber hebt sich Gründer C durch seine besonders stark ausgeprägte Kompetenz auf dem Gebiet von den anderen Gründern ab. Beispielsweise zeigte sich am Rande des Interviews mit ihm sein Verhandlungsgeschick im Umgang mit schwierigen Partnern. Ein wichtiger Zulieferer und Partner in einem F&E-Projekt war nach zähen Verhandlungen schließlich bereit, steigende Entwicklungskosten zu tragen.

Auch hinsichtlich der *unternehmerischen Kompetenz* gibt es markante Unterschiede, die sich beispielsweise im Verhalten der Gründer zum Gründungszeitpunkt widerspiegeln. Unternehmerische Kompetenz zeigt sich unter anderem anhand der Facetten einer Ausnutzung einer langfristig gewinnbringenden Marktchance, einer zielführenden Ressourcenallokation und einer genauen Risikobewertung ([31], S. 121–122). Hinsichtlich der Unsicherheit, sowohl auf den Markt als auch auf die Technologie bezogen, gibt es auf Seiten der Gründer unterschiedliche Einschätzungen. Gründer C schätzte diese Unsicherheiten in der Phase der Gründung als sehr hoch ein, während die Gründer A und B sie im Vergleich deutlich schwächer bewerteten. Die niedrigere Einschätzung war möglicherweise eine Folge der gesammelten Branchenerfahrungen der Gründer A und B. Dieses Phänomen ist in der Literatur bereits bekannt. Durch eine Fehleinschätzung der Marktunsicherheit ([3], S. 56–57) kann es zu unrealistischen Situationseinschätzungen und Fehlinvestitionen bis hin zum Scheitern der Ausgründung kommen ([50], S. 201–203). Gründer C schätzte diese Marktunsicherheit höher ein und hielt deswegen in der frühen Gründungsphase den Kontakt zu externen Branchenexperten und diskutierte die potentiellen Anwendungsbereiche des Erstproduktes mit ihnen tiefgehend. Die von den Gründern A und B als eher gering eingeschätzte marktbezogene und technologische Unsicherheit veranlasste sie, keine Branchenexperten hinzuzuziehen. Die Markteinführung des Erstproduktes wurde somit von den Spin-offs in unterschiedlicher Weise verfolgt. Während die Gründer A und B ihre Erstprodukte ohne regelmäßige Absprachen mit unterschiedlichen potentiellen Anwendern entwickelten, herrschte zwischen Gründer C und den potentiellen Anwendern seines Erstproduktes eine ständige Kommunikation.

Zudem weichen die Einschätzungen bei der Beurteilung der Kundensegmente voneinander ab, in denen das jeweilige Unternehmen den größten Umsatzanteil tätigt. Während die Gründer A und B der Überzeugung sind, dass die Kundenbedürfnisse leicht vorhersehbar sind, ist Gründer C vorsichtiger. Er sieht die Nachfrage und die Kundenbedürfnisse als schlecht prognostizierbar und hält ein regelmäßiges Screening für notwendig.

Wie bereits beschrieben, geht ein stark ausgeprägtes Humankapital der Gründer, insbesondere deren unternehmerische Kompetenz, häufig mit einem stärker marktorientierten Handeln und mit einer besseren Identifikation von Marktchancen einher ([31], S. 119–122). Proposition 4 besagt, dass Unternehmen, deren Gründer so vorgehen, erfolgreicher sind. Gründer C hat auf diese Weise gehandelt. Er sprach sich mit Branchenexperten ab und beobachtete mögliche Absatzmärkte genau. Hieraus konnte er eine höhere Anzahl an *Marktchancen* identifizieren. Gruber et al. ([24], S. 1661) belegen in einer empirischen Studie, dass durch das Erkennen von einer Vielzahl von Marktchancen ein höherer Unternehmenserfolg resultiert. Wie oben angesprochen, waren Gründer A und B auf ihre ersten Kunden fixiert, so dass sie sich nicht intensiv mit weiteren möglichen Marktchancen befassten. Trotzdem waren sie gezwungen, bereits direkt nach Markteinführung umfangreiche Produktanpassungen des Erstprodukts an die Kundenanforderungen vorzunehmen. Bei ihnen führte also möglicherweise die Überschätzung der Vorhersehbarkeit von Kundenbedürfnissen zu einer Fehlentwicklung, durch die nachträgliche Anpassungen an die tatsächlichen Marktanforderungen notwendig wurden (siehe auch [44], S. 128–135). Die Überzeugung in ihre Technologie und die Bedürfnisse einzelner Kunden wurden von den Gründern A und B fälschlicherweise als generelles Marktbedürfnis interpretiert, so dass eine Marktorientierung nur schleppend entstand. Gründer C konnte hingegen durch regelmäßige Absprachen mit verschiedenen potentiellen Anwendern seines Erstproduktes ein Produkt auf den Markt bringen, welches zunächst keiner weiteren Anpassungen bedurfte. Zudem konnte er eine Steigerung der Attraktivität seines Produktportfolios auch für die Vielzahl an weiteren Produktentwicklungen erreichen, indem er Marktinformationen in die Entwicklung mit einfließen ließ und eine stärker marktgerichtete Aktivität pflegte. Das führte dazu, dass er die Anforderungen und Wünsche des Marktes genauer als die Gründer der anderen Unternehmen analysieren konnte. Das spezielle Wissen über den Markt war ausschlaggebend für die im Vergleich zu den anderen Unternehmen stärker nachfragegetriebene Ausgründung aus dem Forschungsinstitut. Gründer C erkannte die

Anforderungen und Wünsche des Marktes und konnte diese in Form von Produkten kommerzialisieren. Diese *Marktorientierung* kann damit auch als unmittelbar verantwortlich für die höhere Unternehmensperformance von ASO C angesehen werden. Der ständige Kontakt zu den potentiellen Anwendern und das Sammeln von Informationen über den selektierten Markt ermöglichten eine *marktorientierte Produktentwicklung*. Anpassungen des Erstproduktes waren direkt nach der Entwicklung nicht mehr notwendig, da die Marktanforderungen vollständig erfüllt waren, was durch eine sehr hohe Kundenzufriedenheit belegt wird. Die Wichtigkeit des Erfassens und Anwendens dieser Marktinformationen, insbesondere in aufstrebenden Märkten, wurde beispielsweise von Song et al. ([53], S. 565) und Parry und Song ([42], S. 1122) nachgewiesen.

Insgesamt kann man anhand des Vergleichs der unterschiedlichen Vorgehensweisen bei der Entwicklung und Vermarktung des Erstprodukts feststellen, dass die herausragende Performanceentwicklung zwei direkte Ursachen hat: Erstens die genaue Marktkenntnis des Gründers durch Absprache mit Experten und Bewertung verschiedener Marktchancen und zweitens die marktorientierte Produktentwicklung unter Berücksichtigung von Kundenwünschen. Allerdings darf dabei der Fokus nicht zu eng auf einige wenige Kunden gelegt werden, wenn dabei die Berücksichtigung des gesamten Marktsegments vernachlässigt wird. Dieser Befund kann auch ein Grund dafür sein, dass Song et al. ([53], S. 565) und Gruber ([23], S. 797) keinen eindeutig positiven Beitrag bei einer generellen Zusammenarbeit mit Kunden finden konnten.

5 Zusammenfassung und Diskussion

Diese Fallstudie betrachtet die Unternehmensentwicklung von drei akademischen Ausgründungen, die aus dem gleichen Forschungsinstitut stammen. Sie begannen ihre Unternehmensgründungen unter sehr ähnlichen Voraussetzungen, was sie für eine vergleichende Analyse sehr interessant macht. Die relevanten Daten wurden durch etwa zweistündige Interviews und die Beantwortung eines detaillierten Fragebogens ermittelt. Die Untersuchungen konzentrierten sich auf die möglichen Ursachen für den unterschiedlichen subjektiv empfundenen und objektiven Erfolg der drei Unternehmen und ihrer Erstprodukte.

Anhand von vier aufgestellten Propositionen wurden die Auswirkungen einer wirtschaftlichen Ausbildung, Erfahrungen sowie Kompetenzen und einer marktorientierten Produktentwicklung auf die Unternehmensperformance analysiert. Wirtschaftswissenschaftliche Ausbildung und Erfahrungen auf dem Gebiet werden als Investitionen in das Humankapital gesehen. Die Ergebnisse dieser Investitionen können sich in einer ausgeprägten unternehmerischen Kompetenz der jeweiligen Person zeigen. Es konnte nachgewiesen werden, dass sich die Identifikation von lohnenderen Marktchancen und eine starke Marktorientierung bei der Produktentwicklung positiv auf die Unternehmensperformance auswirken. Die Resultate aus der Untersuchung werden im Folgenden noch einmal explizit hinsichtlich der aufgestellten Propositionen zusammengefasst.

Proposition 1: Akademische Spin-offs, deren Gründer über fundierte wirtschaftswissenschaftliche Ausbildung verfügen, sind erfolgreicher. Diese Proposition wird durch die Angaben der drei Spin-off-Gründer bestätigt. Eine wirtschaftswissenschaftliche Ausbildung hatte sich lediglich der Gründer des erfolgreichsten Spin-offs bereits vor der Ausgründung angeeignet. Die Gründer von Unternehmen A und B haben zum Zeitpunkt der Gründung kaum Kenntnisse in diesem Bereich aufbauen können.

Proposition 2: Akademische Spin-offs, deren Gründer über breite Branchen-, Management- und Gründungserfahrung verfügen, sind erfolgreicher. Bei der Betrachtung von Proposition 2 muss man differenzierter vorgehen. Lediglich die Gründer A und B gaben an, über langjährige Erfahrung in der Branche zu verfügen. Dies steht im Gegensatz zu einer Reihe an Ergebnissen der empirischen Wirtschaftsliteratur, dass sich die Branchenerfahrung der Gründer positiv auf den Unternehmenserfolg auswirkt. Es hat sich in dieser Fallstudie herausgestellt, dass die Branchenerfahrung tatsächlich eher hinderlich gewesen ist. Die Annahme, dass sich eine breite Branchenerfahrung der Gründer positiv auf den Erfolg des Unternehmens auswirkt, kann nicht bestätigt werden. Hingegen kann der Erfolgseinfluss der Managementerfahrung bestätigt werden. Gründer C konnte in seiner langjährigen Abteilungsleitertätigkeit im Forschungsinstitut mit Mitarbeiterverantwortung fundierte Managementerfahrungen sammeln. Gründungserfahrung besaß keines der drei untersuchten Gründerteams.

Proposition 3: Akademische Spin-offs, deren Gründer ein hohes Maß an Management-, technologischer und unternehmerischer Kompetenz aufweisen, sind erfolgreicher. Auf Grundlage der oben untersuchten Unternehmen kann Proposition 3 voll bestätigt werden. Die befragten Unternehmensgründer unterscheiden sich auf der einen Seite zwar bezüglich ihrer technologischen Kompetenz nur sehr gering voneinander. Alle sind international anerkannte Experten auf dem Gebiet der Nano- und Oberflächentechnologie. Auf der anderen Seite können die Gründer allerdings hinsichtlich ihrer unternehmerischen Kompetenz unterschieden werden. Wie oben beschrieben, kann dem Gründer C ein deutlicher Vorsprung bei dieser Kompetenz zugeschrieben werden. Er tauschte sich vor Markteinführung intensiv mit Branchenexperten aus. Die Auswertung des Fragebogens und des persönlichen Gesprächs mit den Gründern A und B legen nahe, dass sie ihre Technologie und deren Marktpotential überschätzt und gleichzeitig die Marktunsicherheit unterschätzt haben. Auch die ausgeprägte Managementkompetenz unterscheidet den sehr erfolgreichen Gründer C von den anderen Gründern.

Proposition 4: Akademische Spin-offs, deren Gründer stärker marktorientiert handeln und mehr Marktchancen identifizieren, können sich besser am Markt behaupten und sind somit erfolgreicher. Besonders eindrucksvoll kann man die Unterschiede in der Unternehmensperformance anhand der Validierung von Proposition 4 erklären. Marktorientiertes Handeln und die Identifikation von Marktchancen gelingen Gründer C besser. Dieser hat sich im Vorfeld der Unternehmensgründung intensiver mit den Bedürfnissen des Gesamtmarktes auseinandergesetzt und Chancen für seine Technologie beobachtet und bewertet. Nach dem Entschluss, sein Produkt für eine bestimmte Anwendung zu kommerzialisieren, arbeitete er mit vielen Partnern zusammen. Auf der anderen Seite erscheint es, dass die Gründer A und B sich zu sehr auf ihre Erstkunden fixiert und es so versäumt haben, einen breiteren Markt anzusprechen.

Nach der selektiven Betrachtung der einzelnen Propositionen erfolgt nun eine kritische Diskussion der oben beleuchteten Aspekte der Humankapitaltheorie und ihres Erfolgsbeitrags. Das theoretische Konzept der Humankapitaltheorie und die Analyse der drei vorgestellten akademischen Spin-offs zeigen, dass Unternehmensgründer über unterschiedliche Fähigkeiten für die Entwicklung einer erfolgreichen Unternehmensperformance verfügen müssen. Sowohl Investments in das Humankapital als auch ihre Ergebnisse können Ursachen für Unterschiede im Erfolg akademischer Spin-offs darstellen. Dabei sind die Investitionen als Proxy für die direkt erfolgswirksamen Ergebnisse aus ihnen zu betrachten.

Die Überprüfung der aufgestellten Propositionen anhand der drei Fallbeispiele hat gezeigt, dass eine fundierte wirtschaftswissenschaftliche Ausbildung der Gründer einen positiven Einfluss auf den Erfolg junger Technologieunternehmen besitzt. Hierfür sprechen die von Gründer C angeeigneten Kenntnisse auf verschiedenen wirtschaftswissenschaftlichen Teilgebieten. Auch die Entwicklung von Kompetenzen im Bereich des Managements, der Technologie und des Unternehmertums wirken sich in ähnlicher Weise auf den Erfolg aus. Gründer A und B weisen eine geringere Management- und unternehmerische Kompetenz als Gründer C auf. Nicht im Einklang mit der vorherrschenden Sichtweise in der Literatur sind die Resultate hinsichtlich der Branchenerfahrung. Im Gegensatz zur gängigen Sicht wirkte sich die lange Branchenerfahrung der Gründer A und B nicht positiv auf die Performance ihrer Technologieunternehmen aus. Anhand der Interviews und des Fragebogens konnten sogar Hinweise auf eine negative Erfolgswirkung einer langjährigen Branchenerfahrung identifiziert werden. Das Marktrisiko und die Wichtigkeit des Hinzuziehens externer Branchenexperten werden dadurch leichter unterschätzt. Eine hohe Relevanz konnte der marktorientierten Produktentwicklung zugeschrieben werden. In diesem Zusammenhang zeigte sich, dass die frühzeitige intensive Kommunikation des Gründers C mit potentiellen Anwendern seines Erstproduktes eine große Rolle spielte. Sie verringerte die Gefahr, umfangreiche Produktanpassungen an Marktanforderungen nach Markteinführung durchführen zu müssen. Die Gründer A und B vernachlässigten die Zusammenarbeit mit unterschiedlichen potentiellen Kunden, so dass sie gezwungen waren, nachträgliche Anpassungen am Erstprodukt vorzunehmen. Des Weiteren konnte Gründer C durch die frühzeitige Beobachtung möglicher Einstiegsmärkte und durch die Beratung mit Branchenexperten die Marktunsicherheit richtig einschätzen. Die weniger stark marktorientierte Produktentwicklung bei den ASOs A und B ging einher mit einer Unterschätzung der Marktunsicherheit bei gleichzeitiger Überschätzung der Technologie und des Marktpotentials. Im nachfolgenden Abschnitt werden aus den Untersuchungsergebnissen Implikationen für die Unternehmenspraxis, den Technologietransfer und empirische Forschung abgeleitet.

5.1 Implikationen für die Praxis

In Übereinstimmung mit den Forschungsergebnissen sowohl für junge ([57], S. 12) als auch für etablierte Unternehmen ([17], S. 562–566; [39], S. 249) zeigt sich auch anhand der Resultate dieser Fallstudie, dass es für den Erfolg eines Technologieunternehmens von außerordentlicher Wichtigkeit ist, sowohl technologische als auch wirtschaftswissenschaftliche Kenntnisse und Fähigkeiten in der Managementebene zu vereinen. Erst damit kann eine erfolgreiche Verbindung zwischen der Technologie und dem Markt sowie eine flexible und schnelle Reaktion auf sich ändernde Marktanforderungen erzeugt werden. Speziell für den Erfolg akademischer Spin-offs eignen sich Gründer mit wirtschaftswissenschaftlichen Kenntnissen oder heterogene Gründungsteams, die sowohl den Erfinder der Technologie als auch einen wirtschaftswissenschaftlichen Experten beinhalten, die Kenntnisse im Bereich Management und Marketing besitzen sowie über Marktkenntnisse verfügen ([1], S. 75; [50], S. 241–242).

Diese Fallstudie hat ebenfalls die Relevanz einer marktorientierten Produktentwicklung unterstrichen. Für junge Technologieunternehmen empfiehlt es sich, frühzeitig mit potentiellen Anwendern des Erstproduktes zu kommunizieren, um nachträgliche Anpassungen zu vermeiden. Zudem sollten bereits im Vorfeld der Unternehmensgründung eine Vielzahl möglicher Zielmärkte beleuchtet werden, um den optimalen Einstiegsmarkt zu finden. Es hat sich auch gezeigt, dass die beratende Unterstützung von externen Branchenexperten helfen kann, die Marktunsicherheit richtig einzuschätzen.

5.2 Implikationen für den Technologietransfer

Für den Technologietransfer bieten die Erkenntnisse aus dieser Fallstudie die Bestätigung, dass bei Gründern akademischer Spin-offs Bildung und Kompetenzen im wirtschaftswissenschaftlichen Bereich einen wichtigen Beitrag zum Erfolg der Ausgründungen liefern. Unternehmensgründer mit wirtschaftswissenschaftlicher Ausbildung und Kenntnissen sind besser in der Lage, lukrative Marktchancen zu erkennen und eine stärker marktorientierte Produktentwicklung zu betreiben. Daher sollten in einem Gründungsteam diese Kenntnisse unbedingt vorhanden sein bzw. durch externe Experten oder Berater zur Verfügung gestellt werden.

5.3 Implikationen für die Forschung

Die Ergebnisse dieser Fallstudie bestätigen die empirische Literatur zur Humankapitaltheorie in dem Punkt, dass Ergebnisse aus den Investitionen in das Humankapital deutlich stärker erfolgswirksam sind als bei einer Betrachtung dieser Investitionen als Proxy für das Humankapital.

Speziell hinsichtlich des Aspekts einer langjährigen Branchenerfahrung zeigt sich anhand des Performancevergleichs der drei ASOs aus den Fallbeispielen, dass sich eine langjährige Branchenerfahrung bei Unternehmensgründern negativ auswirken kann. Tatsächlich haben nur die Gründer der ASOs A und B angegeben, über langjährige Branchenerfahrung zu verfügen, während das Spin-off C eine deutlich stärkere Performance ohne Branchenerfahrung des Unternehmensgründers erreicht. Dies steht im Widerspruch zu einer Vielzahl an empirischen Untersuchungen zum Einfluss der Branchenerfahrung des Gründerteams auf den Unternehmenserfolg ([52], S. 13). Auf der anderen Seite wurden in der Literatur bei der Untersuchung der Erfolgswirkung der Branchenerfahrung in einigen Fällen lediglich insignifikante Ergebnisse gefunden ([40], S. 1402; [14], S. 506). Durch die intensive persönliche Befragung der Gründer konnten auch mögliche Erklärungen für diese Befunde gegeben werden. Unternehmensgründer besitzen bei langjähriger Branchenerfahrung möglicherweise ein zu eingeschränktes und voreingenommenes Bild ihrer Verortung in einer Branche und behalten nicht alle Marktchancen im Auge bzw. wagen nicht den Blick über den „Tellerrand" der ihnen bekannten Branche hinaus. Möglicherweise haben sie deswegen vorschnell angenommen, dass genügend Informationen über den Absatzmarkt vorhanden sind, oder sie haben zu viel in vorhandene Informationen hineininterpretiert. Es bleibt somit zu untersuchen, unter welchen Bedingungen und in welchem Umfeld sich eine vorherige Branchenerfahrung der Gründer tatsächlich positiv auf den Unternehmenserfolg auswirkt. Denkbar wäre beispielsweise eine Branchen- und Technologieabhängigkeit. So könnten unterschiedliche Umweltbedingungen wie die Dynamik im Technologiefeld der Kerntechnologie oder die vorliegende Branchenkonzentration einen moderierenden Einfluss besitzen.

Aufgaben

1. Grenzen Sie die Kategorien der Humankapitaltheorie (1) Investitionen in das Humankapital und (2) Ergebnisse dieser Investitionen nach Becker [5] voneinander ab. Welche der einzelnen Aspekte haben sich aus den Interviews als besonders förderlich für akademische Spin-offs herausgestellt?
2. Mit welchen Messmethoden und konkreten Operationalisierungen (subjektive und objektive) hätten die einzelnen Aspekte der Theorie großzahlig gemessen werden können?
3. Der Einfluss der Branchenerfahrung erscheint auf den ersten Blick in dieser Fallstudie konterintuitiv. Wie können Sie diesen Befund vor dem Hintergrund der Identifikation und Bewertung von Marktchancen sowie der marktorientierten Produktentwicklung erklären?

Literatur

1. Agrawal A (2006) Engaging the inventor: exploring licensing strategies for university inventions and the role of latent knowledge. Strateg Manag J 27(1):63–79
2. Aldrich H, Auster ER (1986) Even dwarfs started small: liabilities of age and size and their strategic implications. Res Organ Behav 8:165–198

3. Ali A (1994) Pioneering versus incremental innovation: review and research propositions. J Prod Innovat Manag 11(1):46–61
4. Bates T (1990) Entrepreneur human capital inputs and small business longevity. Rev Econ Stat 72(4):551–559
5. Becker GS (1975) Human capital: a theoretical and empirical analysis, with special reference to education. 2. Aufl Chicago University Press, Chicago, IL
6. Bosma N, van Praag M, Thurik R, de Wit G (2004) The value of human and social capital investments for the business performance of startups. Small Bus Econ 23(3):227–236
7. Brüderl J, Preisendörfer P, Ziegler R (1992) Survival chances of newly fouded business organizations. Am Sociol Rev 57(2):227–242
8. Brüderl J, Preisendörfer P, Ziegler R (2007) Der Erfolg neugegründeter Betriebe: Eine empirische Studie zu den Chancen und Risiken von Unternehmensgründungen. 3. Aufl Duncker & Humblot, Berlin
9. Chandler GN, Hanks SH (1993) Measuring the performance of emerging businesses: a validation study. J Bus Ventur 8(5):391
10. Chandler GN, Jansen E (1992) The founder's self-assessed competence and venture performance. J Bus Ventur 7:223–236
11. Chandler GN, McKelvie A, Davidsson P (2009) Asset specificity and behavioral uncertainty as moderators of the sales growth – employment growth relationship in emerging ventures. J Bus Ventur 24(4):373–387
12. Colombo MG, Grilli L (2005) Founders' human capital and the growth of new technology-based firms: a competence-based view. Res Pol 34(6):795–816
13. Cooper AC, Gimeno-GasconFJ, Woo CY (1994) Initial human and financial capital as predictors of new venture performance. J Bus Ventur 9:371–395
14. Dahl MS, Reichstein T (2007) Are you experienced? Prior experience and the survival of new organizations. Ind Innov 14(5):497–511
15. Davidsson P, Honig B (2003) The role of social and human capital among nascent entrepreneurs. J Bus Ventur 18(3):301–331
16. Dencker JC, Gruber M, Shah SK (2009) Pre-entry knowledge, learning, and the survival of new firms. Organization Science 20(3):516–537
17. Dutta S, Narasimhan O, Rajiv S (1999) Success in high-technology markets: is marketing capability critical? Mark Science 18(4):547–568
18. Eisenhardt KM, Martin JA (2000) Dynamic capabilities: what are they? Strateg Manag J 21(10/11):1105–1121
19. Franklin SJ, Wright M, Lockett A (2001) Academic and surrogate entrepreneurs in university Spin-out companies. J Technol Transfer 26(1–2):127–141
20. Gimeno J, Folta TB, Cooper AC, Woo CY (1997) Survival of the fittest? Entrepreneurial human capital and the persistence of underperforming firms. Adm Sci Q 42(4):750–783
21. Gimmon E, Levie J (2010) Founder's human capital, external investment, and the survival of new high-technology ventures. Res Pol 39(9):1214–1226
22. Grandi A, Grimaldi R (2005) Academics' organizational characteristics and the generation of successful business ideas. J Bus Ventur 20(6):821–845
23. Gruber M (2007) Uncovering the value of planning in new venture creation: A process and contingency perspective. J Bus Ventur 22(6):782–807
24. Gruber M, MacMillan IC, Thompson JD (2008) Look Before you leap: market opportunity identification in emerging technology firms. Manage Sci 54(9):1652–1665
25. Harris LC (2001) Market orientation and performance: objective and subjective empirical evidence from UK companies. J Manag Stud 38(1):17–43
26. Heirman A, Clarysse B (2004) How and why do research-based start-ups differ at founding? A resource-based configurational perspective. J Technol Transfer 29(3–4):247–268

27. Hemer J, Berteit H, Walter G, Göthner M (2006) Erfolgsfaktoren für Unternehmensausgründungen aus der Wissenschaft. Fraunhofer IRB Verlag, Stuttgart
28. Hoang H, Antoncic B (2003) Network-based research in entrepreneurship: a critical review. J Bus Ventur 18(2):165–187
29. Jaworski BJ, Kohli AK (1993) Market orientaion: antecedents and consequences. J Marketing 57(3):53–70
30. Jensen R, Thursby M (2001) Proofs and prototypes for sale: the licensing of university inventions. Am Econ Rev 91(1):240–259
31. Jolly VK (1997) Commercializing new technologies: getting from mind to market. Harvard Business School Publishing, Boston
32. King AA, Tucci CL (2002) Incumbent entry into new market niches: the role of experience and managerial choice in the creation of dynamic capabilities. Manage Sci 48(2):171–186
33. Kirzner IM (1997) Entrepreneurial discovery and the competitive market process: An Austrian approach. J Econ Lit 35(1):60–85
34. Kohli AK, Jaworski BJ (1990) Market orientation: the contruct, research propositions, and managerial implications. J Marketing 54(2):1–18
35. McGee JE, Dowling MJ (1994) Using R & D cooperative arrangements to leverage managerial experience: a study of technology-intensive new ventures. J Bus Ventur 9(1):33–48
36. McMullen JS, Shepherd DA (2006) Entrepreneurial Action and the Role of Uncertainty in the Theory of the Entrepreneur. Acad Manage Rev 31(1):132–152
37. Mincer JA (1974) Schooling, experience, and earnings: individual acquisition of earning power. National Bureau of Economic Research, S5–23
38. Moog P (2004) Humankapital des Gründers und der Erfolg der Unternehmensgründung. Gabler, Wiesbaden
39. Moorman C, Slotegraaf RJ (1999) The contingency value of complementary capabilities in product development. J Marketing Res 36(2):239–257
40. Nerkar A, Shane S (2003) When do start-ups that exploit patented academic knowledge survive? Int J Ind Organ 21(9):1391–1410
41. O'Connor GC (1998) Market learning and radical innovation: a cross case comparison of eight radical innovation projects. J Prod Innovat Manag 15(2):151–166
42. Parry ME, Song M (2010) Market information acqisition, use, and new venture performance. J Prod Innovat Manag 27(7):1112–1126
43. Peña I (2004) Business incubation centers and new firm growth in the basque country. Small Bus Econ 22(3/4):223–236
44. Pleschak F, Werner H (1998) Technologieorientierte Unternehmensgründungen in den neuen Bundesländern – Wissenschaftliche Analyse und Begleitung des BMBF-Modellversuchs. Physica-Verlag, Heidelberg
45. Quiñones MA, Ford JK, Teachout MS (1995) The relationship between work experience and job performance: a conceptual and meta-analytic review. Pers Psychol 48(4):887–910
46. Reuber AR, Fischer EM (1994) Entrepreneurs' experience, expertise, and the performance of technology-based firms. IEEE T Eng Manage 41(4):365–374
47. Roberts EB (1991) Entrepreneurs in high technology: lessons from mit and beyond. Oxford Univ. Press, New York
48. Shane S (2000) Prior knowledge and the discovery of entrepreneurial opportunities. Organization Science 11(4):448–469
49. Shane S (2001) Technological opportunities and new firm creation. Manage Sci 47(2):205–220
50. Shane S (2004) Academic entrepreneurship: university Spinoffs and wealth creation. Edward Elgar, Cheltenham, UK
51. Smilor RW, Gibson DV, Dietrich GB (1990) University Spin-Out companies: technology start-Ups from UT-Austin. J Bus Ventur 5(1):63–76

52. Song M, Podoynitsyna K, van der Bij H, Halman JIM (2008) Success factors in new ventures: a meta-analysis. J Prod Innovat Manag 25(1):7–27
53. Song M, Wang T, Parry ME (2010) Do market information processes improve new venture performance? J Bus Ventur 25(6):556–568
54. Sonnentag S (1998) Expertise in professional software design: a process study. J Appl Psychol 83(5):703–715
55. Steffensen M, Rogers EM, Speakman K (2000) Spin-offs from research centers at a research university. J Bus Ventur 15(1):93–111
56. Stuart RW, Abetti PA (1990) Impact of entrepreneurial and management experience on early performance. J Bus Ventur 5(3):151–162
57. Unger JM, Rauch A, Frese M, Rosenbusch N (2009) Human capital and entrepreneurial success: A meta-analytical review. Journal of Business Venturing. In press, corrected proof
58. Veryzer RW (1998) Discontinuous innovation and the new product development process. J Prod Innovat Manag 15(4):304–321
59. Wiklund J, Davidsson P, Delmar F (2003) What do they think and feel about growth? An expectancy-value approach to small business managers' attiStudes toward growth. Entrepreneurship: Theory und Practice 27(3):247–270
60. Zucker LG, Darby MR, Armstrong JS (2002) Commercializing knowledge: university science, knowledge capture, and firm performance in biotechnology. Manage Sci 48(1):138–153
61. Zucker LG, Darby MR, Brewer MB (1998) Intellectual human capital and the birth of U.S. Biotechnology Enterprises. Am Econ Rev 88(1):290–306

Teil II
Wertschaffend Kooperieren in der Gründungs- und frühen Unternehmensphase

Kooperationen Junger Technologieunternehmen mit Wettbewerbern

Der Einfluss von Vertragsvereinbarungen und Beziehungskapital auf den Kooperationserfolg

Berit Egge und Dirk Müller

Inhaltsverzeichnis

1	Einleitung	92
2	Theoretische Fundierung	93
	2.1 Transaktionskostentheorie	93
	2.2 Relational View	95
	2.3 Kooperationen mit Wettbewerbern	96
	2.3.1 Erfolgswirkungen interorganisationalen Wettbewerbs	96
	2.3.2 Einflüsse von Vertragsvereinbarungen	98
	2.3.3 Einflüsse von Beziehungskapital	99
	2.4 Zusammenspiel von Vertragsvereinbarungen und Beziehungskapital	101
3	Fallstudien	103
	3.1 NanoScope GmbH	103
	3.2 Pharma GmbH	106
4	Diskussion der Befunde	109
5	Zusammenfassung und Implikationen	111
	5.1 Zusammenfassung	111
	5.2 Managementimplikationen	111
Literatur		113

B. Egge (verh. Wilckens) (✉)
Ernst-Barlach-Weg 5, 24119 Kronshagen, Deutschland
E-Mail: innovation@bwl.uni-kiel.de

D. Müller
Hasseerstraße 116, 24113 Kiel, Deutschland
E-Mail: dmbs@gmx.net

Überblick

Für junge Technologieunternehmen sind Kooperationen mit Konkurrenten, so genannte Koopetitionen, eine viel versprechende Möglichkeit, um im Innovationswettbewerb durch synergetische Effekte einzigartige Produkte und Dienstleistungen zu entwickeln und anzubieten. Vorangegangene Studien legen jedoch nahe, dass der Wettbewerb zwischen den Partnern den Erfolg solch koopetitiver Zusammenarbeiten erodieren lässt. Unternehmen, die diesen Zusammenhang antizipieren, versuchen mögliche negative Effekte durch vertragliche Schutzvereinbarungen und den Aufbau von Beziehungskapital weitestgehend zu verhindern. In dem vorliegenden Beitrag dokumentieren wir, wie zwei junge Hightech-Unternehmen mit diesen Maßnahmen ihre Kooperationen mit internationalen Wettbewerbern erfolgreich absichern. In einem Fall können die Unternehmen auf bereits vor der Zusammenarbeit etabliertes, belastbares Beziehungskapital zurückgreifen und auf vertragliche Schutzvereinbarungen verzichten. In einem zweiten Fall nutzen die Unternehmen formale Verträge und die dem Vertragsschluss vorausgehenden Verhandlungen, um Unsicherheit zu reduzieren und Beziehungskapital zu bilden. Wir belegen empirisch den Einfluss von Beziehungskapital und formaler Schutzvereinbarungen und leiten Empfehlungen für das Management von Koopetitionen ab.

1 Einleitung

Viele junge Unternehmen in technologieintensiven Industrien gehen eine Kooperation mit einem Wettbewerber, eine so genannte Koopetition, ein ([20], S. 393–394). Der Grund dafür liegt einerseits in den Charakteristika der Unternehmen selbst. So sind Junge Technologieunternehmen meist klein, haben wenig Erfahrungen sowie Ressourcen und besitzen noch keine stabilen Marktbeziehungen ([6], S. 267–271). Andererseits sind einige charakteristische Schlüsselfaktoren der Industrien für die Zunahme von Koopetitionen verantwortlich ([20], S. 393–394). Dazu gehören ein kurzer Produktlebenszyklus aufgrund eines schnellen Technologiewandels, lange und forschungsintensive Produktentwicklungsprozesse sowie hohe Forschungs- und Entwicklungskosten. Junge Technologieunternehmen sehen sich somit einem Zeit-, Kosten- und Innovationswettbewerb gegenüber. Daher eröffnen Koopetitionen insbesondere für Junge Technologieunternehmen neue Handlungsoptionen. Im Besonderen bieten sie ihnen die Möglichkeit zur effizienteren Entwicklung und Vermarktung von Produkten, Technologien und Kompetenzen ([22], S. 203; [41], S. 35).

Aufgrund des kooperativen Konkurrierens der Unternehmen stellt eine Koopetition eine hybride und paradoxe Form strategischen Verhaltens dar ([49]; [47], S. 928). Der Wettbewerbsdruck zwischen den kooperierenden Unternehmen kann sowohl positive als auch negative Auswirkungen auf die Zusammenarbeit haben. Eine positive Wirkung der Wettbewerbsbeziehung sehen Quintana-García und Benavides-Velasco ([47], S. 930) in einer Forcierung der Innovationskraft, die zur Generierung neuer Ideen beiträgt und die Produktionseffizienz steigert. Allerdings birgt der Wettbewerb zwischen den kooperierenden Unternehmen auch Risiken für die Zusammenarbeit, da ein Zielkonflikt zwischen den eigenen und den gemeinsamen Zielen der Unternehmen hervorgerufen wird ([32], S. 195). So besteht von Seiten beider Unternehmen sowohl ein Anreiz als auch aufgrund einer Ressourcenähnlichkeit eine höhere Fähigkeit, wissensbasierte Vermögensgegenstände (Know-how) zu identifizieren, einzuschätzen sowie zu internalisieren und sich somit eigene Vorteile zu Lasten des Partners zu verschaffen ([43], S. 878).

Daher liegt eine besondere Herausforderung für Junge Technologieunternehmen darin, die idiosynkratischen Ressourcen, auf denen das Geschäftsmodell maßgeblich aufbaut, vor Angriffen des Partners zu schützen, ohne gleichzeitig die Zusammenarbeit zu gefährden. Unternehmen müssen ein Gleichgewicht zwischen Konkurrieren und Kooperieren finden, damit die Zusammenarbeit von den jeweils positiven Elementen profitieren kann ([47], S. 931; [31], S. 219). Vertragliche Vereinbarungen und Beziehungskapital können in Koopetitionen einen wichtigen Beitrag zum Schutz der idiosynkratischen Ressourcen und zur Gewährleistung des Kooperationserfolges sein ([45], S. 721).

In dieser Arbeit wird der Einfluss des Wettbewerbs zwischen Kooperationspartnern auf den Kooperationserfolg aus Sicht des fokalen Unternehmens untersucht. Dabei werden moderierende Wirkungen der Vertragsvereinbarungen und des Beziehungskapitals berücksichtigt. Zudem wird die Beziehung und gegenseitige Einflussnahme zwischen Vertragsvereinbarungen und Beziehungskapital analysiert.

Im Kap. 2 beschreiben wir zunächst die dieser Arbeit zugrunde liegende theoretische Fundierung. In diesem Zusammenhang werden fünf Propositionen literaturbasiert hergeleitet, die im Anschluss anhand von zwei Fallstudien analysiert und diskutiert werden. Die Arbeit endet mit einer Zusammenfassung der Ergebnisse und einer Darstellung von Managementimplikationen.

Mit dieser Arbeit tragen wir zu dem an Bedeutung gewinnenden Forschungsfeld zum Management koopkurrenter Beziehungen bei. Als Grundlage der Untersuchung dient die Analyse der Erfolgswirkung von Kooperationen mit Wettbewerbern. Darauf aufbauend zeigen wir in einem quasi-dynamischen Ansatz, dass die negative Beziehung zwischen Wettbewerb und Kooperationserfolg sowohl durch Vertragsvereinbarungen als auch durch Beziehungskapital moderiert wird und zudem eine Wechselwirkung zwischen diesen moderierenden Elementen besteht. Aus diesen Erkenntnissen leiten wir schließlich Implikationen für das Management koopetitiver Beziehungen ab.

2 Theoretische Fundierung

2.1 Transaktionskostentheorie

Die Transaktionskostentheorie ist ein analytisches Paradigma, dessen zentraler Gegenstand die Entwicklung eines effizienten Steuerungsmechanismus zur Förderung von interorganisationalem Austausch innerhalb einer Kooperationsbeziehung ist ([26]). Die

Transaktionskostentheorie geht im Rahmen ihrer Aussagen von einem bestimmten Menschenbild aus, welches sich in drei Verhaltensannahmen ausdrückt: Beschränkte Rationalität, Opportunismus und Risikoneutralität ([56], S. 43 ff.).

Beschränkte Rationalität bedeutet, dass die Akteure aufgrund kognitiver Aufnahme- und Verarbeitungsgrenzen sowie kommunikativer Probleme im Ergebnis nur unvollkommen rational handeln, obwohl sie rationales Verhalten anstreben (vgl. [56], S. 45 f.; [19], S. 210). Im Zusammenhang mit einer unsicheren und komplexen Umwelt ergeben sich hieraus Probleme für die Vertragsgestaltung, da die Akteure nicht in der Lage sind, den Vertrag vollkommen zu spezifizieren, wodurch nachvertragliche „Unsicherheitszonen" entstehen ([44], S. 179).

Die Annahme des Opportunismus unterstellt den Akteuren, dass sie sich gegenüber ihren Vertragspartnern strategisch verhalten, also versuchen, ihre Interessen (auch gegen die Vertragsnorm) durchzusetzen und dabei auch nicht vor List, Tücke und Täuschung zurückschrecken ([56], S. 47–50; [19], S. 210). Jedes Unternehmen verfolgt potentiell zu Lasten des Partners gehende eigene Interessen, wodurch der Aufbau interorganisationalen Vertrauens erschwert und die Grundlage einer erfolgreichen Zusammenarbeit zerstört werden kann. Williamson umschreibt Opportunismus deshalb auch als „selfinterest seeking with guile" ([56], S. 47). Dabei nimmt er an, dass opportunistisches Verhalten sowohl vor (Ex-ante-Opportunismus) als auch nach Vertragsschluss (Ex-post-Opportunismus) auftreten kann ([56], S. 47–49). Insbesondere Ex-post-Opportunismus, der Versuch eines Akteurs, nachvertraglich sein Eigeninteresse — etwa auf der Basis von Informationsasymmetrien oder der Unvollständigkeit des Vertrages — durchzusetzen, findet in der Transaktionskostentheorie Beachtung.

Die Verhaltensannahme der Risikoneutralität dient zur analytischen Vereinfachung. Sie unterstellt kontrafaktisch, dass die Akteure allen Vertrags- oder Organisationsalternativen neutral gegenüberstehen und sich auch untereinander nicht in ihrer Neigung, ein Risiko einzugehen, unterscheiden ([56], S. 388 ff.; [19], S. 210). Auf Basis dieser Verhaltensannahmen leitet sich für die Gestaltung von Transaktionen folgender Ratschlag ab: „Organize transactions so as to economize on bounded rationality while simultaneously safeguarding them against the hazards of opportunism" ([56], S. 32, im Original kursiv). Transaktionen sollen demnach so gestaltet werden, dass Unsicherheitsprobleme, die aus der beschränkten Rationalität resultieren, soweit wie möglich minimiert werden und zudem Schutzvorkehrungen vor dem möglicherweise opportunistischen Verhalten der Transaktionspartner getroffen werden.

Die Unternehmen können mit verschiedenen Steuerungsmechanismen der Gefahr opportunistischen Partnerverhaltens entgegentreten und eine Win-win-Situation schaffen ([57], S. 130). Kooperationspartner vertrauen wesentlich stärker dem kooperativen Verhalten des Partners, sofern sich dessen Aktivitäten kontrollieren lassen. Verträge sind in der Transaktionskostentheorie das zentrale Instrument, um interorganisationale Kooperationen zu steuern. Denn diese schreiben die Aktivitäten der Unternehmen — auch in unvorhersehbaren Situationen — fest und reduzieren somit das Risiko eines Scheiterns der Zusammenarbeit. Die Kosten zur Verhinderung von Opportunismus und zum Aufbau von Vertrauen sind allerdings nicht zu unterschätzen, da nicht nur die Verhandlung und die Durchsetzung von Verträgen, sondern auch die Überprüfung, ob die formulierten Vereinbarungen auch eingehalten werden, erhebliche Managementkapazitäten beansprucht ([14], S. 78; [13]; [21], S. 86).

2.2 Relational View

Neben Steuerungsmechanismen zur Sicherung der Zusammenarbeit können auch soziopsychologische Aspekte eine wichtige Rolle für die Kooperationsbeziehung spielen ([48], S. 362). Die Güte und Stabilität interorganisationaler Kooperationen werden maßgeblich durch relationale Effekte beeinflusst. Sarkar et al. ([48], S. 362) nennen die unter dem Begriff Beziehungskapital zusammengefassten soziopsychologischen Mechanismen wie gegenseitiges Vertrauen, Commitment sowie Informationsaustausch und weisen auf deren koordinierende Funktion hin. Sie determinieren die Beziehungsqualität, die das Ausmaß der Zufriedenheit der Unternehmen mit der Kooperation und die Bereitschaft der Unternehmen, die Kooperation auf Vertrauen zu stützen, spiegelt ([2], S. 111).

In der Literatur hat sich kein einheitlicher Begriff herausgebildet, um beziehungsspezifische Werte zusammenzufassen, sondern es werden neben dem Begriff Beziehungskapital ([48], S. 362) auch die Begriffe relationales Kapital ([31]), Beziehungsqualität ([7]; [30]; [50]) und relationale Qualität ([2], S. 111; [27]) verwendet. Dabei gibt es hinsichtlich der Aspekte, die in diese Konstrukte eingebunden sind, sowohl Überschneidungen als auch Abweichungen. In der vertiefenden typologischen Analyse kristallisieren sich Vertrauen, Commitment und Relationale Normen als die drei das Konzept des Beziehungskapitals konstituierenden Kernelemente heraus, deren Wirkungsweise auf den Kooperationserfolg wir in Abschn. 2.3.3 eingehend besprechen werden.

Die Bildung von Beziehungskapital wird durch enge und persönliche Interaktionen zwischen den Kooperationspartnern begünstigt ([31], S. 218, 221). Vertrauen definiert die Überzeugung, dass der Kooperationspartner die eigene Verwundbarkeit nicht zu seinen Vorteilen nutzt ([2], S. 110; [5], S. 176; [57], S. 130). Vertrauen lässt sich dann als positive Erwartungshaltung des fokalen Unternehmens bezüglich der vom Partner verfolgten Absichten verstehen ([57], S. 130). Das fokale Unternehmen erwartet, dass der Partner verlässlich ist, in einer vorsehbaren, fairen Art und Weise agiert, obgleich die Option opportunistischen Verhaltens besteht ([58], S. 143). Neben der Erwartung, die Zusammenarbeit vorzuführen, können auch positive Ergebnisse in vorangegangenen Kooperationen mit dem potentiellen Partner die Bildung von Vertrauen fördern und die Wirkung einer optimistischen Grundhaltung verstärken ([46]).

Unter Commitment versteht man die Verbundenheit der Unternehmen, die Facetten wie Motivation, Identifikation, Loyalität und Involvement beinhaltet ([23], S. 80). Relationale Normen sind von den kooperierenden Unternehmen geteilte Erwartungen über das gegenseitige Verhalten ([23], S. 81; [26], S. 34; [29], S. 230), die sich beispielsweise in regelmäßigem Informationsaustausch, offener Kommunikation und Konfliktmanagement äußern.

2.3 Kooperationen mit Wettbewerbern

Viele Junge Technologieunternehmen sehen Wettbewerber als wertvolle Kooperationspartner, da Wettbewerber verglichen mit anderen Marktteilnehmern Ähnlichkeiten bezüglich des Marktes und der Ressourcen aufweisen ([17], S. 102), die Voraussetzung gegenseitigen Lernens sind ([24]; [25]). So ermöglichen derartige Kooperationen beteiligten Unternehmen nicht nur den Zugang zu Informationen, Ressourcen, Märkten und Technologien ([22], S. 203), sondern sind auch ein Mechanismus zur Internalisierung komplementärer Ressourcen ([24], S. 84) und tragen zudem zur gemeinsamen Schaffung von Wissen, Fähigkeiten und Technologien bei.

Dagnino und Padula ([12], S. 2), stellen heraus „... [coopetition] implies that cooperation and competition merge together to form a new kind of strategic interdependence between firms, giving rise to a coopetitive system of value creation". Die Autoren verdeutlichen, dass Unternehmen mithilfe von Koopetitionen durch einzigartige Kombinationen der Unternehmensressourcen Vorteile gegenüber anderen Unternehmen realisieren können. Idiosynkratische, zwischenbetriebliche Beziehungen werden so zur Quelle nachhaltiger Wettbewerbsvorteile ([4]; [40], S. 707), aus denen langfristig wirksame überlegene Wertschöpfungspositionen hervorgehen können ([18], S. 661, 667; [33], S. 138).

Für Kooperationen mit Wettbewerbern wurde von den Spieltheoretikern Brandenburger und Nalebuff ([11], S. 59) der Begriff Koopetition geprägt. Koopetitionen sind dadurch gekennzeichnet, dass Unternehmen in einigen Aktivitätsfeldern kooperieren, während sie in anderen konkurrieren ([8], S. 415; [33], S. 130). So haben Unternehmen zur gleichen Zeit sowohl konvergierende als auch divergierende Interessen ([41], S. 36), die ein erhebliches Risiko eines Scheiterns der Kooperation darstellen und damit zu beachtlichen Verlusten für ein oder beide Unternehmen führen können. Dieses Risiko hängt von der Intensität des Wettbewerbs zwischen den kooperierenden Unternehmen ab ([43], S. 878). Die Intensität des Wettbewerbs wird wiederum vom Wettbewerbsverhältnis zwischen den Kooperationspartnern beeinflusst, das sich im Verlauf der Zusammenarbeit verändern kann. Bergen und Peteraf ([9], S. 160–161) klassifizieren das Wettbewerbsverhältnis anhand der Marktgemeinsamkeit und der Ähnlichkeit der Ressourcenausstattung. Anhand dieser Dimensionen definieren die Autoren direkte (hohe Marktgemeinsamkeit und hohe Ressourcenähnlichkeit), indirekte (hohe Marktgemeinsamkeit und niedrige Ressourcenähnlichkeit) und potentielle (niedrige Marktgemeinsamkeit und hohe Ressourcenähnlichkeit) Wettbewerber. Die Wettbewerbsintensität nimmt in der genannten Reihenfolge der Wettbewerbsverhältnisse tendenziell ab.

2.3.1 Erfolgswirkungen interorganisationalen Wettbewerbs

Wettbewerb zwischen den Kooperationspartnern kann sich auf den Erfolg der Zusammenarbeit auswirken. Während auf der einen Seite das Wertschöpfungspotential durch eine große Ressourcenverfügbarkeit und -kongruenz ausgeweitet werden kann ([25], S. 134; [41], S. 36 f.), können auf der anderen Seite durch das gleichzeitige Kooperieren und Konkurrieren der Unternehmen interorganisationale Unstimmigkeiten und Konflikte entstehen ([8], S. 415; [42]), die den Kooperationserfolg schmälern. Bei der Beurteilung der Erfolgswirksamkeit ist es durchaus entscheidend, auf welchen Aspekt des Erfolgs rekurriert und welche Perspektive dabei eingenommen wird. Ariño ([1], S. 67–68) erkennt mit dem (a) finanziellen, (b) dem betrieblichen und (c) dem organisatorischen Erfolg drei Erfolgsebenen, die jeweils von den von den Unternehmen selbst angestrebten Zielen abhängig sind. Der finanzielle Erfolg bemisst sich beispielsweise an Profitabilität, Wachstum und Kosten, während der betriebliche Erfolg sich auf Stabilitätsmaße wie die Kooperations- und Vertragsdauer bezieht. Der organisatorische Erfolg versucht die ganzheitliche Beurteilung der Kooperation und wird in empirischen Studien als Zufriedenheit mit der Zusammenarbeit und aus einer Wertperspektive als Beziehungswert ([35]; [51]; [53]; [54]) operationalisiert. Wir werden im Folgenden auf verschiedene Erfolgsfacetten rekurrieren und auf deren Integration in ein übergeordnetes Maß verzichten, um so einfache und kurze Argumentationslinien zeichnen zu können.

Konkurrenz impliziert, dass überdurchschnittliche Gewinne und Wettbewerbsvorteile gegenüber Mitbewerbern als Unternehmensziele verfolgt werden ([41], S. 34–35). Die wettbewerbliche Rivalität zwischen den Unternehmen bedingt antagonistische Interessen und kann zu einer unterschwelligen oder offenen Gegnerschaft in der Zusammenarbeit führen ([47], S. 928). Unternehmen haben Anreize, sich opportunistisch zu verhalten ([43], S. 878) und möglichst schnell wertvolle Ressourcen des Partners unter möglichst geringen eigenen Verlusten zu akquirieren, um sich daraus einen Vorteil zu verschaffen ([32], S. 195; [52], S. 168). Je stärker der Wettbewerb zwischen den Kooperationspartnern ist, desto wichtiger ist den Unternehmen die Erreichung eigener Interessen gegenüber der Erreichung gemeinsamer Interessen ([42], S. 47), wodurch der Kooperationserfolg gefährdet wird ([6], S. 271). Die Wahrscheinlichkeit eines Scheiterns der Kooperation durch Nichtvereinbarkeit eigener und gemeinsamer Interessen ist bei direkten Wettbewerbern, und damit hoher Wettbewerbsintensität, höher als bei Kooperationspartnern, die nicht konkurrieren ([14], S. 86; [43], S. 885; [47], S. 929).

Aufgrund der Ängste der Unternehmen, die idiosynkratischen Ressourcen an den Partner zu verlieren und damit den eigenen Wettbewerbsvorteil zunichte zu machen, implementieren Unternehmen Maßnahmen zum Schutz der eigenen Kompetenzen vor einem Wissensabfluss an den Partner ([39], S. 615–616). Durch derartige Managementaktivitäten zum Schutz idiosynkratischer Ressourcen kann allerdings der Erfolg der Zusammenarbeit – insbesondere durch hohe Transaktionskosten, begrenzte Flexibilität und Schädigung der Beziehung, Verzögerungen in Kommunikationsprozessen sowie Verringerung der Gesprächs- und Kommunikationsbereitschaft – gefährdet werden ([37], S. 59). Zudem wird die Wirkung der für den Kooperationserfolg notwendigen koordinierenden Aktivitäten durch den Wettbewerb zwischen den Unternehmen abgeschwächt ([42], S. 47). Auch während der Kooperation auftretende Konflikte senken den Erfolg der Zusammenarbeit umso stärker, je größer der Wettbewerb zwischen den Unternehmen ist. Das lässt sich damit erklären, dass sowohl Anreize opportunistischen Verhaltens bei direkten Wettbewerbern größer sind ([43], S. 878) als auch die Beseitigung von Problemsituationen aufgrund einer komplexeren Beziehung schwieriger ist. So mindert eine Konflikteskalation die Stabilität und Güte der Zusammenarbeit mit steigender Wettbewerbsintensität wesentlich stärker.

▶ **Proposition 1** Wettbewerb zwischen den kooperierenden Unternehmen reduziert den Kooperationserfolg aus Sicht des fokalen Unternehmens.

2.3.2 Einflüsse von Vertragsvereinbarungen

Unternehmen versuchen, die Gefahren des Wettbewerbs mithilfe von Vertragsvereinbarungen zu verhindern oder zumindest in ihrer Wirkung zu reduzieren. Vertragsvereinbarungen sind überwiegend schriftlich fixierte Vereinbarungen, in denen die Austauschbeziehung näher spezifiziert wird. Mithilfe von Vertragsvereinbarungen versuchen die Unternehmen, ihre Partikulärinteressen gegen opportunistisches Verhalten der Partner in der Austauschbeziehung ex-ante zu schützen. In ihnen sind die Rechte und Pflichten der Kooperationspartner definiert, Verfahrensweisen bei auftretenden Konflikten formuliert und die Verwendung der in der Kooperation erzielten Ergebnisse skizziert ([3], S. 38). Derartige Vereinbarungen geben der Kooperationsbeziehung eine Struktur und reduzieren die Kosten sowie die Risiken der Zusammenarbeit ([3], S. 38; [10], S. 498).

Insbesondere in frühen Phasen einer Kooperation sind Vertragsvereinbarungen von großer Relevanz ([29], S. 231–232; [45], S. 712), da diese eine wichtige Ex-Ante-Funktion für den Kooperationserfolg übernehmen ([10], S. 498). Durch die Vertragsverhandlungen sowie die Vertragserstellung erkennen Unternehmen schon frühzeitig, in welchen Bereichen der Kooperation zukünftige Probleme – auch aufgrund der Wettbewerbsbeziehung – auftreten können ([10], S. 498) und ermöglichen diese so zu verhindern. Der Inhalt des Kooperationsvertrages als auch der Verhandlungsprozess, durch den die Absichten beider Kooperationspartner für die Zusammenarbeit festgeschrieben werden, dienen nicht nur dem Schutz der Ressourcen, sondern geben den Unternehmen auch Sicherheit über den Verlauf der Beziehung, die zum Kooperationserfolg beiträgt ([29], S. 231–232; [45], S. 712). Die Formalisierung der Kooperation lässt das Verhalten des Partners prognostizieren ([21], S. 93) und begünstigt die positiven Erwartungen der Unternehmen an das kooperative Verhalten des Partners ([45], S. 712). Erwartungen der Unternehmen an die Kontinuität der Kooperation erhöhen die Bereitschaft der Unternehmen, Investitionen zu tätigen und die Beziehung aktiv zu fördern ([28], S. 1687). Die langfristige gegenseitige Austauschbeziehung wird nicht nur durch die formale Spezifikation der Beziehung gewährleistet, sondern auch die präzise Formulierung einer Bestrafung begrenzt den Gewinn und somit den Anreiz opportunistischen Verhaltens ([45], S. 712). Gefahren, die durch die Konkurrenz der Kooperationspartner verursacht werden und den Kooperationserfolg gefährden, können abgeschwächt oder sogar vollständig beseitigt werden.

▶ **Proposition 2** Vertragsvereinbarungen reduzieren den negativen Einfluss des Wettbewerbs zwischen den Unternehmen auf den Kooperationserfolg aus Sicht des fokalen Unternehmens.

2.3.3 Einflüsse von Beziehungskapital

In Koopetitionen wird der Erfolg nicht nur durch die gemeinsame Wertschöpfung definiert. In diesen speziellen und paradoxen interorganisationalen Kooperationsformen entscheiden mehr als in anderen Konfigurationen Sachverhalte, die sich am Scheitern der Zusammenarbeit orientieren, über deren Vorteilhaftigkeit. Beispielsweise können die Folgen eines ungewünschten Wissenstransfers an den Partner oder dessen opportunistische Handlungen alle Erträge der Kollaboration für das fokale Unternehmen überwiegen ([24], S. 86). Von großer Bedeutung ist es deshalb, solche Wert vernichtenden Tendenzen zu verhindern oder wenigstens einzudämmen ([38]; [39]). In der Literatur werden verschiedenen Mechanismen und Instrumenten derartige salvatorische Funktionen zugesprochen. Neben Vertragsvereinbarungen wird dort den in relationalen Konzepten fundierten informellen Schutzmechanismen Vertrauen, Commitment und Relationalen Normen hohe Wirksamkeit bei der Sicherung des Kooperationserfolges attestiert. Diese Kernelemente des Beziehungskapitals senken opportunistisches Verhalten und fördern die Erreichung gemeinsamer Ziele ([48]; [23], S. 82; [31], S. 232).

Interorganisationales Vertrauen als kritische Determinante des Kooperationserfolges neutralisiert Friktionen und Reibungen, ermöglicht Offenheit in der operativen Arbeit und unterstützt damit Entscheidungen sowie die Suche nach Wert schaffenden Möglichkeiten ([2], S. 111). Es fördert die relative Schlagkraft der Kooperation, reduziert interorganisationale Konflikte und trägt damit zur positiven Entwicklung der Zusammenarbeit und deren Stabilität bei ([58]; [16], S. 739; [57], S. 131). Je stärker das fokale Unternehmen seinem Partner vertraut, desto weniger Schutzmaßnahmen werden implementiert und desto geringer ist der Wissensverlust ([39], S. 616). Dabei hat die Dauer der Beziehung einen positiven Einfluss auf die Bildung von interorganisationalem Vertrauen ([21]; [57], S. 131), so dass das Beziehungskapital hauptsächlich in späteren Phasen der Zusammenarbeit die Risiken des Wettbewerbs reduziert. Zaheer et al. ([58]) fanden für den negativen Zusammenhang zwischen Verhandlungskosten und interorganisationalem Vertrauen empirische Belege in Käufer-Lieferanten-Beziehungen der elektrotechnischen Industrie. Sie konnten zeigen, dass Verhandlungen zwischen sich gegenseitig vertrauenden Akteuren schneller vollzogen werden, da diese sich leichter einigen und so Verhandlungskosten reduzieren ([58], S. 144). Dann werden Informationsasymmetrien zwischen Unternehmen durch einen offenen und ehrlichen Informationsaustausch abgeschwächt, und die Erwartungen beider Kooperationspartner konvergieren. Vertrauen erleichtert ein gemeinsames Verständnis unvorhersehbarer Situationen und ermöglicht eine flexible und einvernehmliche Reaktion. Weiter wird das Bedürfnis, sich vor opportunistischem Verhalten des Partners zu schützen, durch Vertrauen vermindert. Darüber hinaus finden sie den negativen Zusammenhang zwischen interorganisationalem Vertrauen und Konflikten belegt. Unternehmen, deren Zusammenarbeit durch Vertrauen gestützt wird, geben sich größere Handlungsspielräume, wodurch sie den Umfang, die Intensität und die Frequenz von Konflikten reduzieren ([58], S. 145).

Als eine Basis der Vertrauensbildung sehen Gulati, Nohria und Zaheer ([22], S. 209–210), dass Unternehmen vor einem Fehlverhalten zurückschrecken, weil sie einen Reputationsverlust und andere Sanktionen fürchten. Deren Kosten sind umso höher anzusetzen, je größer der entstehende Verlust für das Unternehmen infolge opportunistischen Verhaltens sein könnte, so dass die Anreize zu vertragskonformem Verhalten überwiegen.

Commitment erzeugt ein Eigeninteresse der Unternehmen, sich für die Beziehung und für deren positive sowie langfristig stabile Weiterentwicklung einzusetzen ([23], S. 79; [29], S. 229). Beziehungsspezifische Investitionen werden als deutliches Commitment bezeugendes Signal gesehen, da sie bei einer vorzeitigen Auflösung der Zusammenarbeit verloren sind und zu Sunk costs führen ([28], S. 1687). Bilaterales Commitment beeinflusst die Anreizstrukturen der Unternehmen und trägt dazu bei, dass Win-lose-Situationen aufgrund divergierender Interessen in Win-win-Situationen münden ([48], S. 364). Daher stellt Commitment einen Schutz vor wettbewerbsinduzierten negativen Wirkungen auf den Kooperationserfolg dar.

Relationale Normen projizieren als wenigstens partiell von den Entscheidungsträgern geteilte Erwartungen bezüglich angemessenen Verhaltens innerhalb der Zusammenarbeit den agierenden Individuen handlungsleitende Orientierungspunkte. Sie fördern den Erhalt und die Stabilität der Beziehung, stützen Solidarität und Bemühen um reziprokes, an Gemeinsamkeit ausgerichtetes Vorgehen, sie erhöhen die Flexibilität der Partner und äußern sich in der verbesserten Lösung von Konflikten ([34], S. 50, 67–69; [36], S. 1227). Sie führen zu einer Verbesserung der Beziehungsqualität, erleichtern die Kombination von Ressourcen und tragen so zur Effektivität und Effizienz der Beziehung bei ([48], S. 369–370). Offene, proaktive Kommunikation und gemeinsame Problemlösungsroutinen ermöglichen ein effektives Konfliktmanagement, welches dazu beiträgt, Problemsituationen in der Zusammenarbeit gemeinsam im Interesse beider Unternehmen zu beseitigen.

Beziehungskapital kann die negativen Auswirkungen des Wettbewerbs auf den Erfolg der Kooperation reduzieren, indem dessen Kernelemente Unternehmen gegen den unerwünschten Transfer ihrer Kernkompetenzen schützen ([31], S. 232). Während mit rivalisierendem Verhalten assoziierter Wettbewerb zwischen den Partnern Missverständnisse und nicht abgestimmtes Verhalten leicht zu manifesten Konflikten eskalieren lässt, ermöglichen ausgeprägtes Vertrauen, Commitment und Relationale Normen diese potentiellen Sollbruchstellen der Zusammenarbeit realistisch und vorurteilslos zu bewerten. Geringfügige Differenzen können dann auf einer Sachebene diskutiert oder auch ignoriert werden ([55]). Mitarbeiter in Jungen Technologieunternehmen, deren Basis für den ökonomischen Erfolg ihr idiosynkratisches technologisches Know-how ist, müssen hohe rationale und psychosoziale Hürden überwinden, wenn dieses mit einem Wettbewerber geteilt werden soll. Ein starkes Beziehungskapital kann diese Barrieren reduzieren und so eine effizientere partnerschaftliche Wissenskombination und Wertschöpfung ermöglichen.

Insgesamt fördern die Einzelfacetten des Beziehungskapitals eine stabile Entwicklung der Zusammenarbeit, wenn sie die konfligierend wirkenden Effekte des Wettbewerbs mildern oder gar aufheben können ([57], S. 131). Zusammenfassend formulieren wir deshalb:

▶ **Proposition 3** Beziehungskapital reduziert den negativen Einfluss des Wettbewerbs zwischen den Unternehmen auf den Kooperationserfolg aus Sicht des fokalen Unternehmens.

2.4 Zusammenspiel von Vertragsvereinbarungen und Beziehungskapital

Vertragsvereinbarungen und Beziehungskapital sind nicht unabhängig voneinander, sondern bedingen sich gegenseitig. Beide Elemente einer Kooperation stehen in einer Wechselwirkung miteinander. Während das Ausmaß an Beziehungskapital zu Beginn der Kooperation (Zeitpunkt T_0), das Ausmaß an vertraglichen Schutzmaßnahmen reduziert, führen vertragliche Schutzmaßnahmen zu erhöhtem Beziehungskapital während der operativen Zusammenarbeit (Zeitpunkt T_1). Diese Wechselwirkung wird im Folgenden näher erläutert.

Beziehungskapital hat einen Einfluss auf Vertragsvereinbarungen. Die Beziehung zwischen Beziehungskapital und Vertragsvereinbarungen enthält sowohl substituierende als auch komplementäre Elemente. Zunächst werden die substituierenden Elemente erläutert. Entstehen Kooperationsbeziehungen zwischen Unternehmen, die über langjährige positive Erfahrungen miteinander verfügen, hat sich bereits Beziehungskapital entwickelt. Dieses Beziehungskapital stellt einen informellen selbstverstärkenden Schutzmechanismus dar ([18], S. 669–671), so dass formelle Schutzmechanismen wie Verträge, die zu Beginn einer Beziehung eine wichtige Rolle zum Schutz idiosynkratischer Ressourcen spielen, an Bedeutung verlieren ([45], S. 722) oder diese sogar effektiv durch Beziehungskapital ersetzt werden ([18], S. 669–670). Informelle Schutzmechanismen wie Vertrauen schützen spezifische Investitionen ([57], S. 130–131), reduzieren langfristig Transaktionskosten, die durch Verhandlungen und Monitoring erzeugt werden, und tragen dadurch zur Effektivität der Beziehung bei ([5], S. 178–179; [18], S. 669–671; [58], S. 144). Verträge hingegen sind zeitlich befristet und müssen am Ende ihrer Laufzeit neu verhandelt und ersetzt werden. Während diese Nachverhandlungen neuerlich Transaktionskosten verursachen, besteht Beziehungskapital langfristig fort. Zudem sind informelle Schutzmechanismen aufgrund ihrer personellen Komplexität kaum zu imitieren und bilden ein beziehungsspezifisches, Wert schaffendes Element einer Kooperation ([18], S. 671).

Neben einer substituierenden Funktion übernimmt Beziehungskapital auch eine wichtige ergänzende bzw. komplementäre Funktion, da Verträge nicht jede Einzelheit umfassen können ([15], S. 442; [10], S. 499). Typischerweise werden in Vereinbarungen nur die Kernelemente der Kooperation spezifiziert, während viele kleinere Aspekte offen bleiben. Vertrauen erlaubt den Unternehmen, auf unvollständige Verträge zu rekurrieren und die Risiken einer koopkurrenten Zusammenarbeit einzugehen ([15], S. 443). Beziehungskapital erhöht die Wahrscheinlichkeit, dass Vertrauen und kooperatives Verhalten der Partner gegen durch unvollständige Verträge bedingte Risiken schützen ([45], S. 708). Wenn Beziehungskapital nicht stark genug ausgeprägt ist, um die Entstehung von Vertrauen des Partners zu gewährleisten, sind zusätzlich kostspielige, legalistische und vertragliche Steuerungsmechanismen für eine erfolgreiche Zusammenarbeit notwendig ([5], S. 179; [39], S. 611). Blomqvist, Hurmelinna und Seppänen ([10], S. 499) gehen davon aus, dass zumindest ein gewisses Maß an Vertrauen vorhanden sein muss, damit ein Vertrag von den Kooperationspartnern unterzeichnet wird und eine Zusammenarbeit beginnen kann. Denn Vertrauen schafft eine Basis für zukünftige Interaktionen ([36], S. 1227).

▶   **Proposition 4** Beziehungskapital zwischen den Kooperationspartnern reduziert die Notwendigkeit umfangreicher, detailliert niedergeschriebener Verträge und somit auch die Dauer der Vertragsverhandlungen. Je nach Intensität des Beziehungskapitals kann dieses sowohl ein Substitut als auch ein Komplement zu Vertragsvereinbarungen sein.

Vertragsvereinbarungen beeinflussen die Bildung von Beziehungskapital. Besonders die Gründungsphase ist entscheidend für die Beurteilung der Vertrauenswürdigkeit des Kooperationspartners, da Unternehmen beginnen, zu interagieren und miteinander vertraut zu werden ([16], S. 739). Anfängliche Interaktionen können schon frühzeitig das interorganisationale und interpersonelle Vertrauen stärken. Wiederholte Austauschprozesse zwischen den Kooperationspartnern, z. B. in Form von Vertragsverhandlungen, tragen zu einer effizienten Kooperation bei und liefern den Unternehmen wichtige Informationen über das kooperative Verhalten des Partners, die für die Bildung von Vertrauen notwendig sind ([10], S. 502; [45], S. 710). Die gegenseitige Zuversicht während des Verhandlungsprozesses fördert die Bildung von Beziehungskapital ([2], S. 111–112; [45], S. 713). Die anfängliche Einschätzung des Partners wird während der Verhandlungen, in denen Unternehmen einen umfassenden Einblick in die Fähigkeiten, das Kooperationsverhalten und die Absichten des Partners bekommen, modifiziert und vertieft. Diese erlangten Kenntnisse beeinflussen die Bereitschaft der Unternehmen, die Beziehung auf Vertrauen zu stützen und eine Beziehungsqualität aufzubauen.

Richtlinien und Vereinbarungen, die Rechte und Pflichten der Unternehmen spezifizieren, verbessern sowohl die Koordination der Zusammenarbeit und münden in einem höheren Commitment ([29], S. 231). Explizite Verträge wirken darüber hinausgehend abschreckend gegen Ausnutzungstendenzen, wenn in ihnen entsprechende Pönalien formuliert und fixiert werden ([29], S. 231). Klare Absprachen über Vertragsbedingungen, Rechtsmittel und Problemlösungsprozesse lassen die Überzeugung wachsen, der jeweilige Partner werde sich kooperativ verhalten ([45], S. 712-713). Daher fördern Vertragsvereinbarungen eine kooperative, langfristige und vertrauensvolle Zusammenarbeit. Deshalb formulieren wir:

▶   **Proposition 5** Vertragsvereinbarungen haben einen positiven Einfluss auf die Bildung von Beziehungskapital.

In Abb. 1 werden die unterstellten Wirkungszusammenhänge graphisch dargestellt.

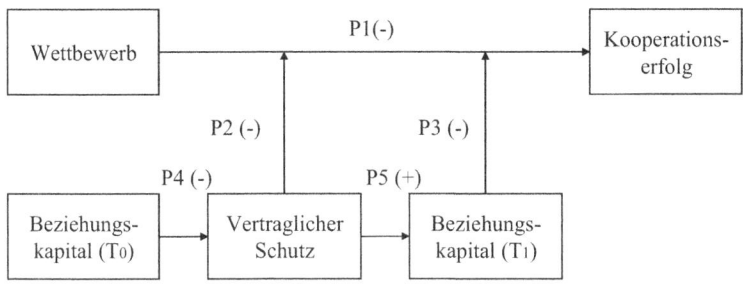

Abb. 1 Wirkungsbeziehungen in Koopetitionen (Eigene Darstellung)

3 Fallstudien

Im Folgenden werden zwei Junge Technologieunternehmen und deren Kooperationsbeziehungen vorgestellt, um anschließend die Aussagekraft der Propositionen zu analysieren und diskutieren. Die Informationen, die zur Erstellung der folgenden Fallstudien herangezogen wurden, basieren auf strukturierten Interviews, persönlichen Gesprächen sowie der Auswertung von Sekundärmaterial (wie Homepages).

3.1 NanoScope GmbH

Die NanoScope GmbH ist ein deutsches Unternehmen, welches in der Chemischen Industrie im Bereich der Nanotechnologie tätig ist und um die Jahrtausendwende gegründet wurde. Der Fokus des Unternehmens liegt in der Entwicklung, der Herstellung und dem Vertrieb wissenschaftlicher Messgeräte, insbesondere von Rastersondenmikroskopen (SPM), wie dem Rasterkraftmikroskop (AFM) und dem Rasternahfeldmikroskop (SNOM). Rastersondenmikroskope sind Werkzeuge der Oberflächenchemie, die zur Abtastung von Oberflächen und zur Messung von Oberflächenkräften dienen. Dabei wird die Oberfläche mittels einer Sonde untersucht und die erhaltenen Messwerte werden dann zu einem Bild zusammengesetzt.

NanoScope zeichnet sich durch flexible, technisch anspruchsvolle und an die spezifischen Bedürfnisse der Anwender angepasste Lösungen aus. Mit diesen setzt sich NanoScope beispielsweise im Marktsegment wissenschaftlicher Highend-Anwender gegen weit größere Anbieter durch. Etwa ein Jahr nach der Gründung der NanoScope GmbH ist diese eine Kooperation mit einem spanischen Unternehmen eingegangen, das in derselben Branche tätig ist und sich ebenfalls mit der Nanotechnologie beschäftigt. Die Zusammenarbeit ist komplex und erstreckt sich über die Funktionsbereiche Forschung und Entwicklung, Vertrieb und Beschaffung. In ihr wurde unter anderem ein Rasterkraftmikroskop (AFM) entwickelt, mit dem Oberflächen mechanisch abgetastet und atomare Kräfte auf einer Nanometerskala gemessen werden können. Das innovative Gerät erlaubt ein detailliertes und schnelles Scannen von Proben und eröffnet den Anwendern in Industrie und Wissenschaft neue Analysemöglichkeiten.

Zwischen den beiden Unternehmen besteht ein intensives potentielles Wettbewerbsverhältnis. Beide bedienen identische Kundenbedürfnisse in denselben Kundengruppen; bisher fokussieren sie sich jedoch auf ihre geographisch voneinander getrennten Heimatmärkte und haben eine Aufteilung der Exportmärkte beschlossen. NanoScope agiert auf den zentral-, osteuropäischen und asiatischen Märkten, während der Partner sich auf Südeuropa und Lateinamerika konzentriert. Sowohl NanoScope als auch der spanische Partner entwickeln Rasterelektronenmikroskope und andere Instrumente, mit denen SPM-Bilder bearbeitet werden können. Die aus dieser Ausgangslage entspringende Rivalität hat sich bisher jedoch nicht negativ auf die Zusammenarbeit ausgewirkt, weil die Unternehmen sich auf unterschiedliche technologische Schwerpunkte konzentrieren. Der Partner verfügt im Softwarebereich unter anderem durch die Zusammenarbeit mit einer großen spanischen Forschungseinrichtung über einen umfangreichen Erfahrungsschatz und mehr Manpower, während die NanoScope GmbH Wissens- und Erfahrungsvorteile im Elektronikbereich besitzt. Die divergierenden Spezialisierungen der Partner ermöglichen eine Erweiterung der jeweils verfügbaren Ressourcenbasis. Die umfangreichen Synergiepotentiale können leicht realisiert werden. Die Aufnahmefähigkeit der beiden Unternehmen für das Wissen des jeweils anderen ist aufgrund der Ähnlichkeit der Wissensbasen sehr hoch und der Wissenstransfer kann deshalb relativ reibungsfrei vonstatten gehen.

Wenn die geographische Trennung der jeweiligen Zielmärkte in der Zukunft verschwimmen sollte, könnte sich dieser Vorteil des reibungsfreien Wissenstransfers allerdings in einen Nachteil wandeln. Möglicherweise ändert eines der beiden Unternehmen seine strategische Ausrichtung oder es wird – wie es bei Jungen Technologieunternehmen vorkommt – von einem größeren Unternehmen aufgekauft, das dann seinerseits die Technologie des ehemaligen Partners verwenden und im Wettbewerb gegen ihn einsetzen könnte. Dieser Aspekt des Transfers der idiosynkratischen Ressourcen und der damit einhergehenden Wettbewerbsrisiken wird von den Unternehmen bewusst oder unbewusst ausgeblendet. Der Einsatz von geeigneten Maßnahmen, um das Wissen vor ungewünschtem Transfer zu schützen und so den eigenen Wettbewerbsvorteil aufrecht zu erhalten, unterbleibt allerdings fast vollständig. Aufgrund eines langjährigen Vertrauensverhältnisses sieht der Geschäftsführer des fokalen Unternehmens das Risiko eines Wissensverlustes in der Kooperation nicht. Bereits 1998 stand der Geschäftsführer, der damals noch für ein anderes Unternehmen tätig war, in einer Kooperationsbeziehung mit dem heutigen Partner. Dieser bewährte sich schon vor zehn Jahren als verlässlicher und fairer Partner, der als relativ innovativ galt und kein aggressiver Wettbewerber war. So gab es für die NanoScope GmbH keinen Anlass zur Formalisierung der Kooperation. Auch weitere Vertragsvereinbarungen zur Sicherung von Rechten sind von geringer Bedeutung. So wurde weder definiert, welche Informationen und Daten Eigentum des fokalen Unternehmens sind, noch wurden Geheimhaltungspflichten vereinbart oder Sanktionen geregelt. Die Beziehung beruht vollständig auf mündlichen Absprachen und Vertrauen. Die gesammelte positive Erfahrung mit dem Partner und das dadurch bereits vorhandene Beziehungskapital brachten den Geschäftsführer dazu, sich für diesen Kooperationspartner zu entscheiden, obwohl andere Unternehmen aufgrund der geographischen Nähe vorzuziehen gewesen wären. Aber der sehr hohe Wert der Beziehung wurde für die Wahl eines Kooperationspartners als wichtiger eingestuft als andere Kriterien.

Das Beziehungskapital der Kooperation spielt seit Beginn der Zusammenarbeit eine wichtige Rolle. Die Beziehung mit dem Partner wird als besonders vertrauensvoll beurteilt. Der Geschäftsführer ist davon überzeugt, dass Zusicherungen seitens des Partners immer eingehalten und die Aufgaben des Partners stets fachkompetent und professionell durchgeführt werden. Beide Unternehmen investieren nicht wenig Zeit und Geld in die gemeinsame Beziehung und demonstrieren so ihr Commitment zu der Zusammenarbeit. Den Unternehmen ist es gelungen, einen Beziehungsstil zu etablieren, der durch ausgeprägte Relationale Normen gekennzeichnet ist. Die Zusammenarbeit ist langfristig ausgerichtet und besitzt einen breiten Fokus, der über verschiedene Funktionsbereiche hinweg greift. Die Partner stellen in der Zusammenarbeit jeweils benötigte Ressourcen zur Verfügung und achten darauf, sich gegenseitig nicht zu übervorteilen. Regelmäßige Treffen, bei denen Informationen von Angesicht zu Angesicht ausgetauscht und Schwierigkeiten offen angesprochen werden können, helfen, Probleme gemeinsam zu lösen und die Partnerschaft flexibel an sich verändernde Anforderungen anzupassen.

Bei einem gemeinsamen Entwicklungsprojekt mussten unterschiedliche Auffassungen bezüglich der Innovationsweite überwunden werden. Anfänglich differierten auch die Ansichten bezüglich der Verbindlichkeit vereinbarter Termine und anderer projektbezogener Rahmendaten. Diese interkulturell geprägten Differenzen wurden durch einen offenen Dialog beigelegt. Das Vertrauensverhältnis zwischen den Partnern ist nur in geringem Maß tangiert und möglicherweise durch die kollaborativ gefundene Lösung sogar gefestigt worden. Die dysfunktionalen Verhaltenstendenzen sind durch das gemeinsame Bestreben, Konflikte gütlich zu beheben, nicht negativ erfolgswirksam geworden. Das Interesse der kooperierenden Unternehmen, für beide Seiten eine Win-win-Beziehung zu kreieren, zeigt sich genauso in einigen anderen problematischen Episoden der Zusammenarbeit, in denen sich die Unternehmen unterstützen, um den Erfolg der Zusammenarbeit nicht zu gefährden.

Beziehungskapital ermöglicht ein Projektmanagement, in dem das Konfliktpotential gering ist und somit eine reibungslose Koordination der Kooperationsaktivitäten erleichtert wird. Die motivierend und unterstützend auf die Zusammenarbeit wirkende Koordination trägt ebenfalls zum Erfolg der Beziehung bei. Die Überprüfung, ob Vereinbarungen zwischen den Partnern eingehalten werden, die Abstimmung der Aktivitäten auf die vereinbarten Ziele, das Geben detaillierter Feedbacks an die Mitarbeiter über Ergebnisse relevanter Besprechungen und Übereinkünfte sowie die Kontrolle der Erreichung von Teilzielen haben den erfolgreichen Verlauf der Zusammenarbeit forciert. Solange die Absprachen der Unternehmen hinsichtlich der Durchführung koordinierender Aktivitäten eingehalten werden und vom fokalen Unternehmen kein abweichendes und schädigendes Verhalten des Partners festgestellt wird, kann die Vertrauensbasis in einem sich selbst verstärkenden Prozess weiterentwickelt werden.

Der Erfolg der Zusammenarbeit zeigt sich in verschiedenen Facetten. Der Geschäftsführer des fokalen Unternehmens ist mit der Zusammenarbeit ausgesprochen zufrieden, da die anfänglich gehegten Erwartungen und Idealvorstellungen fast vollständig erfüllt worden sind. Die Kernziele der Zusammenarbeit konnten umfassend erreicht werden. Der NanoScope GmbH gelang es in der Kooperation nicht nur, neue Produkte zu entwickeln, sondern dabei auch noch die Kosten zu reduzieren, den Zugang zu Märkten zu verbessern und die Qualität der angebotenen Produkte und Services allgemein zu erhöhen. Damit einher ging eine Steigerung des Marktanteils auf den relevanten Teilmärkten, eine Verbesserung der Profitabilität und ein Wachstum des Umsatzes.

Das Beziehungskapital innerhalb der Kooperation hat als informeller Steuerungsmechanismus maßgeblich zur Zufriedenheit und zur Erreichung der Ziele der Zusammenarbeit geführt. Vertrauen, Commitment und Relationale Normen haben die Basis der Zusammenarbeit gebildet, positiv zur Beziehungsqualität beigetragen und die Notwendigkeit von Vertragsvereinbarungen, inklusive der Formalisierung der Zusammenarbeit, sowie die Einführung aufwändiger Kontrollinstrumente ersetzt. So wurde die Kombination von Ressourcen vereinfacht und der Erfolg der Zusammenarbeit gesichert. Die eigentlich negative Erfolgswirkung des Wettbewerbs wurde durch das stark ausgeprägte Beziehungskapital moderiert und Letzteres hat somit zur positiven Entwicklung der Zusammenarbeit sowie zum Kooperationserfolg beigetragen.

3.2 Pharma GmbH

Die Pharma GmbH ist ein um die Jahrtausendwende gegründetes deutsches Unternehmen, das in der Pharmabranche des Technologiegebiets Drug Delivery tätig ist. Das Unternehmen verfügt über Know-how in den Bereichen Biotechnologie, Bioanalytik und Synthesechemie. Dieses wird durch Kompetenz und Erfahrung in den Bereichen Polymerchemie, Modifikation von Proteinwirkstoffen und der PEGylierung von Biopharmazeutika ergänzt. Die Pharma GmbH entwickelt und patentiert Produkte, die biopharmazeutische Wirkstoffe zuverlässig gegen den vorzeitigen Abbau im menschlichen Körper schützen.

Im Januar 2008 hat die Pharma GmbH die operative Zusammenarbeit mit einem US-amerikanischen Kooperationspartner begonnen. Aufgrund des starken Wettbewerbs und der hohen Technologiedynamik in der Branche sind stets neue Produkte notwendig, um den Wettbewerbsvorteil aufrecht zu erhalten. Daher bietet die Kooperation eine gute Möglichkeit zur Gewinnung neuer Kundengruppen durch eine Erhöhung der Aufmerksamkeit, um so Umsatzsteigerungen zu generieren. Der Fokus der Zusammenarbeit liegt für das fokale Unternehmen im Bereich Vertrieb. Die Pharma GmbH hat das Ziel, durch das Eingehen dieser Kooperation mithilfe einer Ausweitung des Produktportfolios Universitäten und Forschungseinrichtungen als Kunden zu gewinnen. Für den Partner steht der Zugang zum europäischen Markt zur Erreichung einer besseren Marktdurchdringung mittels neuer Vertriebskanäle im Vordergrund der Zusammenarbeit.

Der direkte, aktuelle Wettbewerb äußert sich in einer Überschneidung des Produktportfolios. Die Pharma GmbH vertreibt einige der Produkte des Partners, der seine Produkte in den USA ähnlichen Kundengruppen anbietet, in Europa. Da sich die Kooperation aber nicht auf das Kernfeld der Pharma GmbH richtet, sieht dessen Geschäftsführer den Wettbewerb als nicht Existenz gefährdend an. Während das Kerngeschäft des fokalen Unternehmens im Dienstleistungsbereich für Pharmaunternehmen liegt, besitzt der

Partner in dem Bereich keine Kompetenz. Beide Unternehmen können so durch einen unterschiedlichen Fokus Synergieeffekte realisieren.

Beide Kooperationspartner stehen in einem gegenseitigen Abhängigkeitsverhältnis zueinander. Die Unternehmen bringen für die Kooperation essentielle Ressourcen ein, können nur schwer ersetzt werden und haben somit beide eine starke Bedeutung für die Erreichung der strategischen Ziele. Die Ressourcen und Fähigkeiten als auch die Funktionen der Partnertechnologien ergänzen sich gut, lassen sich technisch integrieren und decken sich nur in geringem Maße. So konnte die Pharma GmbH essentielle betriebliche Funktionen ausführen und wichtige Fähigkeiten für den von der Kooperation betroffenen Geschäftsbereich entwickeln. Obwohl auch andere Kooperationspartner geeignet gewesen wären, ging die Pharma GmbH nach Verhandlungen mit einem dieser potentiellen Partner die Kooperation mit dem heutigen Partner ein, da seitens der Pharma GmbH Befürchtungen vorhanden waren, jener sei nicht offen und ehrlich. Dies verdeutlicht, dass auch der gute Ruf des Partners zum Eingehen der Zusammenarbeit führte. Die Pharma GmbH hat sich Informationen für die Kooperation beschafft, Marktstudien durchgeführt und Strategien der Wettbewerber analysiert. Der Partner galt nicht nur als innovativ und professionell, sondern war zudem als verlässlich und fair bekannt.

Schon während der ersten Interaktionen und Verhandlungen mit dem potentiellen Partner wurde dessen Verlässlichkeit und Kooperationsbereitschaft unter Beweis gestellt, so dass sich Beziehungskapital entwickeln konnte. Die Spezifikationen des Vertrags, in dem Prozesse, Rollen, Pflichten sowie zu erbringende Leistungen detailliert niedergeschrieben sind, ließen das fokale Unternehmen erwarten, dass sich der Partner auch weiterhin kooperativ verhält, und haben zur Gründung der Kooperation mit eben diesem Partner beigetragen.

Durch die Analyse der eigenen Kernkompetenzen und die Bereitstellung aller notwendigen Ressourcen zu deren Schutz wird einem ungewünschten Wissensverlust entgegengewirkt. Vor Beginn der operativen Zusammenarbeit wurden Kooperationsverhandlungen geführt, die in einem komplexen Vertragswerk mündeten. In Vereinbarungen wurde definiert, welche Informationen und Daten Eigentum des fokalen Unternehmens sind und welche Fähigkeiten mit dem Partner geteilt werden. Durch klare Regeln und Anweisungen wurde festgelegt, welche Informationen dem Partner nicht zugänglich gemacht werden, so dass der Informationsfluss nur über ausgesuchte Mitarbeiter erfolgt. Auch Geheimhaltungserklärungen und die detaillierte sowie umfassende Regelung von Sanktionen bei Vertragsverstößen tragen zum Schutz der idiosynkratischen Ressourcen bei. Aktivitäten, auf denen die Wettbewerbsstellung der Pharma GmbH basiert, werden vom Partner isoliert ausgeführt. Darüber hinaus bekommt der Partner nur Zugang zu Räumlichkeiten, in denen er das spezielle Wissen des fokalen Unternehmens in einem tolerierten Umfang gewinnen kann.

Vertrauen wird als ein wichtiger Bestandteil einer Kooperationsbeziehung beurteilt. Der Geschäftsführer des fokalen Unternehmens ist der Auffassung, dass eine Kooperation ohne Vertrauen nicht zielführend sein kann. Das Unternehmen hat die Vertragsverhandlungen genutzt, um den potentiellen Partner besser kennenzulernen, dessen Leistungsfähigkeit zu prüfen und die Kompatibilität der Ziele, Strategien und Kulturen der Unternehmen zu beurteilen. Jetzt ist er sehr überzeugt, dass Zusicherungen seitens des Partners eingehalten werden, und vertraut darauf, dass Aufgaben stets fachkompetent und professionell durchgeführt werden. Auch das Commitment der Unternehmen wird als relativ stark beurteilt. Beide Partner fühlen eine Verbundenheit und sind von der Bedeutung der Zusammenarbeit überzeugt. Deshalb sind sie auch bereit, Geld und Zeit in die Beziehung zu investieren und führen beispielsweise gemeinsame Werbeaktionen durch. Darüber hinaus sind Relationale Normen in der Kooperation vorhanden. Das zeigt sich nicht nur in der langfristigen Ausrichtung der Beziehung, wenn sich diese nach der auf zunächst zwei Jahre befristeten Zusammenarbeit als erfolgreich herausstellt. Die Unternehmen sind daran interessiert, dass beide Partner von der Beziehung profitieren. Um dieses zu erreichen, sprechen sie offen und ehrlich über Probleme und Unzufriedenheiten. Wichtige Informationen, z. B. über verändernde Anforderungen, werden auf eigene Initiative rechtzeitig geliefert. Auch beim Eintritt einer unvorhersehbaren Situation sind die Unternehmen bereit, von existierenden Absprachen abzuweichen und eine neue Lösung auszuarbeiten. Das Maß an Flexibilität, das durch einen Vertrag nicht gegeben ist, wird durch die gemeinsamen Normen der Kooperation unterstützt, um so mit unvermeidlichen Unsicherheiten umzugehen.

Während des Verlaufs der Kooperation werden relativ viele Managementaktivitäten zur Koordination der Zusammenarbeit durchgeführt. Die Überprüfung, ob Vereinbarungen eingehalten werden, die Abstimmung der Aktivitäten auf die Ziele der Zusammenarbeit sowie die Kontrolle der Erreichung von Teilzielen sind Bestandteile der Kooperation. Weiterhin sind die Mitarbeiter des Partners von der Bedeutung der Zusammenarbeit überzeugt. Es werden bei Engpässen benötigte materielle, finanzielle und personelle Ressourcen bereitgestellt, Informationen über den Fortgang der Zusammenarbeit regelmäßig ausgetauscht, wobei der Informationsfluss koordiniert wird. Die kooperierenden Unternehmen haben vorab genau definiert, welche Kompetenzen sie in der Zusammenarbeit entwickeln wollen und folgen beim Wissenserwerb einer festgelegten Strategie. Zudem werden erarbeitete Erkenntnisse für die zukünftige Nutzung systematisch aufbereitet.

Der Geschäftsführer des fokalen Unternehmens ist mit den Leistungen des Partners überaus zufrieden. Seine positiven Erwartungen sind bisher erfüllt worden. Die gesetzten Meilensteine der in der Kooperation angestrebten Ziele sind erreicht worden. Das Unternehmen konnte sich neue Märkte eröffnen, Umsatz und Marktanteile auf bestehenden Märkten erhöhen und dabei die Profitabilität erhöhen. Gleichzeitig gelang es ihm, das eigene Leistungsportfolio zu verbessern und die Risiken mit dem Partner zu teilen. Die Zusammenarbeit verläuft gut, und ein dysfunktionales Verhalten des Partners konnte bislang nicht festgestellt werden. Deshalb sieht das Unternehmen keinen Grund, die Partnerschaft zu lösen, sondern wird den eingeschlagenen Weg weiter fortführen.

Insgesamt ist festzuhalten, dass Vertragsvereinbarungen aufgrund fehlenden Beziehungskapitals zu Beginn der Kooperation eine entscheidende Funktion übernahmen. Frühe Interaktionen mit dem Partner, wie die Vertragsverhandlungen, haben für das fokale Unternehmen als Selektionsmechanismus gedient und zur Bildung von Beziehungskapital beigetragen. Die Kombination aus Vertragsvereinbarungen und Beziehungskapital hat die negativen Wettbewerbswirkungen reduziert und positiv auf den Erfolg gewirkt.

4 Diskussion der Befunde

Im Folgenden werden wir die in Kap. 2 aufgestellten bzw. hergeleiteten Propositionen anhand der in Kap. 3 behandelten Fallstudien diskutieren.

Einfluss des Wettbewerbs auf den Erfolg der Zusammenarbeit Die untersuchten Koopetitionen sind erfolgreich. In beiden sind die anvisierten Kooperationsziele erreicht worden oder werden in absehbarer Zeit erreicht werden. Der von uns formulierte negative Einfluss des Wettbewerbsverhältnisses auf den Erfolg lässt sich daher für beide Fälle nicht eindeutig zeigen. Die Geschäftsführer der fokalen Unternehmen sehen jedoch die Gefahren, die mit einer engen Zusammenarbeit mit einem Wettbewerber verbunden sind und reagieren entsprechend darauf. Die Unternehmen haben jeweils ihre eigene Methode und Vorgehensweise entwickelt, diese Gefahren abzuwenden und sich vor einem unerwünschten Know-how-Abfluss zu schützen. Darauf werden wir im Folgenden detailliert eingehen.

Milderung wettbewerbsinduzierter Erfolgserosion durch vertragliche Schutzmechanismen

Einflüsse vertraglicher Vereinbarungen auf den Kooperationserfolg zeigen sich nur bei der Pharma GmbH, da die NanoScope GmbH auf eine schriftliche Fixierung der Vereinbarungen verzichtet hat. Die Pharma GmbH hat mit dem Kooperationspartner umfangreiche und ausführliche Verhandlungen geführt, bis ein Kooperationsvertrag geschlossen wurde. Schon während dieser Verhandlungen hat das fokale Unternehmen den Kooperationspartner intensiv begutachtet und einzuschätzen gelernt. Dieser Abschnitt der Zusammenarbeit wird von der Pharma GmbH als Testphase verstanden, die, nachdem sie erfolgreich durchlaufen worden ist, die Kooperation erst ermöglichte. Der Eindruck von dem Partner, von dessen Zielen und dessen Verlässlichkeit haben dazu geführt, dass dieser von dem fokalen Unternehmen als kooperationswürdig beurteilt wurde. In den Verhandlungen konnte der Partner das fokale Unternehmen von seiner Verlässlichkeit und Leistungsfähigkeit, der Kompatibilität der jeweiligen Kooperationsziele und von seiner Bereitschaft, die Interessen der Pharma GmbH zu respektieren, überzeugen. Mit der Formalisierung der Vereinbarungen unterstrichen die Partner ihre Absicht, sich kooperativ zu verhalten und die Entwicklung der Beziehung zu fördern. Den Anreiz zu opportunistischem Verhalten haben die Parteien darüber hinaus mit der Festschreibung von bei Vertragsverstößen wirksam werdenden empfindlichen Pönalien begrenzt. Den potentiell erfolgsgefährdenden Einfluss des zwischen den beiden Unternehmen bestehenden Wettbewerbs, die damit latent einhergehende Gefahr interorganisationaler Unstimmigkeiten und eskalierender Konflikte, konnten die Kooperationspartner durch vertragliche Vereinbarungen somit weitgehend reduzieren oder sogar vollständig beseitigen.

Milderung wettbewerbsinduzierter Erfolgserosion durch Beziehungskapital
Das von den Unternehmen ausgeprägte Beziehungskapital schwächt in beiden Fällen wettbewerbsinduzierte Risiken ab. Die Partner haben mit dem von ihnen entwickelten Beziehungskapital eine Basis für eine positive Entwicklung der Zusammenarbeit geschaffen. Die Beziehungskapital begründenden relationalen Elemente Vertrauen, Commitment und Relationale Normen fungieren in den betrachteten Koopetitionen als Schutz- und Kontrollmechanismen und halten die Partner von wettbewerbsinduziertem, opportunistischen Verhalten ab. Mögliche die Partnerschaft gefährdende Aktivitäten erscheinen unattraktiv, Konflikte werden vermieden oder flexibel gelöst, wodurch die gemeinschaftlich angestrebten Ziele im Vordergrund bleiben. Stabilität und Kontinuität, die aus dem Beziehungskapital hervorgehen, erlauben es, die gesetzten Ziele zu erreichen und die Kooperationen erfolgreich zu führen.

Substitution vertraglicher Vereinbarungen durch Ex-ante-Beziehungskapital
Der substituierende Einfluss ex-ante bestehenden Beziehungskapitals auf Umfang und Detaillierungsgrad vertraglicher Vereinbarungen wird am Beispiel der Kooperation der NanoScope GmbH und ihres spanischen Partners sichtbar. Bereits bei Beginn der Kooperationsgespräche hatten die Partner umfangreiches Beziehungskapital durch vorherige Kontakte und Kooperationsverhältnisse aufgebaut. Das fokale Unternehmen erachtet es deshalb weder als notwendig noch sinnvoll, die Zusammenarbeit zu formalisieren. Als informeller, sich selbstverstärkender Schutzmechanismus sichert Beziehungskapital das Know-how des Unternehmens und die Kontinuität der Kooperation. Vertragliche Schutzmaßnahmen könnten die Zusammenarbeit in ihrer Flexibilität einschränken und als Zeichen des Misstrauens die Beziehung eher stören, wenn einer der Partner sich auf die schriftlich fixierten Vereinbarungen berufen sollte, anstatt einen jetzt etablierten informellen Lösungsansatz bei Meinungs- oder Interessensdivergenzen zu suchen.

Bildung von Beziehungskapital durch Vertragsvereinbarungen
Die Pharma GmbH kannte vor der Aufnahme der Kooperationsgespräche ihr jetziges Partnerunternehmen nicht. Während die Parteien in einem intensiven Verhandlungsprozess involviert waren, in dem gegensätzliche Interessen formuliert und miteinander verbunden werden mussten, in dem Regeln für die Zusammenarbeit und Sanktionen für Regelverstöße vereinbart wurden, haben sie sich besser kennen lernen und ein gemeinsames Verständnis der zukünftigen Zusammenarbeit entwickeln können. Diese Verhandlungs- und Kennenlernphase hat das fokale Unternehmen genutzt, um sich über die explizit formulierten und unausgesprochenen Intentionen des Partners zu orientieren und einen umfassenden Eindruck über dessen Ziele und dessen Kooperationsbereitschaft zu erhalten. Die positive Beurteilung der Pharma GmbH bezüglich des antizipierten Partnerverhaltens forcierte den Kooperationsschluss und trug zum Aufbau von Beziehungskapital für die operative Zusammenarbeit bei.

5 Zusammenfassung und Implikationen

5.1 Zusammenfassung

Kooperationen mit Wettbewerbern bieten Jungen Technologieunternehmen außergewöhnliche Möglichkeiten, sowohl zu gemeinsamen Forschungs- und Entwicklungsleistungen als auch zur Marktbearbeitung, wenn die aus der wettbewerblichen Rivalität entspringenden Spannungen und wissensbezogenen Risiken beherrscht werden. Vertragliche Schutzvereinbarungen und der Aufbau von Beziehungskapital gelten in der Managementliteratur als effiziente Instrumente, um diesen Gefahren zu begegnen. In einem dynamischen Ansatz haben wir Propositionen zu den interdependenten Wirkungen zwischen interorganisationalem Wettbewerb, Beziehungskapital und vertraglichen Schutzvereinbarungen hergeleitet und deren Wirkungen auf den Kooperationserfolg und die Vermeidung unerwünschten Wissenstransfers an zwei Fällen analysiert.

Die Verbindung von gegenseitigem Vertrauen, Commitment und Relationalen Normen fungiert als Schutzmechanismus und ermöglicht gleichzeitig, sich dem Partner zu öffnen und relevantes Wissen in einem interaktiven Kombinationsprozess synergistisch zum Erreichen gemeinsamer Lernziele einzusetzen. Vertragliche Vereinbarungen sind unvollständig und können nicht alle Handlungsoptionen vorwegnehmen und werden im Idealfall durch komplementär wirksames Beziehungskapital ergänzt. Regelmäßige Interaktionen der Kooperationspartner fördern die Bildung von Beziehungskapital und tragen zum Erfolg der Zusammenarbeit bei. Ausgeprägtes Beziehungskapital erleichtert die Erreichung gemeinsamer Kooperationsziele, da Missverständnisse entweder vermieden oder schnell aufgeklärt werden können und sich durch die Wettbewerbssituation beförderte potentielle Opportunismusneigungen nicht entfalten.

In einem Fall konnten wir zeigen, dass Unternehmen, die bereits vor der Kooperation Beziehungskapital entwickelt haben, auf die schriftliche Fixierung ihrer Kooperationsvereinbarungen in vertraglicher Form – wie im Beispiel der NanoScope GmbH – gänzlich verzichten oder deren Umfang deutlich verringern können. Im zweiten Beispiel der Pharma GmbH wurde deutlich, dass Unternehmen in dem oftmals intensiven Verhandlungsprozess Beziehungskapital bilden können, wenn dieses vor der Kooperation nicht besteht. Soweit dieses Defizit im Verhandlungsprozess nicht kompensiert werden kann, wird es durch vertragliche Vereinbarungen zwischen den Partnern ausgeglichen. Werden beide Mechanismen in einem ausbalancierten Verhältnis in der Beziehung etabliert, können die Parteien eine von Offenheit, Ehrlichkeit und der sichtbaren Bereitschaft zur Kooperation geprägte Atmosphäre entwickeln, in der sie sowohl gemeinsam als auch individuell verfolgte Kooperationsziele erreichen können.

5.2 Managementimplikationen

Das sich aus Vertrauen, Commitment und Relationalen Normen speisende Beziehungskapital besitzt in Kooperationen zwischen Wettbewerbern eine bedeutende Rolle für die Zielerreichung und die Stabilisierung der Zusammenarbeit. Manager, die eine solche

Kooperation planen, sollten dieses berücksichtigen und den Aufbau von Beziehungskapital als Gestaltungsaufgabe und Einflussmöglichkeit begreifen und wahrnehmen. Bereits vor dem Beginn der Zusammenarbeit sollten die Voraussetzungen für den Aufbau von Beziehungskapital mit dem Partner bei der Kooperationsentscheidung geprüft werden. Dieses ist einfach, wenn die Unternehmen oder entscheidende Akteure in den Unternehmen bereits vorher zusammengearbeitet haben. Andernfalls können Informationen über die strategischen Absichten, vorangegangene Kooperationen mit anderen Unternehmen oder allgemein die Reputation des potentiellen Partners herangezogen werden. Ist ex-ante Beziehungskapital nur in unzureichendem Maß vorhanden, versuchen die Parteien diesen Mangel durch vertragliche Vereinbarungen zu kompensieren. In dem der operativen Kooperation vorgeschobenen Verhandlungsprozess können die Unternehmen beginnen, Beziehungskapital zu bilden und wenn das nicht möglich ist, ihre Zustimmung zur Zusammenarbeit zurückziehen. Während der operativen Zusammenarbeit können dann weitergehende relationale Normen entwickelt, Commitment zum Partner und zur Kooperation demonstriert und gegenseitiges Vertrauen aufgebaut werden. Eine Degeneration der Kooperation offenbart sich oft frühzeitig im Verlust von Beziehungskapital. In diese Richtung gehende Tendenzen sind wichtige Frühindikatoren, die Gegenmaßnahmen erlauben, bevor dysfunktionales oder opportunistisches Verhalten der Partner offenkundig auftritt und beispielsweise zu einem vermeidbaren Verlust wertvollen Wissens oder anderen Schädigungen führt.

Aufgaben

1. Beleuchten Sie anhand der beiden Fallstudien mögliche Einflüsse des Wettbewerbs zwischen kooperierenden Unternehmen auf den Erfolg der Zusammenarbeit. Wie wirken sich unterschiedliche Kooperationsfelder – F&E im Fall der NanoScope GmbH und Vertrieb bei der Pharma GmbH – auf die Wirkungsmechanismen interorganisationalen Wettbewerbes aus?
2. Skizzieren Sie die Rolle von Verhandlungen und Verträgen in der Anbahnung und der Durchführung von Kooperationen. Weshalb glauben manche Unternehmen, auf schriftlich fixierte Kooperationsverträge verzichten zu können? Welche Vor- und Nachteile resultieren aus solch einem Verzicht?
3. Beziehungskapital besitzt unterschiedliche Facetten. Welche finden Sie in den Fallstudien dokumentiert? Wie wirken sie? Wie kann Beziehungskapital für und in einer Kooperation gebildet werden?
4. Als Geschäftsführer eines jungen Technologieunternehmens stehen Sie vor der Entscheidung, gemeinsam mit einem Wettbewerber eine neue Produktlinie zu entwickeln.
   a. Auf was müssen Sie achten?
   b. Wie bauen Sie Beziehungskapital auf? Wie bereiten Sie Ihre Mitarbeiter vor?

Literatur

1. Ariño A (2003) Measures of Strategic Alliance Performance: an Analysis of Construct Validity. J Int Bus Stud 34:66–79
2. Ariño A, de la Torre J, Ring PS (2001) Relational Quality: managing Trust in Corporate Alliances. Calif Manage Rev 44(1):109–131
3. Ariño A, Reuer JJ (2004) Designing and Renegotiating Strategic Alliance Contracts. Acad Manage Exec 18(3):37–48
4. Barney JB (1991) Firm Resources and Sustained Competitive Advantage. J Manage 17(1):99–120
5. Barney JB, Hansen MH (1994) Trustworthiness as a Source of Competitive Advantage. Strateg Manag J 15:175–190
6. Baum JAC, Calabrese T, Silverman BS (2000) Don't go it alone: alliance Network Composition and Startups' Performance in Canadian Biotechnology. Strateg Manag J 21:267–294
7. Bejou D, Wray B, Ingram TN (1996) Determinants of Relationship Quality: an Artificial Neural Network Analysis. J Bus Res 36(2):137–143
8. Bengtsson M, Kock S (2000) „Coopetition" in Business Networks – to Cooperate and Compete Simultaneously. Ind Mark Manage 29:411–426
9. Bergen M, Peteraf MA (2002) Competitor Identification and Competitor Analysis: a Broad-Based Managerial Approach. Managerial Dec Econ 23:157–169
10. Blomqvist K, Hurmelinna P, Seppänen R (2005) Playing the Collaboration Game right – balancing Trust and Contracting. Technovation 25:497–504
11. Brandenburger AM, Nalebuff BJ (1995) The Right Game: use Game Theory to Shape Strategy. Harv Bus Rev 73(4):57–71
12. Dagnino GB, Padula G (2002) Coopetition Strategy: a new Kind of interfirm Dynamics for Value Creation. Paper presented at EURAM – The European Academy of Management, Second Annual Conference – „Innovative Research in Management", Stockholm, Schweden
13. Das TK, Rahman N (2002) Opportunism Dynamics in Strategic Alliances. In: Contractor FJ, Lorange P (Hrsg) Cooperative Strategies and Alliances. Pergamnon, Amsterdam, S 89–118
14. Das TK, Teng BS (2000) Instabilities of Strategic Alliances: an Internal Tensions Perspective. Organ Sci 11(1):77–101
15. Das TK, Teng BS (2002a) A Social Exchange Theory of Strategic Alliances. In: Contractor FJ, Lorange P (Hrsg) Cooperative Strategies and Alliances. Pergamnon, Amsterdam, S 439–460
16. Das TK, Teng BS (2002b) The Dynamics of Alliance Conditions in the Alliance Development Process. J Manag Stud 39(5):725–746
17. Dussauge P, Garrette B, Mitchell W (2000) Learning from competing Partners: outcomes and Duration of Scale and Link Alliances in Europe, North America and Asia. Strateg Manag J 21(2):99–126
18. Dyer JH, Singh H (1998) The Relational View: cooperative Strategy and Sources of Interorganizational Competitive Advantage. Acad Manage Rev 23(4):660–679
19. Ebers M, Gotsch M (1995) Institutionenökonomische Theorien der Organisation. In: Kieser A (Hrsg) Organisationstheorien, 2. überarb. Aufl, Schäffer-Poeschel, Stuttgart u. a., S 185–235
20. Gnywali DR, He J, Madhavan R (2008) Co-opetition: promises and Challenges. In: Wankel C (Hrsg) 21st Century Management: a Reference Handbook. Sage Publications, Thousand Oaks CA, S 386–398
21. Gulati R (1995) Does Familiarity breed Trust? The Implications of Repeated Ties for Contractual Choice in Alliances. Acad Manage J 38(1):85–112
22. Gulati R, Nohria N, Zaheer A (2000) Strategic Networks. Strateg Manag J 21:203–215
23. Gundlach GT, Achrol RS, Mentzer JT (1995) The Structure of Commitment in Exchange. J Marketing 59:78–92

24. Hamel G (1991) Competition for Competence and Inter-Partner Learning within international Strategic Alliances. Strateg Manag J 12(4):83–103
25. Hamel G, Doz YL, Prahalad CK (1989) Collaborate with your Competitors and win. Harv Bus Rev 67(1):133–138
26. Heide JB, John G (1992) Do Norms Matter in Marketing Relationships. J Marketing 56(2):32–44
27. Heimeriks KH, Schreiner M (2002) The Influence of Relational Quality and Alliance Capacity on Alliance Performance: a Conceptual Framework. In: Konferenzbeitrag präsentiert an der 22. International Annual Conference der Strategic Management Society, Paris, Frankreich
28. Jap SD, Anderson E (2003) Safeguarding Interorganizational Performance and Continuity Under Ex Post Opportunism. Manage Sci 49(12):1684–1701
29. Jap SD, Ganesan S (2000) Control Mechanisms and the Relationship Life Cycle: implications for Safeguarding Specific Investments and Developing Commitment. J Marketing Res 37:227–245
30. Järvelin AM (2001) Evaluation of Relationship Quality in Business Relationships. University of Tampere
31. Kale P, Singh H, Perlmutter H (2000) Learning and Protection of Proprietary Assets in Strategic Alliances: building Relational Capital. Strateg Manag J 21:217–237
32. Khanna T, Gulati R, Nohria N (1998) The Dynamics of Learning Alliances: competition, Cooperation, and Relative Scope. Strateg Manag J 19:193–210
33. Luo Y (2007) A Coopetition Perspective of global Competition. J World Bus 42(2):129–144
34. Macneil IR (1980) The New Social Contract: an Inquiry into Modern Contractual Relations. New Haven [u.a.]
35. Madhok A, Tallman SB (1998) Resources, Transactions and Rents: managing Value Through Interfirm Collaborative Relationships. Organ Sci 9(3):326–339
36. Ness H, Haugland SA (2005) The Evolution of Governance Mechanisms and Negotiation Strategies in Fixed-Duration Interfirm Relationships. J Bus Res 58(9):1226–1239
37. Norman PM (2001) Are Your Secrets Safe? Knowledge Protection in Strategic Alliances. Bus Horiz 44:51–60
38. Norman PM (2002) Protecting Knowledge in Strategic Alliances: resource and Relational Characteristics. The J High Technol Manage Res 13(2):177–202
39. Norman PM (2004) Knowledge Acquisition, Knowledge Loss, and Satisfaction in High Technology Alliances. J Bus Res 57(6):610–619
40. Oliver C (1997) Sustainable Competitive Advantage: combining Institutional and Resource-Based Views. Strateg Manag J 18(9):697–713
41. Padula G, Dagnino GB (2007) Untangling the Rise of Coopetition. Int Stud Manage Organ 37(2):32–52
42. Park SH, Ungson GR (2001) Interfirm Rivalry and Managerial Complexity: a Conceptual Framework of Alliance Failure. Organ Sci 12(1):37–53
43. Park SH, Russo MV (1996) When Competition eclipses Cooperation: an Event History Analysis of Joint Venture Failure. Manage Sci 42(6):875–890
44. Picot A, Dietl HM (1990) Transaktionskostentheorie. Wirtschaftswissenschaftliches Studium 19(4):178–184
45. Poppo L, Zenger T (2002) Do Formal Contracts and Relational Governance function as Substitutes or Complements? Strateg Manag J 23:707–725
46. Poppo L, Zhou KZ, Ryu S (2008) Alternative Origins to Interorganizational Trust: an Interdependence Perspective on the Shadow of the Past and the Shadow of the Future. Organ Sci 19(1):39–55
47. Quintana-García C, Benavides-Velasco CA (2004) Cooperation, Competition, and innovative Capability: a panel Data of European dedicated Biotechnology Firms. Technovation 24:927–938

48. Sarkar MB, Echambadi R, Cavusgil ST, Aulakh PS (2001) The Influence of Complementarity, Compatibility, and Realtionship Capital on Alliance Performance. J Acad Mark Sci 29(4):358–373
49. Schmidtchen D (2005) Wettbewerb und Kooperation (Co-opetion): Neues Paradigma für Wettbewerbstheorie und Wettbewerbspolitik? In: Zentes J, Swoboda B, Morschett D (Hrsg) Kooperationen, Allianzen und Netzwerke: Grundlagen - Ansätze - Perspektiven. Gabler, Wiesbaden, S 65–93
50. Ulaga W, Eggert A (2004) Relationship Value and Relationship Quality: broadening the nomological Network of Business-to-Business Relationships. Eur J Mark 40(3/4):311–327
51. Ulaga W, Eggert A (2006) Value-Based Differentiation in Business Relationships: gaining and Sustaining Key Supplier Status. J Marketing 70(1):119–136
52. Van Well B (1996) Ressourcenmanagement in strategischen Netzwerken. In: Hinterhuber HH, Al-Ani A, Handlbauer G (Hrsg) Das Neue Strategische Management: Elemente und Perspektiven einer zukunftsorientierten Unternehmensführung. Gabler, Wiesbaden, S 159–185
53. Walter A, Muller TA, Helfert G, Ritter T (2003) Functions of Industrial Supplier Relationships and their Impact on Relationship Quality. Ind Mark Manage 32(2):159–169
54. Walter A, Ritter T, Gemünden HG (2001) Value Creation in Buyer-Seller Relationships. Theoretical Considerations and Empirical Results from a Supplier's Perspective. Ind Mark Manage 30(4):365–377
55. Wathne KH, Heide JB (2000) Opportunism in Interfirm Relationships: forms, Outcomes, and Solutions. J Marketing 64(4):36–51
56. Williamson OE (1985) The Economic Institutions of Capitalism: firms, Markets, Relational Contracting. New York, London
57. Yu CMJ, Liao TJ, Lin ZD (2006) Formal Governance Mechanisms, Relational Governance Mechanisms, and Transaction-Specific Investments in Supplier-Manufacturer Relationships. Ind Mark Manage 35(2):128–139
58. Zaheer A, McEvily B, Perrone V (1998) Does Trust Matter? Exploring the Effects of Interorganizational and Interpersonal Trust on Performance. Organ Sci 9(2):141–159

Organisationale Kooperationsfähigkeit – Wie Gründer die Wettbewerbsfähigkeit ihres Unternehmens nachhaltig steigern können

Claudio Heitkamp und Anke Rasmus

Inhaltsverzeichnis

1	Problemstellung	118
2	Kooperationsfähigkeit als Wettbewerbsvorteil	118
3	Was ist organisationale Kooperationsfähigkeit?	119
4	Gründer als Schlüsselperson	120
	4.1 Humankapital	121
	4.2 Innovation Championing Behavior (ICB)	121
5	Fallstudie	122
	5.1 Unternehmen A	123
	5.1.1 Vermehrte Kooperationen trotz Rückschlägen	123
	5.1.2 Gründer lebt Kooperationsorientierung vor	123
	5.1.3 Professionalisierung und Lernen als Schlüssel zum Kooperationserfolg	124
	5.2 Unternehmen B	124
	5.2.1 Kooperationen sind essentiell für die Unternehmensentwicklung	124
	5.2.2 Gründer sucht nach Lösungen und strebt deren Durchsetzung an	124
	5.2.3 Notwendigkeit zum Aufbau von Kooperationsfähigkeit erkannt	125
6	Vergleichende Analyse	125
	6.1 Ähnliche Organisationen und unterschiedliche Humankapitalausstattung	125
	6.2 Beide Gründer zeigen „Innovation Championing"-Verhalten	126
7	Fazit und Implikationen	127
8	Zusammenfassung	127
	Literatur	129

C. Heitkamp (✉)
Töpferweg 13a, 32429 Minden, Deutschland
E-Mail: heitkamp@bwl.uni-kiel.de

A. Rasmus
Lessingstraße 11, 18055 Rostock, Deutschland
E-Mail: rasmus@bwl.uni-kiel.de

> **Überblick**
>
> Zur Anbahnung und Gestaltung wertschaffender inter-organisationaler Beziehungen entwickeln erfolgreiche Unternehmen eine organisationale Kooperationsfähigkeit ([13]; [25]). Unabhängig vom Kontext und der Konzeptualisierung dieser Fähigkeit (z. B. Allianzfähigkeit, Netzwerk-Kompetenz) besteht in der Literatur Einigkeit in Bezug auf deren Erfolgsrelevanz ([30]; [23]; [26]).
>
> Über die Entstehung einer solchen organisationalen Fähigkeit ist hingegen bisher nur wenig bekannt. Die vorliegende Fallstudie soll einen Beitrag zur Schließung dieser Lücke leisten, indem sie die Etablierung von Kooperationsfähigkeit am Beispiel zweier junger technologieorientierter Unternehmen beschreibt. Dabei zeigt sich, dass vornehmlich das Verhalten des Unternehmensgründers maßgeblich für den Aufbau von Kooperationsfähigkeit ist.

1 Problemstellung

Kooperationen werden häufig mit dem Ziel eingegangen, Stärken zu bündeln, Schwächen auszugleichen und Kostenvorteile zu realisieren sowie Risiken zu minimieren ([2], S. 235; [20], S. 71; [21], S. 317). Ein weiteres Motiv besteht im Zugang zu neuen oder zusätzlichen erfolgskritischen Ressourcen ([7], S. 137–138; [19], S. 258), insbesondere (technologiebezogenem) Know-how ([9], S. 127; [21], S. 315). Aufgrund kürzer werdender Produktlebenszyklen und einem dadurch stetig steigenden Innovationsbedarf haben Unternehmenskooperationen in den vergangenen Jahren, speziell im Bereich der Forschung und Entwicklung (F&E), stark an Bedeutung gewonnen. Ein Ende dieses Trends ist nicht absehbar.

Die Relevanz von Kooperationen ist somit unstrittig. Der Aufbau kooperativer Beziehungen wird zunehmend als Managementaufgabe wahrgenommen und ist Bestandteil der Wettbewerbs- und Wachstumsstrategien von Unternehmen ([12], S. 45). Gleichzeitig werden jedoch regelmäßig (Miss-)Erfolgsquoten von etwa 50 % im Zusammenhang mit Unternehmenskooperationen berichtet ([1], S. 127; [5], S. 318).

Daraus lässt sich schließen, dass einerseits die Bedeutung des Themas „Kooperation" offensichtlich ist, die sich daraus ergebenden Implikationen im Gegensatz dazu jedoch in der Managementpraxis nur teilweise in geeignete Antworten überführt werden. Unternehmen sind folglich häufig nicht in der Lage, Kooperationen mit den bestehenden organisationalen Fähigkeiten erfolgreich anzubahnen, zu gestalten und aus ihren Erfahrungen zu lernen.

2 Kooperationsfähigkeit als Wettbewerbsvorteil

Die Notwendigkeit einer unternehmensinternen Kooperationsfähigkeit wird umso deutlicher, wenn Entscheider diese als eine dynamische Fähigkeit (vgl. Abb. 1) verstehen, die es einem Unternehmen ermöglicht, einen nachhaltigen Wettbewerbsvorteil durch permanente Anpassung der unternehmenseigenen Ressourcenbasis an die jeweils aktuellen

Routine(n)	...sind erlern- und wiederholbare, nicht personengebundene *Verhaltens- bzw. Aktivitätenmuster*, die als „Gedächtnis" einer Organisation bzgl. zielgerichteter, vorhersagbarer Antworten auf bestimmte Stimuli wirken und somit die Handlungsfähigkeit einer Organisation und ihrer Mitglieder sicherstellen (Levitt und March 1988; Nelson und Winter 1982; Winter 2003).
Organisationale Fähigkeit(en)	...werden als *Bündel von Routinen* angesehen und bilden in Verbindung mit den zur Verfügung stehenden Einsatzgütern für die Entscheider verschiedene Leistungsalternativen, deren koordinierte und zielgerichtete Durchführung bzw. Erreichung sie in zuverlässiger Weise ermöglichen (Helfat und Peteraf 2003; Winter 2000).
Dynamische Fähigkeit(en)	...unterscheiden sich insofern von organisationalen Fähigkeiten im statisch-operativen Sinn, als dass sie gezielt auf die *Veränderung von Ressourcenausstattung und organisationalen Fähigkeiten* hinwirken (Teece et al. 1997, S. 516).

Abb. 1 Definition und Abgrenzung dynamischer Fähigkeiten (Eigene Darstellung)

Marktanforderungen zu realisieren ([27], S. 1320). Das bedeutet, dass auch und gerade in sehr volatilen Branchen und Märkten Unternehmen, die über dynamische Fähigkeiten verfügen, überdurchschnittlich wettbewerbsfähig sind.

Kooperationen stellen eine besonders geeignete Möglichkeit dar, um in einem dynamischen Umfeld eben diese kontinuierliche Anpassung von Ressourcen (und Fähigkeiten) zu vollziehen. Es stellt sich vor dem Hintergrund der eingangs erwähnten (Miss-)Erfolgsquoten zunächst die Frage, wie Unternehmen in der Führung von Kooperationen erfolgreich sein können. Grundsätzlich wird hierzu berichtet, dass Unternehmen, die kooperative Beziehungen erfolgreich nutzen, sich hinsichtlich ihrer Kooperationsfähigkeit und damit in dem Einsatz bestimmter Managementroutinen von weniger erfolgreichen Unternehmen unterscheiden ([5], S. 318).

3 Was ist organisationale Kooperationsfähigkeit?

Kooperationsfähigkeit wird im Wesentlichen durch drei Routinen gebildet (vgl. Abb. 2). Zum einen ist dies die Routine der Partnersuche, die Unternehmen in die Lage versetzt, Kooperationsmöglichkeiten zu identifizieren ([14], S. 326–327, 335–336; [25], S. 490). Zum anderen müssen Unternehmen die Koordinationsroutine beherrschen, die der effizienten, kooperationsbezogenen Ressourcenallokation sowie der Abstimmung organisationaler Prozesse dient ([30], S. 546–547, 557). Ebenfalls von Bedeutung ist die Etablierung von Lernroutinen, welche auf Basis gesammelter Erfahrungen eine Evaluierung und Anpassung der Kooperationsroutinen ermöglichen ([14], S. 326–327; ähnlich auch [24], S. 535).

Während also ein ausgeprägtes Verständnis über die konstituierenden Routinen der Kooperationsfähigkeit (Partnersuche, Koordination und Erfahrungslernen) besteht, sind

Kooperationsfähigkeit ...ist eine dynamische Fähigkeit, die dem Aufbau und der Gestaltung von wertschaffenden inter-organisationalen Beziehungen zu externen Partnern dient.		
Partnersuche:	**Koordination:**	**Erfahrungslernen:**
Identifikation und Auswahl geeigneter Kooperationspartner	Steuerung von Aktivitäten während des Kooperationsverlaufs	Verarbeiten von Erfahrungen aus vergangenen Kooperationen

Abb. 2 Organisationale Kooperationsfähigkeit nach Rasmus (2012)

bislang jedoch kaum Beiträge erschienen, die die Entstehung dieser Fähigkeit eingehend untersuchen. Doch ist mit Blick auf die Managementpraxis zu hinterfragen, inwieweit es gelingen kann, eine zentrale Fähigkeit wie die Kooperationsfähigkeit in einem Unternehmen zu etablieren, wenn keine Erkenntnisse darüber existieren, welche Faktoren tatsächlich einen Einfluss auf die Entstehung haben. Studien, die dieser Frage im Ansatz nachgehen, beziehen sich zumeist auf große, etablierte Unternehmen (speziell multinationale Konzerne). Diese sind in Bezug auf ihre organisationalen Strukturen und Fähigkeiten häufig sehr komplex, wodurch die eindeutige Identifikation fähigkeitsinitiierender Faktoren erschwert wird.

4 Gründer als Schlüsselperson

Wir haben daher im Rahmen eines größeren Forschungsprojekts[1] bewusst junge technologieorientierte Unternehmen untersucht, welche sich zum einen durch einfache Organisationsstrukturen und zum anderen durch eine zumeist begrenzte Ressourcenbasis auszeichnen. Dadurch bilden diese Unternehmen ein geeignetes Untersuchungsobjekt zur Betrachtung der Entstehung von Kooperationsfähigkeit. Im Rahmen des o. g. Forschungsprojekts wurden die nachfolgenden vergleichenden Fallstudien durchgeführt. Wir fokussieren bei der Analyse des Fähigkeitsaufbaus primär auf das gestaltungsorientierte und zukunftsgerichtete Gründerverhalten (Innovation Championing Behavior) sowie das Humankapital des Gründers (Bildung, Industrie- und Gründungserfahrung), um die Person des Gründers möglichst umfassend zu beschreiben.

---

[1] Das Forschungsprojekt wurde im Zeitraum von 2005 bis 2009 am Lehrstuhl für Gründungs- und Innovationsmanagement der Christian-Albrechts Universität zu Kiel durchgeführt und beschäftigte sich primär mit der Entstehung von Kooperationsfähigkeit bei jungen technologieorientierten Unternehmen (siehe dazu auch [22]).

4.1 Humankapital

Zahlreiche Studien konstatieren eine positive Wirkung von Humankapitalvariablen auf den Unternehmenserfolg, wenngleich in Bezug auf die Unternehmenseigenschaften und -fähigkeiten, über welche das Humankapital seine Erfolgswirkung entfaltet, nur wenig bekannt ist („black box").

Insbesondere die *Bildung* der Gründer wurde häufig im Hinblick auf ihre Wirkung auf den Unternehmenserfolg untersucht. Dabei wurden überwiegend positive Effekte festgestellt [3]. Wir gehen davon aus, dass ein höherer Bildungsabschluss des Gründers den Aufbau bestimmter organisationaler Fähigkeiten und im konkreten Fall den der Kooperationsfähigkeit fördert.

Industrieerfahrung ermöglicht es dem Gründer, ein Netzwerk aus relevanten Akteuren aufzubauen ([4], S. 379), welches sich mittels der organisationalen Kooperationsfähigkeit zielgerichtet nutzen lässt. Somit ist anzunehmen, dass Industrieerfahrung ebenfalls einen positiven Einfluss auf den Aufbau von Kooperationsfähigkeit hat.

Die *Gründungserfahrung* eines Unternehmers wirkt sich positiv auf die Nutzung unternehmerischer Chancen aus ([29], S. 165) und ist mit hoher Wahrscheinlichkeit ebenso bedeutsam für den Aufbau und die Nutzung von Netzwerken ([8], S. 775). Daher ist zu vermuten, dass Gründungserfahrung ebenfalls die Entstehung von Kooperationsfähigkeit fördert.

Wir gehen davon aus, dass die dargestellte Humankapitalausstattung des Gründers den Aufbau von organisationaler Kooperationsfähigkeit und damit die Unternehmensentwicklung positiv beeinflusst. Die Kooperationsfähigkeit fungiert dabei als Mediator ([16], S. 237–238), über den die Humankapitalvariablen ihre positive Wirkung auf den Unternehmenserfolg entfalten können, und stellt damit einen Teil der eingangs beschriebenen „black box" dar.

▶ **Proposition 1** Humankapital fördert den Aufbau von Kooperationsfähigkeit.

4.2 Innovation Championing Behavior (ICB)

Der Champion zeichnet sich dadurch aus, dass er die Realisierung einer kreativen Idee maßgeblich gestaltet, indem er die potentielle Innovation intern „verkauft", Unterstützung organisiert, um Widerstände zu überwinden und darüber hinaus die tatsächliche Implementierung sicherstellt ([11], S. 40; ähnlich auch [31]).

Im konkreten Fall ist anzunehmen, dass das Championing-Verhalten des Gründers dazu führt, dass dieser in der Lage ist, erstens die Notwendigkeit zum Aufbau von Kooperationsfähigkeit zu erkennen und zweitens auch die hierzu notwendigen Schritte einzuleiten. Das bedeutet, dass er auch trotz möglicher interner Widerstände oder störender externer Einflüsse den Aufbau und die Etablierung von Kooperationsfähigkeit im Unternehmen vorantreibt. Hierzu sollte er bewusst Dritte in den Fähigkeitsentstehungsprozess einbinden, so dass dieser an Dynamik, aber auch an Legitimation gewinnt. Sein Ziel muss es sein, das Interesse möglichst vieler Organisationsmitglieder zu gewinnen und damit die Motivation zur Etablierung von Kooperationsfähigkeit zu fördern.

Maßgeblich für die Implementierung der Kooperationsfähigkeit ist, dass der Gründer die Inhalte der entsprechenden Routinen den übrigen Organisationsmitgliedern auch tatsächlich vermittelt. Allgemein gilt, dass bestimmte Vorgehensweisen zur Lösung von Aufgaben und damit auch Fähigkeiten von einer lehrenden auf eine lernende Person übertragen werden können, indem letztere die verantwortliche Person bei der Aufgabenerfüllung beobachtet und somit unmittelbar bestimmte Routinen erlernt ([18], S. 19). Dies kann unserer Ansicht nach analog im Rahmen eines partizipativ ausgelegten Kooperationsmanagements geschehen, indem der Unternehmensgründer seinen Mitarbeitern ermöglicht, einzelne Aktivitäten und Routinen des Kooperationsmanagements kennenzulernen und in Teilen auszuführen, während er diese verantwortlich steuert. Im Laufe der Zeit erlangen die Mitarbeiter hierdurch ein tiefergehendes Verständnis der Aufgaben im Kontext des Kooperationsmanagements und der zu deren Bewältigung erforderlichen Kenntnisse und Fähigkeiten. Letztlich bildet sich auf diese Weise eine organisationale Kooperationsfähigkeit heraus, die nicht länger auf die Person des Gründers beschränkt ist. Nach erfolgreicher Implementierung der entsprechenden Routinen auf Organisationsebene sind die Mitarbeiter also unabhängig vom Gründer in höherem Maße in der Lage, eigenständig Kooperationen anzubahnen, zu gestalten und daraus zu lernen.

Wir nehmen daher an, dass das ICB des Gründers positiv auf den Aufbau organisationaler Kooperationsfähigkeit wirkt.

▶ **Proposition 2** ICB fördert den Aufbau von Kooperationsfähigkeit.

5 Fallstudie

Nachfolgend wird im Rahmen einer vergleichenden Fallstudie[2] auf die personenbezogenen Einflussfaktoren der Entstehung von Kooperationsfähigkeit eingegangen. Nach einer kurzen Vorstellung der beiden untersuchten Unternehmen sollen Gemeinsamkeiten und

---

[2] Die Erstellung der Fallstudie erfolgte in Anlehnung an Eisenhardt ([6], S. 533). Die hier betrachteten Unternehmen wurden aufgrund der deutlichen Unterschiede in Bezug auf das Humankapital der Gründer bewusst ausgewählt (ebenda, S. 537). Vergleichende Fallstudien („cross-case-analysis") erlauben die Identifikation und kritische Betrachtung tatsächlich existierender Realphänomene ([35], S. 19, 53). Die den Fallstudien zugrunde liegenden Daten und Fakten wurden in persönlichen, mehrstündigen, semi-strukturierten Interviews mit den Geschäftsführern der Unternehmen erfasst. Die Gespräche umfassten sowohl die Beantwortung eines standardisierten Fragebogens als auch die offener Fragen. Darüber hinaus konnten in freien Gesprächen weitere wichtige Informationen gesammelt werden.

Unterschiede analysiert werden (Vorgehen in Anlehnung an [34], S. 64). Hierbei wird speziell das Humankapital und das Verhalten der Gründer betrachtet.

5.1 Unternehmen A

Basierend auf einem Forschungsprojekt einer Universität wurde im Jahr 2000 das Unternehmen A gegründet, welches Eigentum eines Teils der aktuell 30 Mitarbeiter ist. Die Kernkompetenzen des jungen technologieorientierten Unternehmens liegen im Bereich der Entwicklung und Produktion laserbasierter Mess-Systeme und zugehöriger Analysemethoden. Die Kunden des Unternehmens sind zumeist öffentliche oder private Forschungseinrichtungen sowie Universitäten oder große Kliniken. Nach dem Ausscheiden eines industriellen Gründungspartners im Jahr 2003 leitet der heute 44-jährige wissenschaftliche Gründungspartner allein die Geschäfte. Ein gescheitertes Großprojekt führte im Verlauf der Unternehmensentwicklung zur Entlassung von fünf Mitarbeitern. Dennoch konnten Umsatz und Mitarbeiterzahl seit Unternehmensgründung insgesamt deutlich gesteigert werden.

5.1.1 Vermehrte Kooperationen trotz Rückschlägen

Unternehmen A ist in einer Branche tätig, in der ein ausgeprägter Qualitäts- und Innovationswettbewerb herrscht. Dementsprechend ist die Unternehmenskultur gekennzeichnet durch eine hohe Dynamik, die darauf abzielt, das Unternehmen durch Innovationen und resultierendes Wachstum weiterzuentwickeln. Die hierzu notwendigen Projekte sind häufig mit Unternehmenskooperationen verbunden. Obwohl das Unternehmen in seiner frühen Entwicklungsphase durchaus negative Erfahrungen gesammelt hat, entschied sich der Gründer und jetzige Geschäftsführer dazu, vermehrt Kooperationen einzugehen, um auf diese Weise den Unternehmenserfolg zu steigern. Rückschläge haben bei dem Gründer zu der Einsicht geführt, dass die Beziehung zum Kooperationspartner von Beginn an „stimmen" muss, weil nur dann ein entsprechender Ressourceneinsatz gerechtfertigt ist. Somit kommt der Wahl des Kooperationspartners eine Schlüsselfunktion zu. Gegenwärtig beteiligt sich das Unternehmen an elf Kooperationen, darunter sind vier technologieorientierte Kooperationen und fünf Kundenkooperationen.

5.1.2 Gründer lebt Kooperationsorientierung vor

Die bereits auf Organisationsebene konstatierte innovationsorientierte Grundhaltung lässt sich auch bei dem Gründer selbst feststellen. Seine prägende Rolle für das gesamte Unternehmen wird durch die Funktion, die er in Bezug auf die Auswahl und Gestaltung von wichtigen Projekten einnimmt, deutlich. Wenn neue Kundenanforderungen an das Unternehmen herangetragen werden, stellt sich nach Darstellung des promovierten Physikers stets die Frage: *„Welche Teile der Kundenanforderung können wir mit unseren bisherigen Fähigkeiten erfüllen? In welchen Bereichen müssen wir unser Know-how gezielt ausbauen? Für welche Aufgaben brauchen wir Kooperationspartner?"* Der Kontakt zu letzteren kommt über verschiedene Wege zustande, wie bspw. Tagungen, gezielte Recherche nach geeigneten Partnern im Internet oder auch Empfehlungen von bisherigen Kooperationspartnern.

5.1.3 Professionalisierung und Lernen als Schlüssel zum Kooperationserfolg

Trotz der bereits vorhandenen Kooperationserfahrung und der daraus abgeleiteten Aktivitäten strebt der Gründer weiterhin eine deutlichere Professionalisierung und Institutionalisierung der organisationalen Kooperationsfähigkeit an: *„Ich möchte in Zukunft eine klarere Abgrenzung von Aufgaben und Zuständigkeiten in unserem Unternehmen realisieren, um auf diese Weise eine effiziente Kontrolle des tatsächlich Erreichten zu ermöglichen. Das gilt ausdrücklich auch für das Kooperationsmanagement."* Nach Meinung des Gründers werden damit bislang sporadisch durchgeführte Lernprozesse, die bereits im Unternehmen existieren, einen höheren Wirkungsgrad erreichen.

5.2 Unternehmen B

Unternehmen B wurde 1998 auf Basis einer innovativen Lasertechnologie, welche eine dreidimensionale Kennzeichnung von transparenten Werkstoffen ermöglicht, von zwei Partnern gegründet. Einer der beiden, ein Naturwissenschaftler, wurde nach kurzer Zeit ausbezahlt, so dass der verbleibende, heute 52-jährige Gründer alleiniger Geschäftsführer wurde und mit einjähriger Unterbrechung auch heute noch ist. Im Zuge einer krisenbedingten Restrukturierungsmaßnahme wurde die Anzahl der Mitarbeiter von knapp 40 auf zehn reduziert. Das Unternehmen ist mit seinen Produkten aus den Bereichen Software- und Lasertechnologie im B-2-B-Geschäft (industrielle Anwendungen u. a. im Bereich Konsumgüterproduktion und Automotive) tätig.

5.2.1 Kooperationen sind essentiell für die Unternehmensentwicklung

Einerseits hat der Gründer und heutige Geschäftsführer einen prägenden Einfluss auf das Unternehmen, da maßgebliche Entscheidungen, Kontakte zu externen Partnern und Kunden sowie das Vorgehen in Projekten, aber auch die allgemeinen Abläufe durch ihn bestimmt werden. Andererseits besitzen Kooperationen, insbesondere im Bereich F&E, eine sehr hohe strategische und wirtschaftliche Bedeutung für das Unternehmen, das primär bei der Entwicklung von Produktinnovationen auf die Zusammenarbeit mit externen Partnern angewiesen ist. Allein auf Basis der eigenen Ressourcen und Fähigkeiten wäre aus Sicht des Unternehmensgründers die Realisierung vieler Innovationsprojekte und ein daraus resultierendes, innovationsbasiertes Unternehmenswachstum nicht möglich. Gegenwärtig engagiert sich das Unternehmen daher in acht Kooperationen.

5.2.2 Gründer sucht nach Lösungen und strebt deren Durchsetzung an

Der Gründer des Unternehmens B zeichnet sich dadurch aus, dass er fortlaufend nach neuen Problemlösungen sucht sowie in der Folge gezielt Maßnahmen in seinem Unternehmen initiiert. Der Gründer betont in diesem Kontext die zentrale Bedeutung von persönlichen Beziehungen: „*Wenn ich ein Projekt angehe, dann suche ich stets Partner, die unser Wissen und unsere Fähigkeiten ergänzen können.*" Dabei helfen persönliche Kontakte zu Entscheidern in verschiedenen Branchen, um mögliche Kooperationspartner zu identifizieren und deren Leistungsbeiträge abzuschätzen. Dieses Vorgehen dominiert nicht nur die Gestaltung externer Beziehung, sondern lässt sich auch im Umgang mit den Mitarbeitern feststellen: „*Ich lege Wert darauf, Mitarbeiter in Entscheidungsprozesse einzubeziehen und dabei ihre Einschätzungen explizit zu berücksichtigen.*" Dass das Verfolgen neuer, innovativer Projekte sowohl innerhalb des Unternehmens als auch in Bezug auf externe Beziehungen mit Rückschlägen verbunden sein kann, ist dem Gründer dabei bewusst. Dennoch oder gerade deswegen sieht er es nach eigenem Bekunden als seine Aufgabe an, das Unternehmen auf derartige Rückschläge vorzubereiten und notwendige Veränderungen durchzusetzen.

5.2.3 Notwendigkeit zum Aufbau von Kooperationsfähigkeit erkannt

Der Gründer hat die Kooperationsfähigkeit als erfolgskritische Managementfähigkeit erkannt, sieht zugleich aber auch noch Handlungsbedarf bei der Etablierung dieser Fähigkeit in seinem Unternehmen. So berichtet er, dass im Vorfeld von Kooperationen zwar Informationen über potentielle Partner berücksichtigt werden, eine dezidierte Analyse und darauf aufbauende Formulierung partnerspezifischer Kooperationsziele jedoch unterbleibt. Im Verlauf einer inter-organisationalen Zusammenarbeit wird im Sinne einer gemeinsamen Wertschaffung mit dem Partner kommuniziert, allerdings wird im Gegensatz dazu die intra-organisationale Bewertung und ggf. Anpassung von beziehungsspezifischen Aktivitäten und Abläufen oftmals vernachlässigt. Der Gründer ist daher bemüht, in einem partizipativ ausgelegten Kooperationsmanagement bestimmte Routinen „vorzuleben" und damit auf seine Mitarbeiter zu übertragen. Darüber hinaus beabsichtigt er, den Fähigkeitsaufbau durch die Etablierung von Routinen und Verantwortlichkeiten voranzutreiben, um letztlich eine größere Unabhängigkeit des Unternehmens von seiner Person zu erreichen. In der Folge verspricht er sich von dieser Weiterentwicklung der Organisation zugleich eine verbesserte Wettbewerbsfähigkeit.

6 Vergleichende Analyse

6.1 Ähnliche Organisationen und unterschiedliche Humankapitalausstattung

Die hier betrachteten Unternehmen weisen trotz ihrer unterschiedlichen Entwicklungen bestimmte Gemeinsamkeiten auf. So zeichnen sich beide durch eine starke Innovationsorientierung und eine ebenso ausgeprägte Kooperationsaffinität aus, die sich nicht zuletzt aus der faktischen Notwendigkeit ergibt, kooperative Beziehungen eingehen zu müssen. Die Unternehmen weisen zum Zeitpunkt der Befragung ein vergleichbares Ausmaß an

Kooperationsfähigkeit auf. Sie verfügen ferner, wenn auch mit unterschiedlichen Schwerpunkten, über weitreichende Erfahrungen in Bezug auf die Zusammenarbeit mit externen Partnern. Darüber hinaus sind beide Unternehmen im Vergleich zu ihren Wettbewerbern überdurchschnittlich erfolgreich.

Klare Unterschiede lassen sich hingegen in Bezug auf die jeweilige Humankapitalausstattung der Gründer erkennen. So absolvierte der Gründer des Unternehmens B zunächst eine technische Ausbildung und sammelte anschließend umfangreiche Industrieerfahrung (14 Jahre). Vor dem aktuellen Unternehmen gründete er bereits sieben Unternehmen, an denen er zum Teil über viele Jahre hinweg beteiligt war.

Während der Gründer des Unternehmens B also eine umfangreiche Praxiserfahrung aufweisen kann, zeichnet sich der Gründer des Unternehmens A primär durch seine theoretische Erfahrung, ausgewiesen durch eine Promotion in Physik, aus. Neben dem Studium hat er zusammen mit einem Kommilitonen ebenfalls Gründungserfahrung sammeln können. Diese ist jedoch nicht mit der Anzahl der Gründungen und der Komplexität der teils stark technologieorientierten Unternehmen des Gründers von Unternehmen B zu vergleichen. Aufgrund seiner wissenschaftlichen Tätigkeit an einer Universität verfügt Gründer A über keine wesentliche Industrieerfahrung.

Somit zeigt sich, dass sich beide Gründer sowohl bezüglich ihrer formellen Bildung, als auch hinsichtlich ihrer Gründungs- und Industrieerfahrung deutlich voneinander unterscheiden. Der eingangs formulierte Zusammenhang zwischen der Humankapitalausstattung eines Gründers und der Entstehung der Kooperationsfähigkeit findet, zumindest für die hier betrachteten Fälle, keine Unterstützung. Trotz ihrer unterschiedlichen Humankapitalausstattung treiben beide Gründer den Aufbau von Kooperationsfähigkeit engagiert voran.

6.2 Beide Gründer zeigen „Innovation Championing"-Verhalten

Beide Gründer zeigen hinsichtlich ihres Verhaltens weitgehende Übereinstimmungen. Sie erkennen den Bedarf, die Ressourcenbasis ihres Unternehmens den jeweiligen aus der Branchendynamik resultierenden Anforderungen anzupassen, um die Unternehmens- und insbesondere die Innovationsziele zu erreichen und sehen in Kooperationen ein hierzu geeignetes Mittel. Ereignisse, die den Fähigkeitsaufbau ver- oder zumindest behindern könnten, scheinen keine nachhaltig negativen Effekte zu besitzen, stattdessen halten die Gründer an ihren Zielen fest und verfolgen diese kontinuierlich. Ebenso sind sie sich bewusst, dass eine Professionalisierung des Kooperationsmanagements notwendig ist. Dies ergibt sich zum einen aus der nachgewiesenen Erfolgswirkung organisationaler Kooperationsfähigkeit und zum anderen aus der Einsicht, dass Kooperationen langfristig auch unabhängig von der Person des Gründers geführt werden müssen. Daher arbeiten beide Unternehmer darauf hin, Routinen der Partnersuche, der Koordination und des kooperationsbezogenen Erfahrungslernens aufzubauen und damit eine organisationale Kooperationsfähigkeit in ihren Unternehmen zu etablieren.

7 Fazit und Implikationen

Der Aufbau von Kooperationsfähigkeit hilft (jungen) Unternehmen, den richtigen Kooperationspartner zu finden, laufende Kooperationsaktivitäten zu steuern und aus kooperationsbezogenen Erfahrungen systematisch zu lernen.

Anhand der Fallstudien können verschiedene Hinweise für den erfolgsorientierten Aufbau von Kooperationsfähigkeit innerhalb einer Organisation abgeleitet werden.[3] Entscheidend für die nachhaltige Etablierung und Nutzung der entsprechenden Managementroutinen scheint nicht, wie oftmals vermutet, das Humankapital des Gründers (bzw. der entsprechenden Führungskraft in einem großen Unternehmen), sondern dessen Verhalten (ICB) zu sein.

Ein Gründer, der sich durch ICB auszeichnet, erkennt offenbar die Notwendigkeit der Zusammenarbeit mit externen Partnern und initiiert diese. Unternehmenskooperationen stellen für ihn ein geeignetes Mittel zur Innovation dar. Darüber hinaus ist ihm bewusst, dass er hierzu in seiner eigenen Organisation eine Kooperationsfähigkeit aufbauen muss.

Da das Championing-Konzept seinen Ursprung in großen, etablierten Unternehmen hat, gehen wir davon aus, dass auch dort Personen, die sich durch ein derartiges Verhalten auszeichnen, gerade für den Aufbau von Kooperationsfähigkeit essentiell sind. Häufig werden in der Praxis explizit Kooperationsmanager ernannt. Bei der Auswahl dieser Manager ist es unserer Meinung nach zielführend, ein besonderes Augenmerk auf das Verhalten im Sinne des ICB potentieller Kandidaten zu legen, insbesondere dann, wenn entsprechende Funktionsbereiche (z. B. Kooperationsmanagementabteilungen) erst noch aufgebaut werden müssen.

Um den erfolgreichen Aufbau von Kooperationsfähigkeit in der Praxis zu ermöglichen, sollten diese besonderen Personen identifiziert und in geeigneter Weise in der Organisation eingesetzt werden. Das Sammeln von Erfahrungen sowie deren Verarbeitung und Verteilung innerhalb der Organisation ermöglicht darüber hinaus die kontinuierliche Modifikation der Kooperationsfähigkeit. Voraussetzung hierfür ist die Etablierung entsprechender Strukturen.

8 Zusammenfassung

In der empirisch-quantitativen Forschung ist die hohe Bedeutung organisationaler Kooperationsfähigkeit, die die gezielte Identifikation von Kooperationsmöglichkeiten sowie die effiziente Koordination von inter-organisationalen Beziehungen ermöglicht, vielfach nachgewiesen worden. Zugleich kann diese Fähigkeit durch kooperationsbezogenes Erfahrungslernen gezielt verbessert werden. Aus Sicht der Managementpraxis stellt sich

---

[3]Gleichzeitig veranschaulichen sie die Befunde verschiedener empirisch-quantitativer Untersuchungen, die im Rahmen des Forschungsprojekts durchgeführt wurden.

aufgrund der bislang stark limitierten Erkenntnisse hinsichtlich des Aufbaus einer solchen Fähigkeit die Frage, welche initiierenden Faktoren zu beachten sind. Dies betrifft insbesondere die Personenebene. Der vorliegende Beitrag veranschaulicht dies anhand von zwei in jungen technologieorientierten Unternehmen durchgeführten Fallstudien. Hiernach scheint erstens insbesondere das Verhalten des Gründers von zentraler Bedeutung zu sein, da dieser den Aufbau organisationaler Kooperationsfähigkeit bewusst vorantreiben muss. Dazu ist es erforderlich, mögliche Widerstände innerhalb der Organisation zu überwinden und die Unterstützung einer ausreichenden Zahl relevanter Organisationsmitglieder zu finden. Zweitens zeigt sich, dass das Humankapital des Gründers (bzw. von Führungskräften im Allgemeinen) offensichtlich weniger bedeutsam für die Aufbau einer organisationalen Fähigkeit ist.

Unsere Ergebnisse liefern somit wichtige Hinweise für die weitere Forschung zur Entwicklung organisationaler Fähigkeiten, indem initiierende Faktoren auf Personenebene identifiziert werden konnten. Darüber hinaus helfen sie Praktikern, die „Fitness" ihrer Organisation in einem dynamischen Wettbewerbsumfeld durch die Etablierung bzw. Modifikation bestimmter Managementroutinen und damit durch den Aufbau bzw. die Anpassung von organisationalen Fähigkeiten zu sichern.

Aufgaben

1. Was versteht man unter organisationaler Kooperationsfähigkeit?
2. Erläutern Sie, warum die Etablierung dieser Fähigkeit Unternehmen helfen kann, ihre Wettbewerbsfähigkeit nachhaltig zu verbessern. Gehen Sie dabei bitte auch auf den speziellen Fähigkeitstyp ein!
3. Welche Faktoren beeinflussen den Aufbau und die kontinuierliche Weiterentwicklung organisationaler Kooperationsfähigkeit und warum?
4. Identifizieren Sie Gemeinsamkeiten und Unterschiede der beiden hier vorgestellten Gründer in Bezug auf ihr allgemeines und spezifisches Humankapital sowie ihr Verhalten!

Weiterführend:

5. Recherchieren Sie mögliche Faktoren für den Erfolg junger technologieorientierter Unternehmen. Welche Rolle spielt dabei die Person des Unternehmensgründers?
6. In der Literatur wird dem Humankapital potentieller Gründer besondere Aufmerksamkeit geschenkt. Welche verschiedenen Humankapitalvariablen gibt es? Welche davon sind empirisch nachweislich förderlich für den Erfolg einer Unternehmensgründung? Warum ist die Betrachtung von Humankapitalvariablen jedoch auch kritisch zu sehen?
7. Welche Empfehlungen würden Sie angesichts der in der Fallstudie vorgestellten Erkenntnisse potentiellen Gründern geben?
8. Inwiefern können sich potentielle Gründer bereits im Vorfeld auf die Gründung eines Unternehmens vorbereiten?

Literatur

1. Bleeke J, Ernst D (1991) The way to win in cross-border alliances. Harv Bus Rev 69(6):127–135
2. Borys B, Jemison DB (1989) Hybrid Arrangements as strategic alliances: theoretical issues in organizational combinations. Acad Manage Rev 14(2):234–249
3. Cooper AC, Gimeno-Gascon FJ (1992) Entrepreneurs, processes of founding, and new firm performance. In: Sexton DL, Kasarda JD (Hrsg) The state of the art in entrepreneurship. PWS Kent Publishing, Boston, MA, S 301–340
4. Cooper AC, Gimeno-Gascon FJ, Woo CY (1994) Initial human and financial capital as predictors of new venture performance. J Bus Ventur 9(5):371–395
5. Man A-P de (2005) Alliance capability: a comparison of the alliance strength of European and American companies. European Management Journal 23(3):315–323
6. Eisenhardt K (1989) Building theories from case study research. Acad Manage Rev 14(4):532–550
7. Eisenhardt KM, Schoonhoven CB (1996) Resource-based view of strategic alliance formation: strategic and social effects in entrepreneurial firms. Organization Science 7(2):136–150
8. Gimeno J, Folta TB, Cooper AC, Woo CY (1997) Survival of the fittest? Entrepreneurial human capital and the persistence of underperforming firms. Adm Sci Q 42(4):750–783
9. Hamel G, Doz YL, Prahalad CK (1989) Collaborate with your competitors and win. Harv Bus Rev 67(1):133–139
10. Helfat CE, Peteraf MA (2003) The dynamic resource-based view: capability lifecycles. Strateg Manag J 24(10):997–1010
11. Howell JM, Higgins CA (1990) Champions of change: identifying, understanding, and supporting champions of technological innovations. Organizational Dynamics 19(1):40–55
12. Kale P, Singh H (2009) Managing strategic alliances: what do we know now, and where do we go from here? Academy of Management Perspectives 23(3):45–62
13. Kale P, Dyer JH, Singh H (2002) Alliance capability, stock market response, and long-term alliance success: the role of the alliance function. Strateg Manag J 23(8):747–767
14. Kandemir D, Yaprak A, Cavusgil ST (2006) Alliance orientation: conceptualization, measurement, and impact on market performance. J Acad Mark Sci 34(3):324–340
15. Levitt B, March JG (1988) Organizational learning. Annual Review of Sociology 14:319–340
16. Müller D (2009) Moderatoren und Mediatoren in Regressionen. In: Albers S, Klapper D, Konradt U, Walter A, Wolf J (Hrsg) Methodik der empirischen Forschung. Gabler, Wiesbaden, S 237–252
17. Nelson RR, Winter SG (1982) An evolutionary theory of economic change. The Belknap Press of Harvard University Press, Cambridge MA et al
18. Nonaka I (1994) A dynamic theory of organizational knowledge creation. Organization Science 5(1):14–37
19. Pfeffer J, Salancik GR (1978) The external control of organizations – a resource dependence perspective. Harper & Row, New York et al
20. Powell WW (1987) Hybrid organizational arrangements: new form or transitional development? Calif Manage Rev 30(1):67–87
21. Powell WW (1990) Neither market nor hierarchy: network forms of organization. Research in Organizational Behavior 12:295–336
22. Rasmus A (2012) Entstehung von Kooperationsfähigkeit – Eine theoretische und empirische Analyse am Beispiel junger technologieorientierter Unternehmen. Springer Gabler, Wiesbaden
23. Sarkar MB, Aulakh PS, Madhok A (2009) Process capabilities and value generation in alliance portfolios. Organization Science 20(3):583–600
24. Schilke OS (2009) Organisationale Einflussfaktoren des Allianzerfolgs – Eine empirische Analyse auf Basis des „resource-based view". Zeitschrift für Betriebswirtschaft 79(4):527–550

25. Schilke OS, Wirtz BW (2008) Allianzfähigkeit – Eine Analyse zur Operationalisierung und Erfolgswirkung im Kontext von F & E-Allianzen. Schmalenbachs Zeitschrift für betriebswirtschaftliche Forschung 60(5):479–516
26. Schreiner M, Kale P, Corsten D (2009) What really Is alliance management capability and how does it impact alliance outcomes and success? Strateg Manag J 30(13):1395–1419
27. Teece DJ (2007) Explicating Dynamic capabilities: the nature and microfoundations of (sustainable) enterprise performance. Strateg Manag J 28(13):1319–1350
28. Teece DJ, Pisano G, Shuen A (1997) Dynamic capabilities and strategic management. Strateg Manag J 18(7):509–533
29. Ucbasaran D, Westhead P, Wright M (2008) Opportunity identification and pursuit: does an entrepreneur's human capital matter? Small Bus Econ 30(2):153–173
30. Walter A, Auer M, Ritter T (2006) the impact of network capabilities and entrepreneurial orientation on university Spin-off performance. J Bus Ventur 21(4):541–567
31. Walter A, Parboteeah KP, Riesenhuber F, Högl M (2011) Championship behaviors and innovation success – an empirical investigation of university Spin-offs. Journal of Product Innovation Management 28(4):586–598
32. Winter SG (2000) The satisficing principle in capability learning. Strateg Manag J 21(10/11):981–996
33. Winter SG (2003) Understanding dynamic capabilities. Strateg Manag J 24(10):991–995
34. Yin RK (1981) The case study crisis: some answers. Adm Sci Q 26(1):58–65
35. Yin RK (2003) Case study research – design and methods. Sage Publications, Thousand Oaks et al

Multi-Channel-Vertrieb: Eine Erfolgsstrategie für privatwirtschaftliche Spin-outs

Nora Otte

Inhaltsverzeichnis

1	Einleitung	132
2	Theoretischer Rahmen	133
	2.1 Bestandsaufnahme der Forschung	133
	2.2 Theoretische Bezugspunkte	134
	2.2.1 Transaktionskostentheorie	135
	2.2.2 Ressourcenbasierter Ansatz	137
	2.2.3 Theorie-Integration	138
3	Multi-Channel-Systeme und junge Unternehmen	139
	3.1 Multi-Channel-Vertrieb als Erfolgsstrategie	139
	3.2 Multi-Channel-Systeme und Vertriebspartner	145
4	Fallstudie	146
	4.1 Methodik und Messung	146
	4.2 Die BioActive Food GmbH	146
	4.2.1 Geschäftsmodell und Entwicklung der BioActive Food GmbH	146
	4.2.2 Multi-Channel-System der BioActive Food GmbH	147
	4.3 Befunde der Fallstudie	147
	4.3.1 Ad P1: Spezifisch zu tätigende Investitionen und geringe Vertriebsexpertise	148
	4.3.2 Ad P2: Marktspezifische Transaktionskosten und indirekte Distribution	149
	4.3.3 Ad P3: Erhöhung des Bekanntheitsgrads	149
	4.3.4 Ad P4: Kundensegmentierung	149
	4.3.5 Ad P5: Doppelte Differenzierung	150
	4.3.6 Ad P6: Reduktion der Abhängigkeit	151
	4.3.7 Ad P7: Integration der Kunden	151
	4.3.8 Ad P8: Umsatzsteigerung	151
	4.3.9 Ad P9: Vertriebspartnerschaft	151

N. Otte (✉)
Institut für Betriebswirtschaftslehre, Christian-Albrechts-Universität Kiel,
Westring 425, 24118 Kiel, Deutschland
E-Mail: otte@bwl.uni-kiel.de

5　Implikationen 152
　　5.1　Implikationen für die Managementpraxis 152
　　5.2　Implikationen für die Forschung 153
Literatur 154

Überblick

Für junge, technologieorientierte Unternehmen ist der Vertrieb ihrer innovativen Produkte von größter Bedeutung, um langfristig in den von ihnen fokussierten Märkten zu überleben. Mittels der Ausgestaltung des Vertriebskanalsystems kann das Management eines jungen Unternehmens aktiv Einfluss auf den Absatzerfolg der Produkte und den Fortbestand des Unternehmens im Markt nehmen. Unter den möglichen Vertriebskanal-Designvarianten stellt insbesondere ein multiples Vertriebskanalsystem ein vielversprechendes Distributionsdesign dar, um das von jungen Unternehmen aufgrund ihrer „liability of newness" erhöhte Risiko zu scheitern zu reduzieren. In dem vorliegenden Beitrag wird aus Sicht eines privatwirtschaftlichen Spin-outs beschrieben, warum die Multi-Channel-Strategie als eine Erfolgsstrategie für junge Unternehmen anzusehen ist.

1　Einleitung

Der erfolgreiche Vertrieb ihrer innovativen Produkte ist für technologieorientierte Jungunternehmen von größter Relevanz, um langfristig in den von ihnen fokussierten Märkten zu überleben (vgl. [14; 27; 54]). Sehr häufig ist es jedoch zu beobachten, dass junge, technologiebasierte Unternehmen scheitern, da sie es aufgrund fehlender Vertriebsressourcen bzw. Vertriebsexpertise (vgl. [63], S. 28) nicht schaffen, ihre Produkte zu den Kunden zu bringen und somit den Kampf um Marktanteile gegen die Konkurrenz verlieren (vgl. [52], S. 16).

Vor dem Hintergrund, dass es für junge Unternehmen heutzutage immer schwieriger wird, sich mittels vertikaler Produktdifferenzierung von ihren Wettbewerbern unterscheidbar zu machen (vgl. [48], S. 7; [64], S. 139–140), kommt der Ausgestaltung des Vertriebskanalsystems als eine alternative Differenzierungsmöglichkeit immer größere Bedeutung zu (vgl. [48], S. 7), um den Preiswettbewerb zu entschärfen und den Kampf um die Gunst der Konsumenten (vgl. [26], S. 102) zu gewinnen. Für junge Unternehmen stellt insbesondere der simultane Einsatz von direkten und indirekten Absatzkanälen, ein so genanntes multiples Vertriebskanalsystem, ein geeignetes Instrument dar, das aufgrund ihrer „liability of newness" ([53], S. 148) erhöhte Risiko zu scheitern zu reduzieren. Somit ist die Multi-Channel-Strategie für junge Unternehmen als eine „Risikoreduzierungs"- ([50]) bzw. als eine Erfolgsstrategie anzusehen.

Oftmals bleibt der Einsatz eines multiplen Distributionskanalsystems jungen Unternehmen jedoch aufgrund ihrer Ressourcenknappheit und geringen Legitimität im Markt verwehrt (vgl. [49], S. 149; [66], S. 414). Eine Partnerschaft mit einem in Vertriebsfragen etablierten Unternehmen kann jedoch einem jungen Unternehmen zu einem multiplen Vertriebskanalsystem verhelfen bzw. dessen Aufbau beschleunigen.

In dieser Studie werden Einflussfaktoren untersucht, die ein multiples Vertriebskanalsystem zu einer Erfolgsstrategie für ein junges, privatwirtschaftliches Spin-out machen. Hierbei werden Faktoren untersucht, die das Mortalitätsrisiko eines jungen Unternehmens senken und das Umsatzwachstum fördern können. Im Kap. 2 wird der diesem Beitrag zugrunde liegende theoretische Rahmen vorgestellt, der Motive für direkte und indirekte Distribution im multiplen Vertriebskanalsystem eines privatwirtschaftlichen Spin-outs darstellt. Vor diesem Hintergrund werden die Propositionen literaturtheoretisch hergeleitet. Im Anschluss wird die ausgewählte Fallstudie auf Basis der theoretischen Grundlagen und der zuvor entwickelten Propositionen analysiert.

Mit dieser Studie werden folgende Beiträge geleistet: Für die Gründungsforschung wird gezeigt, dass Jungunternehmen der Einsatz eines multiplen Vertriebskanalsystems zu empfehlen ist, da durch eine Multi-Channel-Strategie die „liability of newness" ([53], S. 148) konterkariert werden kann. Es wird ferner gezeigt, dass eine Vertriebspartnerschaft mit einem etablierten Unternehmen den Aufbau eines Multi-Channel-Systems beschleunigen kann. In diesem Beitrag wird darüber hinaus erstmalig untersucht, ob durch die Synthese von transaktionskosten- und ressourcentheoretischen Überlegungen das Design des multiplen Vertriebskanalsystems eines jungen, privatwirtschaftlichen Spin-outs bestimmt werden kann. Die Fallstudie ergibt, dass durch die Integration von transaktions- und ressourcenbasierten Faktoren das Vertriebskanaldesign eines privatwirtschaftlichen Spin-outs erklärt werden kann, wenn auch nicht ausschließlich.

2 Theoretischer Rahmen

2.1 Bestandsaufnahme der Forschung

In der Multi-Channel-Forschung ist Brettel et al.'s [13] Beitrag die erste Studie, die explizit für junge, noch nicht im Markt etablierte Unternehmen untersucht, welche Faktoren die Ausgestaltung eines multiplen Vertriebskanalsystems beeinflussen können. Bei ihrer Analyse stützen sich Brettel et al. [13] auf transaktionskostentheoretische, produktspezifische und wettbewerbsstrategische Überlegungen. Brettel et al.'s [13] Analyse basiert auf einer Befragung von 330 deutschen Unternehmen, die bis zu zwölf Jahre alt sind und aus der verarbeitenden und der Dienstleistungsindustrie stammen. In ihrer Studie konnten Brettel et al. [13] insgesamt neun Faktoren identifizieren, die den Anteil der direkten bzw. indirekten Distribution in den Multi-Channel-Systemen der in ihrer Stichprobe enthaltenen jungen Unternehmen erklären konnten.

Bei direkten Absatzkanälen verkaufen junge, technologieorientierte Unternehmen ihre innovativen Produkte direkt an den Endkunden, während bei indirekten Distributionskanälen mindestens noch ein Absatzmittler als weitere Distributionsstufe zwischengeschaltet ist (vgl. [63], S. 24–25). Absatzmittler sind „rechtlich selbstständige Unternehmen, [...] die beim indirekten Vertrieb zwischen Hersteller und Endabnehmer eingeschaltet sind" ([63], S. 26).

In Brettel et al.'s [13] Studie haben von den durch die Transaktionskostentheorie motivierten erklärenden Variablen 1) die spezifisch für eine Transaktion zu tätigenden Investitionen, 2) die Unsicherheit über die für die Herstellung des zu transferierenden Produkts benötigte Technologie und 3) die Unsicherheit über die Performance der einzelnen Vertriebskanäle eine signifikant negative Wirkung auf den Anteil der indirekten Distribution im Vertriebskanalsystem von Jungunternehmen. Bei den produktspezifischen Faktoren ist hervorzuheben, dass in Brettel et al.'s [13] Studie der Anteil der indirekten Distributionskanäle in Multi-Channel-Systemen von jungen Unternehmen sinkt, wenn für die Entwicklung und Weiterentwicklung der innovativen Produkte die Interaktion mit den Kunden erforderlich ist. Darüber hinaus fanden Brettel et al. [13] anhand ihrer Stichprobe heraus, dass Unternehmen den Anteil der indirekten Distribution in ihrem Vertriebskanalsystem reduzieren werden, um sich mittels einer besseren Kundenbetreuung von ihren Konkurrenten abzuheben. Brettel et al. ([13], S. 696) zeigen ferner, dass die jüngsten der bis zu zwölf Jahre alten Unternehmen über einen höheren Anteil direkter Distributionskanäle verfügen als die älteren. Es bleibt festzuhalten, dass in Brettel et al.'s [13] Studie mithilfe der Transaktionskostentheorie das Design eines Multi-Channel-Systems eines Jungunternehmens allein nicht erklärt werden kann. Vielmehr sind weitere Faktoren, insbesondere produktspezifische, wettbewerbsstrategische und unternehmensspezifische Faktoren, zu berücksichtigen.

2.2 Theoretische Bezugspunkte

Im Gegensatz zu Brettel et al.'s [13] Studie folgt der theoretische Rahmen dieses Beitrags der seit kurzem in der Forschung, insbesondere der strategischen Outsourcing-Forschung, vorgenommenen Integration von transaktionskostentheoretischen und ressourcenbasierten Überlegungen (z. B. [34; 39; 40]). Ursächlich für die vorgenommene Synthese der Transaktionskosten- und der ressourcenbasierten Theorie zu einer neuen Kerntheorie des strategischen Managements ist der Befund, dass unter Berücksichtigung von nur einer der beiden Theorien, die Auslagerung von Produktionsstufen oder Unternehmensaufgaben an externe Unternehmen im In- und Ausland nicht vollständig erklärt werden kann (vgl. [20; 34; 35; 39]).

In diesem Beitrag wird erstmalig untersucht, ob durch die Synthese von transaktionskosten- und ressourcentheoretischen Überlegungen der Grad der direkten bzw. indirekten Distribution im Multi-Channel-System eines jungen, privatwirtschaftlichen Spin-outs erklärt werden kann. Unter einem privatwirtschaftlichen Spin-out wird im

Folgenden in Anlehnung an Agarwal et al. ([3], S. 501) ein Unternehmen verstanden, das 1) von einem Mitarbeiter bzw. Mitarbeitern eines etablierten, privatwirtschaftlichen Unternehmens gegründet wurde, 2) eine wirtschaftlich selbstständige Organisation ist und 3) an dem das etablierte Unternehmen, die Mutterorganisation, kapitalmäßig nicht beteiligt ist.

2.2.1 Transaktionskostentheorie

Die Transaktionskostentheorie hat ihren Ursprung in Coase [16] und wurde von Oliver Williamson [58; 60; 62] entscheidend weiterentwickelt. Transaktionen finden statt, „wenn ein Produkt oder eine Dienstleistung über eine technologisch separierbare Schnittstelle transferiert wird" ([61], S. 58). Transaktionen können hierarchisch oder über den Markt koordiniert werden. Bei der hierarchischen Transaktionsform wird ein Unternehmen ein bestimmtes Produkt oder eine Dienstleistung unternehmensintern produzieren, während bei einer Markttransaktion das Unternehmen das Produkt oder die Dienstleistungen von anderen im Markt ansässigen Unternehmen käuflich erwirbt. Dies bedeutet, dass „behind the facade of the market lies another firm" ([35], S. 398) und „market exchange mostly amounts to exchange between firms" ([39], S. 537).

Die Transaktionskostentheorie fokussiert den Vergleich der Effizienz der Hierarchie und des Marktes als Koordinationsmechanismen von Transaktionen (vgl. [58]). Gemäß der Transaktionskostentheorie ist das institutionelle Arrangement zu wählen, bei dem die Transaktionskosten minimiert werden. Sind die marktspezifischen Transaktionskosten größer als die hierarchischen, sollte ein Produkt unternehmensintern produziert und nicht käuflich erworben werden. Im Distributionskanal-Kontext dieses Beitrags ist die hierarchische Koordination der Vertriebsfunktion mit der Wahl direkter Distributionskanäle gleichzusetzen, während die Koordination der Vertriebsfunktion über den Markt der Wahl von indirekten Distributionskanälen gleichkommt.

Transaktionskosten sind Kosten, die mit der Vorbereitung, Abwicklung und Durchsetzung einer Transaktion im Markt und der Hierarchie verbunden sind ([41], S. 539). Bestandteil der marktspezifischen Transaktionskosten sind unter anderem Verhandlungs- und Entscheidungskosten, Vertragsabschluss- und Vertragsmonitoringkosten (vgl. [41], S. 126). Die durch die zunehmende Unternehmensgröße anfallenden Verwaltungskosten sind hingegen wesentlicher Bestandteil der hierarchischen Transaktionskosten.

Gemäß der Transaktionskostentheorie bestimmen Transaktionsattribute, zu denen die Spezifität der für eine Transaktion zu tätigenden Investitionen, die Unsicherheit und die Häufigkeit der Transaktion zählen, die Höhe der Transaktionskosten (vgl. [58; 60; 61]). Investitionen sind spezifisch, wenn sie nicht oder nur eingeschränkt für die Abwicklung von alternativen Transaktionen genutzt werden können (vgl. [61], S. 59). In der wirtschaftswissenschaftlichen Literatur wird zwischen mindestens den folgenden drei verschiedenen spezifischen Investitionsarten unterschieden: der Standort-, der Sachkapital- und der Humankapitalspezifität (vgl. [59], S. 555; [61], S. 60).

Transaktionen, für die spezifische Investitionen zu tätigen sind, begünstigen opportunistisches Verhalten des Transaktionspartners und machen eine unternehmensinterne

Durchführung der Transaktion wahrscheinlicher. Unter Opportunismus wird „a lack of candor or honesty in transactions to include self-interest seeking with guile" ([58], S. 9) verstanden. Opportunistisches Verhalten und begrenzte Rationalität sind die zentralen Annahmen der Transaktionskostentheorie zu den wirtschaftlichen Akteuren. Unter begrenzter Rationalität wird ein „intendedly rational, but only limited so" ([51], S. xxiv) Verhalten der Wirtschaftsakteure verstanden. Vor dem Hintergrund, dass zur Beschaffung von Informationen Kosten aufgewendet werden müssen, verfügen begrenzt rationale Individuen nicht über alle Informationen, die benötigt würden, um vollständige Verträge, das heißt Verträge, in denen alle Eventualitäten ex-ante schriftlich festgehalten sind, abzuschließen (vgl. [24], S. 3075; [41], S. 93; [61], S. 6). Für die Existenz von marktspezifischen Transaktionskosten sind somit sich opportunistisch verhaltende, begrenzt rationale Individuen verantwortlich (vgl. [61], S. 12). Das Eingehen von vertraglichen Beziehungen ist daher inhärent für alle beteiligten Transaktionspartner mit einem Risiko verbunden.

Im Distributionskanalkontext dieses Beitrags wird die Abhängigkeit eines produzierenden Jungunternehmens von den Absatzmittlern erhöht, wenn letztere für den Vertrieb der innovativen Produkte spezifische Investitionen zu tätigen haben. Stellt beispielsweise ein Absatzmittler Fachpersonal ein, um die Kunden beim Kauf der erklärungsbedürftigen Produkte des Jungunternehmens beraten zu können, wird es für ein junges, ressourcenarmes Unternehmen immer schwieriger, die Zusammenarbeit mit dem Absatzmittler zu beenden. Ursächlich hierfür ist, dass bei einer Beendigung der Vertragsbeziehungen das junge Unternehmen qualifiziertes Personal selbst einstellen und einarbeiten müsste, um eine gute Betreuung und Beratung seiner Kunden weiterhin zu gewährleisten (vgl. [13], S. 687). Aufgrund seiner knappen finanziellen Ressourcenausstattung könnte das junge Unternehmen somit wirtschaftlich erheblich geschwächt werden.

Durch die verstärkte Abhängigkeit eines jungen Unternehmens wird opportunistisches Verhalten seitens der Absatzmittler wahrscheinlicher. Ein junges Unternehmen wird bei sich opportunistisch verhaltenden Transaktionspartnern die Einhaltung der vertraglich zugesicherten Leistungen in erhöhtem Maße überwachen müssen. Aufgrund der zunehmenden Vertragsmonitoringkosten steigt die Wahrscheinlichkeit, dass ein junges, technologieorientiertes Unternehmen seine Produkte mittels direkter Vertriebskanäle vertreibt.

Bei der mit einer Transaktion einhergehenden Unsicherheit wird insbesondere zwischen der „volume uncertainty" und der „technological uncertainty" unterschieden (vgl. [56], S. 376). Die „volume uncertainty" ist hoch, wenn ein junges Unternehmen die zukünftige Nachfrage nach seinen Produkten nur schwer einschätzen kann (vgl. [56], S. 376). Die „technological uncertainty" bezieht sich auf die Schwierigkeit für ein junges Unternehmen, die zukünftige Höhe und die Art der für die Forschung und Entwicklung der Produkte benötigten Ressourcen abzuschätzen. Ursächlich für eine hohe „technological uncertainty" ist beispielsweise der durch den Einsatz von Basisinnovationen induzierte technologische Wandel in künftigen Zeitperioden (vgl. [13], S. 687; [56], S. 376).

Neben dem Markt und der Hierarchie können auch Hybride dieser beiden institutionellen Arrangements entstehen, zu denen beispielsweise Equity Joint Ventures zu zählen sind. Beim Equity Joint Venture handelt es sich um ein rechtlich selbstständiges Unternehmen, das durch zwei oder mehrere Partner mit Kapitalbeteiligung gegründet wird (vgl. [21]; [32], S. 361–362). Gemäß der Transaktionskostentheorie entstehen Equity Joint Ventures, um einerseits die marktspezifischen Transaktionskosten und anderseits die rein in der Hierarchie anfallenden Transaktionskosten zu minimieren. Die marktspezifischen Transaktionskosten werden in einem Equity Joint Venture, das auch als „integration alliance" ([15], S. 2) bezeichnet wird, gesenkt, da durch die Kapitalbeteiligung und somit die Aufteilung des unternehmerischen Risikos opportunistisches Verhalten der Partner unwahrscheinlicher wird (vgl. [1], S. 1212).

2.2.2 Ressourcenbasierter Ansatz

Im Verständnis des ressourcenbasierten Ansatzes, der seine Wurzeln in Penrose [44] hat und von Barney [7] weiterentwickelt wurde, sind Unternehmen einzigartige Bündel von Ressourcen und zeichnen sich durch ein bestimmtes Stärke-Schwäche-Profil aus (vgl. [7]). Aufgrund der im ressourcenbasierten Ansatz angenommenen Immobilität von Ressourcen werden Ressourcenportfolios von Unternehmen in einer Industrie langfristig heterogen sein (vgl. [7], S. 101). Ressourcen können physischer, organisationaler, finanzieller, humankapitalbezogener sowie technologischer Art sein (vgl. [7], S. 101). Im Gegensatz zur Transaktionskostentheorie fokussiert der ressourcenbasierte Ansatz Ressourcenattribute anstatt von Transaktionsattributen (vgl. [39], S. 540). Damit die Ressourcen eines Unternehmens einen nachhaltigen Wettbewerbsvorteil generieren können und somit strategischen Charakter aufweisen, müssen sie folgende Eigenschaften aufweisen: Sie müssen wertvoll, selten, schwierig zu imitieren und nicht durch andere Ressourcen zu substituieren sein (vgl. [7], S. 105–106). Eine Ressource eines Unternehmens ist wertvoll, wenn sie zur Effizienz- und Performance-Steigerung des Unternehmens beiträgt (vgl. [7], S. 106); eine Ressource ist selten, wenn sie im Besitz einer nur geringen Anzahl von Unternehmen im Markt ist (vgl. [7], S. 106) und sie ist schwierig zu imitieren, wenn Unternehmen, die nicht im Besitz dieser Ressource sind, sich die Ressource nicht beschaffen können (vgl. [7], S. 107).

Im Rahmen des ressourcenbasierten Ansatzes kann die Herstellung von Produkten und Dienstleistungen, für die einem Unternehmen relativ zu den anderen im Markt ansässigen Unternehmen die Ressourcen fehlen, an spezialisierte Unternehmen ausgelagert und somit käuflich erworben werden (vgl. [34], S. 467; [40], S. 47). Durch die Auslagerung der Produktion wird das unternehmensinterne Ressourcenset durch eine unternehmensexterne, aber für den Erfolg entscheidende Kernressource ergänzt (vgl. [40], S. 47). Im Rahmen des Distributionskanalkontextes dieses Beitrags wird ein junges in Vertriebsfragen unerfahrenes Unternehmen Absatzmittler mit der Ausführung der Vertriebsfunktion beauftragen, wenn es relativ zu den Absatzmittlern über eine geringere Vertriebsexpertise verfügt.

Der Zugang zu einer strategischen, in einem Unternehmensportfolio fehlenden Ressource kann aber auch mittels der Bildung eines Equity Joint Ventures bzw. einer strategischen Partnerschaft erlangt werden. Die geringe Vertriebsfertigkeit eines neu in einen Markt eingetretenen technologieorientierten, privatwirtschaftlichen Spin-outs kann beispielsweise durch die Aufnahme einer Partnerschaft mit einem in Vertriebsfragen spezialisierten Unternehmen ausgeglichen werden (vgl. [19], S. 136; [40], S. 47). Die durch den Vertriebspartner erbrachte Vertriebsfunktion ergänzt das Ressourcenportfolio des Jungunternehmens um die fehlende Vertriebsexpertise (vgl. [39], S. 545). Durch das Pooling des Stärke-Schwäche-Profils des Vertriebspartners mit dem des jungen Unternehmens wird die Entstehung von Synergieeffekten und Wettbewerbsvorteilen begünstigt (vgl. [21]) und somit das Mortalitätsrisiko eines gerade in einen Markt eingetretenen Spin-outs gesenkt.

Es bleibt festzuhalten, dass in der Transaktionskostentheorie der Vergleich der in der Hierarchie und dem Markt anfallenden Transaktionskosten ausschlaggebend dafür ist, ob ein Produkt dirckt oder indirekt vertrieben wird. Im ressourcenbasierten Ansatz entscheidet hingegen der Vergleich der unternehmensspezifischen Ressourcenausstattung und somit der relative Spezialisierungsvorteil über den Grad der indirekten Distribution im multiplen Vertriebskanalsystem von jungen Unternehmen. Dies bedeutet, dass sowohl die Transaktionskostentheorie und der ressourcenbasierte Ansatz, die „make or buy" ([20], S. 149) Entscheidung von jungen Unternehmen theoretisch erklären können. Die Transaktionskosten- und die ressourcenbasierte Theorie sind daher als zwei komplementäre Theorien anzusehen. Aus diesem Grund sollte es durch die Integration von transaktionskosten- und ressourcentheoretischen Überlegungen möglich sein, den Anteil direkter bzw. indirekter Distribution in Multi-Channel-Systemen von Jungunternehmen besser bzw. umfassender zu erklären als mit nur einer der beiden Theorien.

2.2.3 Theorie-Integration

Gemäß der obigen Ausführungen haben sowohl Transaktionskosten als auch das relative Stärke-Schwäche-Profil eines Unternehmens das Potential, den Grad der direkten bzw. indirekten Distribution im multiplen Vertriebskanalsystem von Unternehmen zu erklären. Selbst Williamson als einer der Hauptvertreter der transaktionskostenbasierten Sichtweise räumt ein, dass die Transaktionskostentheorie und der ressourcenbasierte Ansatz sich mit überschneidenden Phänomenen beschäftigen, und oft in komplementären Handlungsempfehlungen resultieren (vgl. [62], S. 1098). Aus diesem Grund sollte das Zusammenspiel von transaktionskosten- und ressourcentheoretisch motivierten Faktoren den Anteil direkter bzw. indirekter Distribution in den Multi-Channel-Systemen von jungen, privatwirtschaftlichen Spin-outs erklären können.

▶ **Proposition 1** Eine geringe Spezifität der für eine Transaktion zu tätigenden Investitionen und eine relativ zum Markt geringe Vertriebsexpertise erhöhen den Anteil indirekter Vertriebskanäle im multiplen Vertriebskanalsystem eines jungen Unternehmens.

Gemäß Jacobides und Winter ([35], S. 402) sind Transaktionskosten in der kurzen Frist exogen gegeben und konstant. Die Höhe der marktspezifischen Transaktionskosten ist von Bedeutung, wenn Unternehmen in einer Industrie über Kernkompetenzen verfügen und aufgrund ihrer Spezialisierung auf die Ergänzung ihres Ressourcensets durch unternehmensexterne Ressourcen angewiesen sind. Markttransaktionen werden nur dann präferiert, wenn die marktspezifischen Transaktionskosten, die laut Jacobides und Winter ([35], S. 398–399) einer Steuer für die Nutzung des Marktes gleichkommen, durch den Handelsgewinn, der durch den Austausch der spezifischen Produkte und Dienstleistungen entsteht, mindestens kompensiert werden. Die von den Stärke-Schwäche-Profilen der Unternehmen ausgehende Präferenz für Markttransaktionen wird somit durch die Höhe der marktspezifischen Transaktionskosten negativ moderiert (vgl. [35], S. 399). Aus diesem Grund wird ein privatwirtschaftliches Spin-out, das über geringe Vertriebskenntnisse verfügt, nur dann Absatzmittler mit dem Vertrieb seiner Produkte beauftragen, wenn der Zugewinn durch die Auslagerung eines Teils der Vertriebsfunktionen den Verlust, der durch die marktspezifischen Transaktionskosten entsteht, zumindest kompensiert (vgl. [35], S. 399).

Im Gegensatz zu der statischen Betrachtung sind in der dynamischen Betrachtung die marktspezifischen und hierarchischen Transaktionskosten endogen, da langfristig Unternehmen in einer Industrie versuchen werden, aktiv die institutionellen Arrangements zu ihrem Vorteil zu gestalten (vgl. [35], S. 402). Damit Unternehmen in einer Industrie jedoch Einfluss auf die marktspezifischen Transaktionskosten nehmen können, müssen sie über Marktmacht sowie die nötigen finanziellen Ressourcen verfügen. Zur Beeinflussung der unternehmensinternen Transaktionskosten ist unternehmerische Expertise von Nöten, die von den Managern eines Unternehmens nur langfristig aufgebaut werden kann. Aufgrund der Neuheit des im empirischen Teil analysierten privatwirtschaftlichen Spin-outs im Markt wird in diesem Beitrag die statische Sichtweise angewandt.

▶ **Proposition 2** Marktspezifische Transaktionskosten moderieren die positiven Wirkungen indirekter Distribution in multiplen Vertriebskanalsystemen von jungen Unternehmen negativ.

3 Multi-Channel-Systeme und junge Unternehmen

3.1 Multi-Channel-Vertrieb als Erfolgsstrategie

Im Fokus der Multi-Channel-Forschung standen bisher schwerpunktmäßig etablierte Unternehmen (z. B. [26; 31; 33; 63; 65]). Junge, noch nicht im Markt etablierte Unternehmen wurden hingegen in der Multi-Channel-Forschung bisher weitgehend vernachlässigt (vgl. [13]). So gibt es zum jetzigen Zeitpunkt keine Studien, die die Vorteile eines Multi-Channel-Systems explizit für junge Unternehmen empirisch validieren. Dieser Beitrag adressiert diese Forschungslücke qualitativ und zeigt auf, warum die Multi-Channel-Strategie als eine Erfolgsstrategie für junge Unternehmen anzusehen ist.

Shepherd und Zacharakis ([49], S. 160) haben gezeigt, dass Konsumenten bevorzugt bei Unternehmen kaufen, die ihnen bekannt und über deren Produkte sie hinreichend informiert sind. Aus Konsumentensicht bewirkt ein hoher Informations- bzw. Bekanntheitsgrad eine Reduktion der Unsicherheit über das Unternehmen und die Eigenschaften der von ihm produzierten, innovativen Produkte (vgl. [35], S. 151; [50], S. 397). Die Kaufentscheidung der Konsumenten ist somit abhängig von der „cognitive legitimacy" ([4], S. 648) eines Unternehmens. Unter „cognitive legitimacy" wird das in einem Markt verfügbare Wissen über das Unternehmen an sich, seine Produkte und sein Management verstanden (vgl. [35], S. 648). Eine hohe „cognitive legitimacy" ist gleichbedeutend mit einem hohen Bekanntheitsgrad des Unternehmens, seiner Produkte und seines Managementteams im Markt.

Junge Unternehmen und ihre Produkte sind aufgrund ihrer Neuheit im Markt nur wenigen Konsumenten bekannt. Konsumenten werden sich aufgrund der geringen „cognitive liability" und der mit ihr einhergehenden Unsicherheit in der Regel gegen den Kauf der Produkte eines jungen Unternehmens zugunsten der Produkte eines etablierten Unternehmens entscheiden und dadurch das Mortalitätsrisiko des Jungunternehmens erhöhen (vgl. [45], S. 302; [49], S. 397–398; [50], S. 397). Die „cognitive legitimacy" ist daher als eine strategisch wichtige Ressource für den Erfolg eines jungen Unternehmens anzusehen (vgl. [53], S. 161; [66], S. 414). Das Ergreifen von Maßnahmen zur Erhöhung des Bekanntheitsgrades der Firma und der Produkte sollte daher oberste Priorität für junge, noch nicht im Markt etablierte Unternehmen haben.

Der Einsatz eines multiples Vertriebskanalsystems stellt eine Möglichkeit für junge Unternehmen dar, das über sie und ihre Produkte im Markt verfügbare Wissen zu erhöhen und somit die Nachfrage nach ihren Produkten zu stimulieren (vgl. [2], S. 1027; [31], S. 68; [36]; [63], S. 72). Ursächlich für diese Annahme ist, dass durch ein multiples Vertriebssystem, insbesondere durch die Intermediation der Absatzmittler, die Werbeausgaben für das junge Unternehmen und seine innovativen Produkte erhöht werden. Durch die im Vergleich zu einem einzelnen Vertriebskanal relativ höheren Werbeausgaben kann die Aufmerksamkeit der Konsumenten besser und zielgerichteter auf das junge Unternehmen und seine innovativen Produkte gelenkt werden. Die Höhe der Werbeausgaben kann von den Konsumenten zusätzlich als ein Qualitätssignal wahrgenommen werden (vgl. [8], S. 8). Insbesondere bei Erfahrungsgütern, wie z. B. Nahrungsergänzungsmittel, deren Qualität erst nach dem Konsum offenbar wird, ist das mittels Werbeausgaben induzierte Qualitätssignal von großer Bedeutung, um die Unsicherheit der Konsumenten über die Eigenschaften des Gutes zu reduzieren. Die Multi-Channel-Strategie ist somit nach Shepherd und Zacharakis ([49], S. 403) eine „Risikoreduzierungsstrategie" bzw. im Sinne von Aldrich und Fiol ([4], S. 646) eine „cognitive legitimacy" generierende Strategie.

▶ **Proposition 3** Durch den Einsatz eines multiplen Vertriebskanalsystems wird der Bekanntheitsgrad eines jungen Unternehmens und seiner Produkte im Markt erhöht.

Konsumenten unterscheiden sich in ihrem Kaufverhalten bzw. der Distributionskanalwahl zum Erwerb eines Produkts. Mithilfe eines multiplen Vertriebskanalsystems können junge Unternehmen sich die Heterogenität im Kaufverhalten der Konsumenten zu Nutze machen, indem sie den von ihnen fokussierten Markt in Konsumentengruppen aufteilen (vgl. [65], S. 293), die hinsichtlich des von ihnen präferierten Vertriebskanals in sich möglichst homogen und untereinander möglichst heterogen sind (vgl. [24], S. 2070). Durch die Vielfalt an Distributionskanälen in einem Multi-Channel-System kann 1) das Management eines jungen Unternehmens die einzelnen Kundensegmente gezielter, aber auch individueller ansprechen und über die Eigenschaften der Produkte informieren (vgl. [63], S. 3) und 2) der Konsument den Vertriebskanal wählen, der seinen Nutzen maximiert bzw. seine „Shopping-Kosten" ([10], S. 352) minimiert (vgl. [6], S. 14; [37]; [42], S. 1644). Der durch die Wahl eines Distributionskanals erzielte Nutzen kann erhöht werden, wenn durch die Informationspolitik des gewählten Vertriebskanals die Unsicherheit des Konsumenten über die Produkteigenschaften in Abhängigkeit seiner spezifischen Risikoaversion reduziert wird (vgl. [42], S. 1645–1646). Die „Shopping-Kosten" setzen sich gemäß Bell et al. [10] aus einem fixen und einem variablen Kostenanteil zusammen. Die Fixkosten sind produktunabhängig und umfassen unter anderem die Transportkosten, das heißt Kosten, die einem Konsumenten durch das Aufsuchen eines Verkaufsorts entstehen. Zu den variablen Kosten zählen die Preise, zu denen die Produkte in den einzelnen Vertriebskanälen angeboten werden (vgl. [10], S. 352–354).

Vor dem Hintergrund, dass die potentiellen Kunden eines jungen Unternehmens vom Kauf der Produkte absehen können, wenn diese nicht über einen bestimmten Kanal, z. B. einen Onlineshop, vertrieben werden (vgl. [17], S. 72), kann durch die Anwendung eines Multi-Channel-Systems die Neukundengewinnung gefördert und somit die Nachfrage nach den Produkten des jungen Unternehmens erhöht werden.

▶ **Proposition 4** Durch ein Multi-Channel-System kann ein junges Unternehmen verschiedene Kundensegmente gezielter und individueller ansprechen und die Nachfrage nach seinen Produkten erhöhen.

Für Unternehmen wird es heutzutage immer schwieriger, sich mittels vertikaler Produktdifferenzierung von der Konkurrenz unterscheidbar zu machen (vgl. [48], S. 7; [64], S. 130–140). Ursächlich hierfür ist, dass Produkte und Produkteigenschaften in immer kürzeren Zeitabständen imitiert und verbessert werden können aufgrund der weltweiten Partizipation von Unternehmen im Innovationswettbewerb (vgl. [48], S. 7). In der wirtschaftswissenschaftlichen Literatur wird von vertikaler Produktdifferenzierung gesprochen, wenn die Produkte in einem Markt in unterschiedlichen Qualitäten angeboten werden und innerhalb der Konsumenten Einigkeit besteht, welches der verfügbaren Produkte das qualitativ hochwertigere ist (vgl. [45], S. 249–250). Mittels vertikaler Produktdifferenzierung können Unternehmen den Preiswettbewerb entschärfen ([11], S. 177) und einen Preis für ihre Produkte setzen, der oberhalb der Grenzkosten liegt.

Aufgrund der zunehmenden Kurzlebigkeit von Qualitätsführerschaften kommt einem Multi-Channel-System als eine alternative Differenzierungsstrategie immer größere Bedeutung zu (vgl. [48], S. 7), um den Preiswettbewerb abzuschwächen und den Wettbewerb um die Gunst der Konsumenten zu gewinnen (vgl. [26], S. 102). Durch ein Multi-Channel-System kann den Kunden ein höherer Gesamtnutzen geboten werden als mit nur einem einzigen Vertriebskanal (vgl. [31], S. 8), da 1) Kundensegmente individueller über die Produkte und deren Eigenschaften informiert werden können (vgl. [65], S. 293) und 2) den Kunden eine Vielzahl an Kontaktpunkten angeboten wird und somit dem Wunsch der „multioptionalen Kunden" ([31], S. 3) entsprochen werden kann, auf verschiedenen Wegen mit einem Unternehmen in Kontakt zu treten. Durch den Einsatz eines Multi-Channel-Systems wird das junge Unternehmen somit kundenorientierter. Neben der Differenzierung über die Qualität seiner Produkte kann sich ein junges Unternehmen durch den Einsatz eines multiplen Vertriebskanalsystems auch mithilfe der erzielten, höheren Kundenzufriedenheit von der Konkurrenz differenzieren.

▶ **Proposition 5** Neben der vertikalen Differenzierung der Produkte kann ein junges Unternehmen durch ein Multi-Channel-System sich mittels der erzielten höheren Kundenzufriedenheit zusätzlich von der Konkurrenz unterscheidbar machen (doppelte Differenzierung).

Oftmals wird der Beitrag eines einzelnen Vertriebskanals am Umsatz bzw. Umsatzwachstum dem Management eines jungen Unternehmens erst im Nachhinein bekannt. Die Performance eines indirekten Vertriebskanals kann durch opportunistisches Verhalten der Absatzmittler beeinträchtigt werden. Absatzmittler verhalten sich ex-post opportunistisch und betreiben „Channel Cheating" ([29], S. 123), wenn sie aus Kosteneinsparungsmotiven beispielsweise nicht den versprochenen und vertraglich zugesicherten Werbeaufwand für die Produkte eines junge Unternehmen leisten (vgl. [29], S. 123) oder das für die Beratung der Kunden benötigte Fachpersonal einstellen. Opportunistisches Verhalten seitens der Absatzmittler wird wahrscheinlicher, wenn diese spezifische Investitionen für den Vertrieb der Produkte zu tätigen haben. Ursächlich hierfür ist, dass durch spezifische Investitionen die Abhängigkeit des Jungunternehmens von den Absatzmittlern erhöht wird. Ein geringerer als der vertraglich zugesicherte Werbeaufwand seitens der Absatzmittler kann eine Reduktion des Bekanntheitsgrads des jungen Unternehmens und seiner Produkte im Markt zur Folge haben. Aufgrund der resultierenden geringen „cognitive legitimacy" können Konsumenten vom Kauf der Produkte des jungen Unternehmens Abstand nehmen.

Die Performance eines Vertriebskanals ist unter anderem abhängig von der Loyalität der Kunden ([25], S. 5) zu einem Vertriebskanal. Die Beschäftigung von schlecht ausgebildetem Personal seitens eines Absatzmittlers kann dazu führen, dass Kunden auf alternative Vertriebskanäle innerhalb des Multi-Channel-Systems eines Jungunternehmens für den Kauf der innovativen Produkte ausweichen. Im schlimmsten Fall könnte jedoch die Abwanderung der Kunden zur Konkurrenz begünstigt und die Gewinnung von Neukunden erschwert werden. Für ein junges, technologieorientiertes Unternehmen, das über ein

Multi-Channel-System verfügt, ist opportunistisches Verhalten und die einhergehende schlechte Performance einzelner Vertriebskanäle jedoch nicht annähernd so existenzbedrohend wie für ein junges Unternehmen, das seine Produkte über nur einen einzigen, indirekten Vertriebskanal vertreibt. Durch die über die Vertriebskanäle vorgenommene Diversifikation kann eine schlechte Leistungsbilanz einzelner Vertriebskanäle durch die Performance anderer Vertriebskanäle zumindest ausgeglichen und somit das Risiko seitens eines jungen Unternehmens, frühzeitig zu scheitern, reduziert werden.

▶ **Proposition 6** Durch die Anwendung multipler Vertriebskanäle wird die Abhängigkeit eines jungen Unternehmens von einzelnen Vertriebskanälen reduziert.

Konsumenten sind eine wichtige Informations- und Ideenquelle für den Weiterentwicklungs- und den Neuentwicklungsprozess von Produkten (vgl. [22]; [43], S. 1003). In ihrer Funktion als Lieferanten von „bedürfnisbezogenen Informationen, das heißt Informationen über die Kundenwünsche" ([30], S. 148) kommt den Konsumenten auch die Aufgabe zu, den Kommerzialisierungserfolg von Produktverbesserungen und Produktneuentwicklungen zu evaluieren (vgl. [55], S. 791) sowie erste Prototypen zu testen (vgl. [43], S. 993; [47], S. 379). Kunden können aber auch die Position eines Ko-Entwicklers im Weiterentwicklungs- und dem Neuentwicklungsprozess von Produkten innehaben (vgl. [22], S. 90). Werden Anwender in den Produktinnovationsprozess integriert – sei es als Ideen- und Informationsquelle oder Ko-Entwickler -, wird von so genannten „user-centric innovations" ([12], S. 420) gesprochen.

Neben dem Vertrieb über Absatzmittler verkauft ein junges Unternehmen im Rahmen eines multiplen Vertriebskanalsystems seine Produkte auch direkt an die Endkunden. Eine Möglichkeit für ein junges Unternehmen, seine Produkte direkt an den Endkunden zu vertreiben, stellen Online-Shops dar. Aufgrund der Ausschaltung von Distributionsstufen, der so genannten „Disintermediation" ([31], S. 33), sind Rückmeldungen seitens der Konsumenten über die Produkte und deren Eigenschaften an den Produzenten bei direkter Distribution wahrscheinlicher als bei indirekter. Mithilfe von direkten Vertriebskanälen kann ein junges, technologieorientiertes Unternehmen somit in den Besitz von anwendungsbezogenem, unternehmensexternem Wissen der Kunden kommen und dieses in den Innovationsprozess integrieren. Für das produzierende Unternehmen hat die Anwendung direkter Distributionskanäle zudem den Vorteil, dass die erzielten Gewinnmargen höher sind als bei indirekter Distribution.

Durch die Integration der Anwender in den Produktentwicklungsprozess versucht ein junges, technologieorientiertes Unternehmen, 1) die Dauer bis zur Markteinführung seines Produkts zu verkürzen, 2) seine Produkte von den Konkurrenzprodukten unterscheidbar zu machen, 3) durch die Ausrichtung an den Kundenbedürfnissen den Absatzerfolg seiner Produkte zu erhöhen und 4) sein Produktangebot zu erweitern (vgl. [22]). Wenn für die Entwicklung der Produkte eines Jungunternehmens die Interaktion mit den Kunden erforderlich ist, wird der Anteil der direkten Distribution im Multi-Channel-System eines Jungunternehmens daher steigen (vgl. [13]).

Laut Fang ([22], S. 90) können Unternehmen, wenn sie Kunden als Ideen-Generatoren in den Innovationsprozess einbinden, ihre Produkte schneller in den Markt einführen und somit einen zeitlichen Vorsprung gegenüber Wettbewerbern erlangen. Voraussetzung für eine schnellere Markteinführung ist in Fang's [22] Studie allerdings eine hohe „network connectivity". Die „network connectivity" ist umso höher, je größer der Anteil der Kunden eines Unternehmens ist, die sich persönlich kennen (vgl. [22], S. 91). Darüber hinaus kann die Nutzung des Kundenwissens im Innovationsprozess nur dann zur Entwicklung von Produkten mit Alleinstellungsmerkmalen führen, wenn die „network connectivity" gering ist (vgl. [22]). Gemäß Fang [22] muss die Partizipation der Kunden im Innovationsprozess somit nicht immer in einem Start- und Wettbewerbsvorteil für ein Unternehmen resultieren. Fang's [22] Ergebnisse stellen den weitgehend herrschenden Konsens, dass Konsumenten wichtige Inputs für die Weiter- und Neuentwicklung von inkrementellen sowie radikalen Erfindungen liefern können und zum Erfolg eines neuen Produkts beitragen (z. B. [28; 38]), jedoch nicht grundsätzlich in Frage.

▶ **Proposition 7** Der Direktvertrieb in einem Multi-Channel-System erlaubt jungen Unternehmen, ihre Kunden als Informations- und Ideenquelle in den Entwicklungsprozess von Produkten mit einzubeziehen und somit relative Start- und Wettbewerbsvorteile zu realisieren.

Es bleibt festzuhalten, dass durch den Einsatz eines Multi-Channel-Systems die Nachfrage nach den Produkten eines Jungunternehmens gesteigert werden kann aufgrund 1) einer höheren „cognitive legitimacy" (vgl. Proposition 3), 2) der vorgenommenen Kundensegmentierung (vgl. Proposition 4) und 3) einer höheren Kundenzufriedenheit (vgl. Proposition 5). Ein hoher Grad an Kundenzufriedenheit kann die Nachfrage nach den Produkten eines jungen Unternehmens erhöhen, da zufriedene Kunden mit einer höheren Wahrscheinlichkeit wieder bei dem jungen Unternehmen einen Kauf tätigen, andere Produkte des Sortiments ausprobieren und die Produkte an andere Konsumenten weiterempfehlen werden als unzufriedene Kunden (vgl. [5], S. 173).

Anderson et al. [5] fanden darüber hinaus einen positiven Zusammenhang zwischen dem Grad der Kundenzufriedenheit und dem Wert eines Unternehmens. Die Kunden eines Unternehmens sind gemäß Anderson et al. ([5], S. 182) als eine Umsatz generierende Trumpfkarte eines Unternehmens anzusehen. Die Höhe der Kundenzufriedenheit gibt ferner einen Hinweis auf die Stabilität des Umsatzes in zukünftigen Zeitperioden (vgl. [5], S. 173). Durch die mit einem Multi-Channel-System einhergehende Risikostreuung über mehrere Kanäle sollte ferner das Umsatzwachstum eines jungen Unternehmens gefördert werden (vgl. Proposition 6). Vor dem Hintergrund, dass durch die Möglichkeit der Einbindung der Kunden in den Weiterentwicklungs- und Neuentwicklungsprozess ein Start- bzw. relativer Wettbewerbsvorteil generiert werden kann (vgl. Proposition 7), folgt aus den bisherigen Propositionen dieses Kapitels, dass durch ein multiples Vertriebskanalsystem der Umsatz eines jungen Unternehmens gesteigert und somit sein Risiko, vorzeitig zu scheitern, reduziert werden kann.

▷ **Proposition 8** Durch ein Multi-Channel-System kann ein junges Unternehmen seinen Umsatz erhöhen.

3.2 Multi-Channel-Systeme und Vertriebspartner

Gemäß Frazier ([23], S. 232) ist der Einsatz von multiplen Vertriebskanälen heutzutage eher die Regel als die Ausnahme. Im Gegensatz zu etablierten Unternehmen werden junge Unternehmen aufgrund ihrer „liability of newness" ([53], S. 148) – insbesondere aufgrund ihrer Ressourcenknappheit und geringen externen Legitimität im Markt – in der Regel jedoch nicht über eine Vielzahl an direkten und indirekten Distributionskanälen verfügen ([13], S. 684). Unter externer Legitimität wird die Anerkennung eines Unternehmens von Schlüsselfiguren im Markt, wie beispielsweise Konsumenten und Absatzmittlern, verstanden (vgl. [53]).

Verfügt ein junges Unternehmen über einen höheren Grad an externer Legitimität, kann es leichter Zugang zu strategisch wichtigen Ressourcen, wie der Vertriebsinfrastruktur der Absatzmittler, erhalten (vgl. [9], S. 189). Im Gegensatz zu jungen Unternehmen können etablierte Unternehmen aufgrund ihrer hohen externen Legitimität Absatzmittler mit dem Vertrieb ihrer Güter beauftragen (vgl. [13], S. 684; [46], S. 11; [49]). Der ungleiche Zugang zu der Vertriebsinfrastruktur der in einem Markt ansässigen Absatzmittler ist laut Porter [46] eine der zentralen Hürden für den Markteintritt und letztendlich auch für das Scheitern von jungen Unternehmen. Junge Unternehmen sehen sich deswegen häufig gezwungen, trotz ihrer geringen Vertriebsexpertise und finanziellen Ressourcen die Vertriebsfunktionen hierarchisch zu organisieren, das heißt eine Vertriebsinfrastruktur eigenständig aufzubauen.

Durch eine Partnerschaft mit einem etablierten Unternehmen, das in Vertriebsfragen spezialisiert ist, kann ein junges Unternehmen jedoch einen Zugewinn in externer Legitimität erlangen. Aufgrund der durch die Vertriebspartnerschaft erlangten höheren, externen Legitimität werden Absatzmittler eher bereit sein, die Produkte eines jungen Unternehmens zu vertreiben. Eine Vertriebspartnerschaft mit einem etablierten Unternehmen ist somit ein Grundbaustein für die Installation eines Multi-Channel-Systems seitens eines jungen, technologieorientierten Unternehmens.

▷ **Proposition 9** Erst durch eine Partnerschaft mit einem etablierten in Vertriebsfragen spezialisierten Unternehmen ist ein Multi-Channel-System für junge Unternehmen realisierbar.

4 Fallstudie

4.1 Methodik und Messung

Mithilfe von Fallstudien können Sachverhalte beschrieben, Theorien getestet und gebildet werden (vgl. [18], S. 535). In diesem Beitrag wird die Fallstudienforschung eingesetzt, um 1) zu analysieren, ob durch die Integration von transaktionskosten- und ressourcentheoretischen Überlegungen das Design des multiplen Vertriebskanalsystems eines privatwirtschaftlichen Spin-outs erklärt werden kann und 2) den bisher empirisch nur unzureichend untersuchten Zusammenhang zwischen dem Fortbestehen eines jungen Unternehmens im Markt und dem Einsatz eines Multi-Channel-Systems zu untersuchen. Diese Studie dient daher dem Theorietest und der Theoriebildung.

Die qualitativen Daten wurden in drei Interviews mit dem Geschäftsführer des untersuchten, privatwirtschaftlichen Spin-outs gewonnen. Das erste der drei Interviews wurde persönlich mit dem Geschäftsführer am Sitz des Unternehmens in Bad Segeberg geführt. Bei diesem Interview wurden auch die Produktionsanlagen besichtigt. Das zweite Interview erfolgte telefonisch. Die Fragen des dritten Interviews wurden durch den Geschäftsführer schriftlich per Email beantwortet. Zwischen dem ersten und dem zweiten Interview lag ein Zeitraum von einem Monat und zwischen dem zweiten und dem dritten Interview eine Zeitspanne von fünf Monaten. Durch die zeitlich versetzten Interviews und die wiederholten Befragungen des Geschäftsführers konnte die Konsistenz der Aussagen im Zeitverlauf sichergestellt werden. Die Interviews waren sowohl strukturiert als auch semi-strukturiert, das heißt, sie wurden durch neu aufkommende Fragen und freie Gespräche ergänzt.

4.2 Die BioActive Food GmbH

4.2.1 Geschäftsmodell und Entwicklung der BioActive Food GmbH

Die BioActive Food GmbH wurde im Jahr 2008 als Equity Joint Venture in Bad Segeberg gegründet. Anlass für den jetzigen Geschäftsführer Herrn Dr. Vollert, sich nach jahrelanger Tätigkeit als Mikrobiologe in der Pharmaindustrie selbstständig zu machen, war der Wunsch, ein Präparat zur Linderung der altersbedingten Macula-Degeneration eines Familienmitglieds zu entwickeln. Der Forschungsschwerpunkt der BioActive Food GmbH liegt auf den bioaktiven Substanzen von Lebensmitteln, insbesondere dem Grünkohl. Bioaktive Substanzen sind in Lebensmitteln enthaltene Stoffe ohne Nährstoffcharakter, wie z. B. Carotinoide und Vitamine (vgl. [57], S. 9). Seit kurzem untersucht die BioActive Food GmbH auch die bei der Frucht- und Gemüsesaftproduktion entstehenden Pressrückstände auf bioaktive Substanzen und entwickelt umweltschonende Verfahren, diese anzureichern.

Der Vertriebspartner der BioActive Food GmbH, die seit 2004 bestehende Wellness & Health Care Service GmbH (wHc GmbH), ist seit der Gründung neben dem Geschäftsführer Gesellschafter der BioActive Food GmbH. Der Geschäftsführer ist jedoch Mehrheitsgesellschafter. Durch die Kapitalbeteiligung der wHc GmbH erhoffte sich der

Geschäftsführer, dass die wHc GmbH noch engagierter und motivierter den langfristigen Erfolg der BioActive Food GmbH verfolgt. Neben der Vertriebsfunktion hat die wHc GmbH aber auch eine Beraterfunktion innerhalb der BioActive Food GmbH inne. So obliegt der wHc GmbH unter anderem die Evaluation des Kommerzialisierungserfolgs neuer Produktideen. Die BioActive Food GmbH beschäftigt derzeit drei Mitarbeiter inklusive des Geschäftsführers. Seit ihrer Gründung hat die BioActive Food GmbH immer Gewinn erwirtschaftet, und die Umsätze sind seit 2010 stetig steigend.

Die BioActive Food GmbH arbeitet seit ihrer Gründung mit verschiedenen öffentlichen Forschungseinrichtungen, wie beispielsweise dem Max-Planck-Institut für Biophysik in Frankfurt, der Technischen Universität München und der Charité in Berlin im Bereich der Forschung und Entwicklung zusammen. Ziel dieser Kooperationen ist es, die positiven Wirkungen der Nahrungsergänzungsmittel der BioActive Food GmbH auf die Gesundheit des Menschen durch Humanstudien zu bestätigen.

Das Produktportfolio der BioActive Food GmbH wurde im Zeitverlauf stetig erweitert. So gehören neben dem Präparat zur Linderung der altersbedingten Makula-Degeneration mittlerweile auch Nahrungsergänzungsmittel zum Produktsortiment, die präventiv gegen Hautalterung, Osteoporose und Diabetes eingesetzt werden können.

4.2.2 Multi-Channel-System der BioActive Food GmbH

Damit die Produkte der BioActive Food GmbH möglichst schnell auf den Markt gebracht werden konnten, wurden die Produkte der BioActive Food GmbH in den Monaten nach der Unternehmensgründung zunächst nur über den bereits etablierten Online-Shop der wHc GmbH unter einer der wHc GmbH gehörenden Marke direkt vertrieben. Parallel dazu hat der Geschäftsführer der BioActive Food GmbH die Marke BioActive Food aufgebaut und vertreibt seine Produkte nun über einen eigens der BioActive Food GmbH zugehörigen Online-Shop.

Die wHc GmbH hat in ihrer Funktion als Vertriebspartner den Kontakt zu einem Fernsehsender hergestellt, so dass die Produkte der BioActive Food GmbH mittlerweile durch den Teleshop HSE 24 indirekt vertrieben werden. Da die BioActive Food GmbH ihre Produkte ebenfalls an Pharmagroßhändler verkauft, stellen stationäre Apotheken sowie Internetapotheken einen weiteren indirekten Vertriebskanal im Multi-Channel-System des Unternehmens dar. Um den Umsatz über Apotheken und des Online-Shops der BioActive Food GmbH zu erhöhen, kontaktieren der Geschäftsführer und zwei freie Handelsvertreter Ärzte und Heilpraktiker. Das multiple Vertriebskanalsystem der BioActive Food GmbH im Jahr 2012 ist in Abb. 1 dargestellt. Die Ausgestaltung des Multi-Channel-Systems der BioActive Food GmbH ist als ein dynamischer Prozess anzusehen, da es stetigen Veränderungen bzw. Anpassungen hinsichtlich des Anteils direkter und indirekter Distribution unterliegt.

4.3 Befunde der Fallstudie

Im Folgenden wird anhand der BioActive Food GmbH überprüft, ob die in Kap. 3 und Kap. 4 formulierten Propositionen bestätigt bzw. widerlegt werden können.

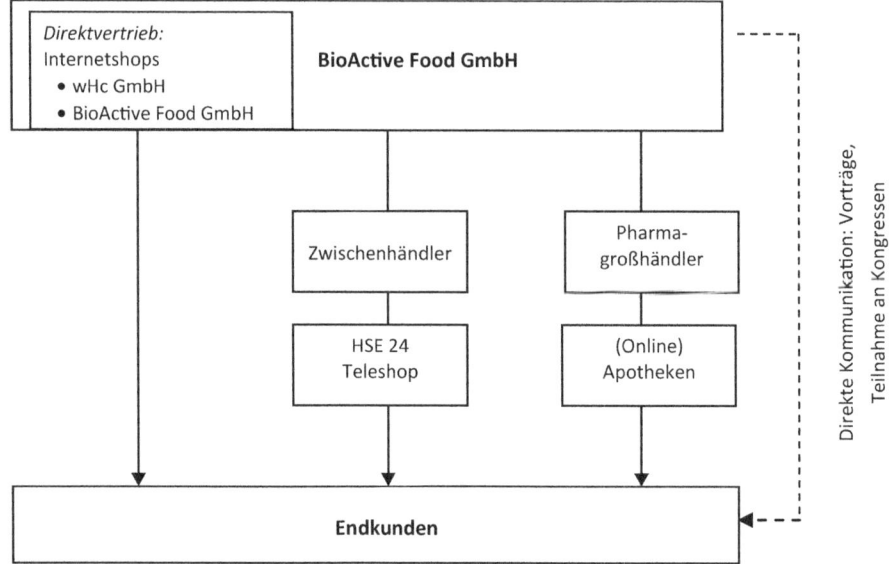

Abb. 1 Das Multi-Channel-System der BioActive Food GmbH (Eigene Darstellung)

4.3.1 Ad P1: Spezifisch zu tätigende Investitionen und geringe Vertriebsexpertise

Gemäß dem Geschäftsführer müssen Absatzmittler im multiplen Vertriebskanalsystem der BioActive Food GmbH, wie z. B. die Pharmagroßhändler, keine spezifischen Investitionen tätigen, um die Produkte der BioActive Food GmbH zu vertreiben. Die Pharmagroßhändler, so der Geschäftsführer, wären in den meisten Fällen auch nicht bereit dazu. Apotheken würden und müssten auch keine spezifischen Humankapitalinvestitionen tätigen, um die innovativen Produkte der BioActive Food GmbH an die Kunden verkaufen zu können, da sie bereits das für den Verkauf der Produkte und die Beratung der Kunden benötigte Fachpersonal beschäftigen. Der Geschäftsführer stellt vielmehr den stationären Apotheken Informationsmaterial zur Beratung der Kunden zur Verfügung. Die wHc GmbH als Vertriebspartner investiert auch nur begrenzt in entsprechendes Informationsmaterial, um ihre nicht von der BioActive Food GmbH stammenden Kunden über die Produkte der BioActive Food GmbH zu informieren und von deren Qualität überzeugen zu können.

Gerade in den ersten Jahren nach der Unternehmensgründung haben sich der Geschäftsführer und seine Mitarbeiter schwerpunktmäßig der Produktentwicklung und der Erforschung der bioaktiven Substanzen des Grünkohls gewidmet, um über ihre Produkte und insbesondere die Produkteigenschaften einen nachhaltigen Wettbewerbsvorteil gegenüber der Konkurrenz zu realisieren. Aufgrund dieses Fokus waren seitens des Geschäftsführers nicht genügend Ressourcen verfügbar, um in einen eigenen Vertrieb und die eigene Vertriebsfertigkeit zu investieren. In den ersten Jahren lag daher die Stärke des Geschäftsführers in der Forschung und Entwicklung, jedoch nicht im Vertrieb seiner Produkte. Durch die geringe Spezifität der seitens der Absatzmittler zu tätigenden Investitionen und der gerade in den Anfangsjahren relativ zum Markt geringen Vertriebsexpertise des Geschäftsführers kann daher der hohe Anteil der indirekten Distribution im Multi-Channel-System der BioActive Food GmbH zumindest für die ersten Jahre nach der Gründung erklärt werden.

Langfristig war es dem Geschäftsführer aber möglich, sein Vertriebs-Know-how auszubauen, da er von den Absatzmittlern und der wHc GmbH lernen konnte, was sich aus vertriebstechnischen Aspekten lohnt bzw. unterlassen werden sollte. Da der Geschäftsführer sich in den nächsten Jahren sowohl der Forschung als auch dem Vertrieb seiner Produkte widmen möchte, ist anzunehmen, dass relativ zu der Vertriebsexpertise von rein in Vertriebsfragen spezialisierten Unternehmen, die Vertriebsfertigkeit des Geschäftsführers geringer bleiben wird und somit der Anteil indirekter Distributionskanäle im Vertriebskanalsystem der BioActive Food GmbH zumindest konstant bleiben, wenn nicht sogar steigen dürfte. Proposition 1 ist somit zu bestätigen.

4.3.2 Ad P2: Marktspezifische Transaktionskosten und indirekte Distribution

Der Geschäftsführer betonte, dass die Nachteile eines Multi-Channel-Systems begrenzt seien. Die positiven Effekte indirekter Distribution (vgl. Propositionen 3–8) würden jedoch abgeschwächt, da Absatzmittler sehr heterogen in die Werbung für die Produkte der BioActive Food GmbH investieren, sich manchmal nicht an vertragliche Absprachen halten und somit opportunistisch verhalten würden. Darüber hinaus würden seitens der Absatzmittler manchmal falsche oder überzogene Argumente verwendet, um für die Produkte der BioActive Food GmbH zu werben. Aufgrund der seitens des Geschäftsführers bestehenden Unsicherheit bezüglich des Verhaltens der Absatzmittler moderieren die marktspezifischen Transaktionskosten insbesondere die Vertragsmonitoringkosten negativ die Vorteile und somit auch den Anteil der indirekten Distribution im multiplen Vertriebskanalsystem der BioActive Food GmbH. Proposition 2 ist daher zu bestätigen.

4.3.3 Ad P3: Erhöhung des Bekanntheitsgrads

Es wurde durch den Geschäftsführer bestätigt, dass es für den Verkauf der Produkte der BioActive Food GmbH förderlich sei, wenn Endkunden die Vorteile der Produkte häufiger und von mehreren Seiten zu hören bekämen. Auf Nachfrage stimmte der Geschäftsführer zu, dass durch die zusätzlich von den Absatzmittlern bzw. Zwischenhändlern getätigte Werbung die Nachfrage nach den Produkten der BioActive Food GmbH steigen würde. Ursächlich hierfür sei der höhere Bekanntheitsgrad seines Unternehmens und seiner Produkte im Markt. Ärzte und Heilpraktiker seien zudem Multiplikatoren, denen Endkunden häufig Vertrauen entgegenbringen würden. Wenn ein Arzt oder Heilpraktiker positive Wirkungen durch die Produkte der BioActive Food GmbH bei Patienten feststelle, sei dies für den Arzt eine Motivation, die Produkte zu empfehlen und einzusetzen. Proposition 3 kann somit bestätigt werden.

4.3.4 Ad P4: Kundensegmentierung

Der Geschäftsführer bestätigte, dass durch das multiple Vertriebskanalsystem unterschiedliche Käufergruppen angesprochen würden. Die von einzelnen Distributionskanälen, wie

z. B. einem TV-Shop, verwendete Kommunikationsart, gefalle nicht jedem potentiellen Kunden und verleite dann auch nicht zum Kauf der Produkte. Kritischen Käufern sowie Ärzten und Heilpraktikern, die sich mit der Prävention von Krankheiten und mit der Wirkung der Produkte intensiv auseinandersetzen, würde, so der Geschäftsführer, mehrheitlich die Kommunikationsweise der TV-Shops missfallen. Diese Gruppe versucht der Geschäftsführer in direktem Kontakt, insbesondere durch persönliche Gespräche, Vorträge, Gesundheitstage und Beiträge in Fachzeitschriften von den Alleinstellungsmerkmalen seiner Produkte zu überzeugen (vgl. Abb. 1). Dies, so der Geschäftsführer, sei zwar aufwändig und langwierig, aber erhöhe das Vertrauen in die Produkte, das Unternehmen und das Management des Unternehmens. Darüber hinaus könne auch die Anzahl der Stammkunden aufgrund der umfassenderen Kundenbetreuung erhöht werden. Proposition 4 kann somit bestätigt werden.

4.3.5 Ad P5: Doppelte Differenzierung

Der Geschäftsführer betonte, dass sich die Produkte der BioActive Food GmbH vertikal von den Konkurrenzprodukten unterscheiden. Die qualitativen Alleinstellungsmerkmale der von der BioActive Food GmbH angebotenen Nahrungsergänzungsmittel sind dabei folgende: 1) Sie haben eine gute Bioverfügbarkeit, 2) sie sind frei von organischen Lösungsmitteln und 3) sie werden aus heimischem Bio-Gemüse, insbesondere dem Grünkohl, produziert. Eine hohe Bioverfügbarkeit von Nahrungsergänzungsmitteln gibt an, dass die in ihnen enthaltenen bioaktiven Substanzen vom menschlichen Organismus schnell und in großer Menge aufgenommen werden. Gemäß dem Geschäftsführer hätten konkurrierende Produkte keine ansatzweise so gute Bioverfügbarkeit wie seine Produkte, seien nicht frei von für den Menschen schädlichen organischen Lösungsmitteln und würden auch nicht aus heimischem Gemüse produziert werden.

Im Gegensatz zur Konkurrenz kann die BioActive Food GmbH mithilfe von Humanstudien, die in Kooperation mit öffentlichen Forschungseinrichtungen durchgeführt werden, die positive Wirkung ihrer Produkte auf die Gesundheit des Menschen zudem nachweisen. Der Geschäftsführer betonte, dass für ihn die Kooperation mit öffentlichen Forschungseinrichtungen eine bezahlbare Marketing-Strategie sei, um die Reputation seiner Produkte im Markt auszubauen. Zudem werde die Wahrscheinlichkeit erhöht, dass Kunden auf die Produkte aufmerksam werden und diese kaufen würden. Die Produktion aus heimischen Lebensmitteln entspräche darüber hinaus einem derzeitigen Trend. Mittels ihrer Produkte kann sich die BioActive Food GmbH somit qualitativ von ihren Wettbewerbern differenzieren.

Auf Nachfrage bestätigte der Geschäftsführer, dass er durch den Einsatz eines multiplen Vertriebskanalsystems dem Wunsch seiner multioptionalen Kunden entsprechen könne, die Produkte über eine Vielzahl an Vertriebskanälen zu erwerben. Unter Beachtung von Proposition 4 kann ein multiples Vertriebskanalsystem somit als ein Instrument angesehen werden, mit dessen Hilfe ein junges Unternehmen sich kundenorientierter zu positionieren und letztendlich die Kundenzufriedenheit zu erhöhen vermag. Mithilfe der vertikalen Differenzierung seiner Produkte und dem Einsatz eines Multi-Channel-Systems kann die

BioActive Food GmbH sich also in doppelter Weise von der Konkurrenz differenzieren. Proposition 5 wird damit bestätigt.

4.3.6 Ad P6: Reduktion der Abhängigkeit

Der Geschäftsführer betonte, dass er am Anfang nicht einschätzen konnte, welche Vertriebskanäle überhaupt funktionieren. Er hätte nicht gewusst, welche Distributionskanäle die Konsumenten zum Kauf seiner Produkte motivieren könnten. Darüber hinaus verhielten sich Absatzmittler auch opportunistisch. Nach einigen Jahren und Monaten sei dann eine Entscheidung zu fällen, so der Geschäftsführer, welche Vertriebskanäle innerhalb des multiplen Vertriebskanalsystems der BioActive Food GmbH verbleiben sollten und welche nicht. Aufgrund der Tatsache, dass der Geschäftsführer durch das Multi-Channel-System der BioActive Food GmbH über mehrere Vertriebsstandbeine verfügt, wird die Abhängigkeit von einzelnen Absatzmittlern reduziert. Dies bestätigte auch der Geschäftsführer. Proposition 6 ist als zutreffend zu bewerten.

4.3.7 Ad P7: Integration der Kunden

Der Geschäftsführer hob hervor, dass er sich auch in Zukunft nicht ganz aus dem Vertrieb seiner Produkte zurückziehen wolle. So seien direkte Distributionskanäle förderlich, um die Kundenbedürfnisse zu verstehen und um einen Einblick zu bekommen, warum manche Produkte des Produktsortiments der BioActive Food GmbH sich besser verkaufen ließen als andere. Die Forschung sei bei Aufrechterhaltung betriebseigener Vertriebskanäle besser zu steuern, und es könnten zudem Produkte entwickelt werden, für die seitens der Konsumenten auch ein Bedarf bestehe. Darüber hinaus, so der Geschäftsführer, würde er gerade mittels der direkten Vertriebskanäle eine höhere Anzahl an Rückmeldungen und Vorschlägen zur Verbesserung seiner Produkte, aber auch für Produkt-Neuentwicklungen seitens der Kunden erhalten als durch die indirekten Distributionskanäle. Die Rückkopplung über den eigenen Vertrieb sei als äußerst wichtig einzustufen, so der Geschäftsführer, und ermögliche ferner – auch im Hinblick auf die Konkurrenz -, neue Produkte schneller zu entwickeln und auf den Markt zu bringen. Proposition 8 wird folglich bestätigt.

4.3.8 Ad P8: Umsatzsteigerung

Laut dem Geschäftsführer hat das multiple Vertriebssystem entscheidend dazu beigetragen, dass der Umsatz der BioActive Food GmbH in den letzten Jahren um den Faktor drei gestiegen ist. Die BioActive Food GmbH erwartet zudem in den nächsten Jahren ein Wachstum um jeweils weitere 30 %. Für die BioActive Food GmbH hat das multiple Vertriebskanalsystem somit eine hohe wirtschaftliche Bedeutung. Proposition 8 kann daher nicht widerlegt werden.

4.3.9 Ad P9: Vertriebspartnerschaft

Der Geschäftsführer betonte, dass es durch das Engagement der wHc GmbH möglich gewesen sei, das Multi-Channel-System der BioActive Food GmbH etwa neun Monate früher zu implementieren. Insbesondere der indirekte Vertrieb über die Apotheken wäre ohne das bereits etablierte Netzwerk der wHc GmbH nicht so schnell zustande gekommen. Der Geschäftsführer führte ferner an, dass der Aufbau eines Vertriebssystems aus eigener Kraft die ohnehin schon sehr knappen Ressourcen der BioActive Food GmbH stark belastet hätte. So hätte der Geschäftsführer ohne die Beteiligung der wHc GmbH aufgrund der Knappheit der betriebseigenen Ressourcen weniger in Forschung und Entwicklung investieren können, und das Produktsortiment wäre kleiner gewesen. Gemäß dem Geschäftsführer erhöhe ein kleines Produktportfolio das Risiko eines jungen Unternehmens, frühzeitig zu scheitern, da eine große Unsicherheit hinsichtlich der Entwicklung der Kundenbedürfnisse bestehe. Aus diesem Grund sei ein möglichst großes Produktportfolio zu befürworten. Im Falle der BioActive Food GmbH war die Partnerschaft mit einem etablierten, in Vertriebsfragen spezialisierten Unternehmen somit ein wichtiger Grundbaustein für den Aufbau eines multiplen Vertriebskanalsystems. Auch wenn durch die Vertriebspartnerschaft mit der wHc GmbH die BioActive Food GmbH schneller in den Besitz eines multiplen Vertriebskanalsystems gekommen ist, ist eine Vertriebspartnerschaft keine Voraussetzung für den Einsatz eines multiplen Vertriebskanalsystems von Jungunternehmen. Der Geschäftsführer betonte ausdrücklich, dass der Aufbau eines Multi-Channel-Systems auch ohne die Beteiligung der wHc GmbH hätte bewerkstelligt werden können. Proposition 9, dass ein multiples Vertriebskanalsystem nur durch eine Partnerschaft mit einem etablierten, in Vertriebsfragen spezialisierten Unternehmen zu realisieren ist, erweist sich somit als nicht zutreffend.

5 Implikationen

5.1 Implikationen für die Managementpraxis

Junge, privatwirtschaftliche Spin-outs sind auf den erfolgreichen Vertrieb ihrer innovativen Produkte angewiesen, um langfristig in den von ihnen fokussierten Märkten zu überleben. Mithilfe eines Multi-Channel-Systems kann das Management eines jungen Unternehmens aktiv Einfluss auf den Absatzerfolg der Produkte und den Fortbestand des Unternehmens im Markt nehmen. Ursächlich dafür ist, dass durch den Einsatz eines Multi-Channel-Systems 1) der Bekanntheitsgrad des Jungunternehmens und seiner Produkte im Markt erhöht werden kann, 2) verschiedene Kundensegmente gezielter und individueller angesprochen werden können, 3) sich das junge Unternehmen mittels doppelter Differenzierung von seinen Konkurrenten unterscheidbar machen kann, 4) die Abhängigkeit von der Performance einzelner Vertriebskanäle reduziert werden kann und 5) die Kunden in den Weiter- und Neuentwicklungsprozess mit einbezogen werden können. Insgesamt vermag der Einsatz eines Multi-Channel-Systems die Produktnachfrage seitens der Konsumenten zu stimulieren und daher den Umsatz und die Überlebenswahrscheinlichkeit eines jungen, privatwirtschaftlichen Spin-outs im Markt zu erhöhen.

Die Befunde dieses Beitrags legen den Schluss nahe, dass Manager von privatwirtschaftlichen Spin-outs so früh wie möglich den Aufbau eines multiplen Vertriebskanalsystems fokussieren sollten, um sich der „liability of newness" ihres Unternehmens und dem mit ihr einhergehenden erhöhten Mortalitätsrisiko entgegenzustellen. Eine Partnerschaft mit einem in Vertriebsfragen spezialisierten Unternehmen erweist sich dabei von größter Bedeutung, um ein multiples Vertriebskanalsystem schnellstmöglich aufzubauen. Um somit von den durch eine Vertriebspartnerschaft entstehenden Vertriebs-Startvorteilen profitieren zu können, sollten sich Jungunternehmer schon vor der Gründung ihres Unternehmens aktiv um eine Vertriebspartnerschaft bemühen. Nur in diesem Fall kann sichergestellt werden, dass die innovativen Produkte des jungen Unternehmens kurz nach der Unternehmensgründung durch eine Vielzahl direkter und indirekter Vertriebskanäle zu den Kunden gebracht werden können. Zusammenfassend zeigt dieser Beitrag Managern von jungen, noch nicht im Markt etablierten Unternehmen mit dem Einsatz eines multiplen Vertriebskanalsystems eine Handlungsoption auf, mithilfe derer sie die Überlebenswahrscheinlichkeit ihres Unternehmens im Markt erhöhen können.

5.2 Implikationen für die Forschung

In diesem Beitrag wurde erstmalig untersucht, ob durch die Integration der Transaktionskostentheorie und des ressourcenbasierten Ansatzes der Anteil direkter bzw. indirekter Distribution innerhalb des multiplen Vertriebskanalsystems eines jungen, privatwirtschaftlichen Spin-outs erklärt werden kann. Insgesamt konnte durch die simultane Berücksichtigung von transaktionskosten- und ressourcentheoretisch motivierten Faktoren die Distributionskanalwahl seitens des Geschäftsführers des betrachteten Jungunternehmens bestimmt werden. Die Interviews mit dem Geschäftsführer ergaben jedoch auch, dass produktspezifische Charakteristika, wie z. B. die hohe Erklärungsbedürftigkeit der Produkte, den Anteil der direkten Distribution im Vertriebskanalsystem der BioActive Food GmbH positiv beeinflusst hätten. Durch die Synthese der Transaktionskostentheorie und des Ressourcenbasierten Ansatzes kann somit nicht allein der Anteil direkter bzw. indirekter Distribution im Vertriebskanalsystem des betrachteten privatwirtschaftlichen Spin-outs erklärt werden. Trotz dieses Befundes vermag dieser Beitrag die seit kurzem in der strategischen Outsourcing-Forschung vorgenommene Integration der Transaktionskostentheorie und des ressourcenbasierten Ansatzes zu einer Kerntheorie für das strategische Management jedoch zu stützen.

Dieser Beitrag hofft, innerhalb der Multi-Channel-Forschungs-Gemeinschaft die Aufmerksamkeit darauf zu lenken, dass die in der strategischen Outsourcing-Forschung vorgenommene Integration der Transaktionskostentheorie und der ressourcenbasierten Theorie ein vielversprechender Ansatz ist, um die Ausgestaltung multipler Vertriebskanäle von Unternehmen zu untersuchen.

Die Ergebnisse dieser Studie können nicht als allgemeingültig angesehen werden, da nur ein junges Unternehmen für die Analyse herangezogen und zudem auch nur der Geschäftsführer befragt wurde. Künftige Multi-Channel-Forschung könnte durch Studien mit einer größeren Fallzahl und unter Berücksichtigung der in der bisherigen Forschung vorgenommen Spezifikation der Transaktions- und Ressourcenattribute die Ergebnisse dieser Studie validieren. Darüber hinaus sollten in künftigen Studien auch die Kunden der Jungunternehmen befragt werden, um die mithilfe eines Multi-Channel-Systems postulierte höhere Kundenzufriedenheit empirisch zu validieren. Insgesamt soll dieser Beitrag dazu anregen, junge, noch nicht im Markt etablierte Unternehmen innerhalb der Multi-Channel-Forschung künftig besser zu berücksichtigen.

Aufgaben

1. Zeigen Sie Managern eines jungen, privatwirtschaftlichen Spin-outs Gründe auf, warum der Einsatz eines Multi-Channel-Systems die „liability of newness" des Jungunternehmens zu konterkarieren vermag.
2. Das Management eines jungen, privatwirtschaftlichen Spin-outs hat sich für eine Partnerschaft mit einem in Vertriebsfragen spezialisierten Unternehmen entschieden, um den Aufbau eines multiplen Vertriebskanalsystems zu beschleunigen. Welche Risiken können mit dem Eingehen einer Vertriebspartnerschaft für die weitere Entwicklung des Jungunternehmens und seiner Produkte verbunden sein? Wie kann das junge Unternehmen den mit einer Vertriebspartnerschaft einhergehenden Risiken vorbeugen?
3. Erläutern Sie, warum der Anteil direkter bzw. indirekter Distribution in einem multiplen Vertriebskanalsystem sowohl mithilfe der Transaktionskostentheorie als auch des ressourcenbasierten Ansatzes erklärt werden kann. Motivieren und erläutern Sie vor diesem Hintergrund die in der Forschung vorgenommene Integration beider Theorien.
4. Nennen Sie unter Zuhilfenahme des Forschungspapiers von Brettel et al. [13] drei Eigenschaften der von der BioActive Food GmbH hergestellten Produkte, die einen Einfluss auf den Anteil der direkten bzw. indirekten Distribution im Multi-Channel-System der BioActive Food GmbH haben könnten. Begründen Sie Ihre Entscheidung.

Literatur

1. Afuah A (2001) Dynamic boundaries of the firm: Are firms better off being vertically integrated in the face of technological change? Acad Manage J 44(6):1211–1228
2. Agarwal R, Bayus BL (2002) The market evolution and sales take-off of product innovations. Manage Sci 48(2):1024–1041
3. Agarwal R, Echambadi R, Franco A, Sarkar M (2004) Knowledge transfer through inheritance: Spin-out generation, development, and survival. Acad Manage Jl 47:501–522

4. Aldrich HE, Fiol MC (1994) Fools rush in? The institutional context of industry creation. Acad Manage Rev 19(4):645–670
5. Anderson EW, Fornell C, Mazvancheryl S (2004) Customer satisfaction and shareholder value. J Marketing 68:172–185
6. Balasubramanian S, Raghunathan R, Mahajan V (2005) Consumers in a multichannel environment: Product utility, process utility, and channel choice. J Interact Marketing 19(2):12–30
7. Barney J (1991) Firm resources and sustained competitive advantage. J Manag 17(1):99–120
8. Barone MJ (2005) Advertising signaling effects for new brands: The moderating role of perceived brand differences. J Marketing Theory Prac 13(1):1–13
9. Baum JA, Oliver C (1991) Institutional linkages and organizational mortality. Adm Sci Quat 36(2):187–218
10. Bell DR, Ho T-H, Tang C (1998) Determining where to shop: Fixed and variable costs of shopping. J Marketing Res 35:352–369
11. Bester H (2007) Theorie der Industrieökonomik, 4. Aufl. Springer, Heidelberg
12. Bilgram V, Brem A (2008) User-Centric innovations in new product development - systematic identification of lead users harnessing interactive and collaborative online-tools. Intern JInnov Manage 12(12):419–458
13. Brettel M, Engelen A, Müller T, Schilke O (2011) Distribution channel choice of new entreprenuerial ventures. Entrep Theory Prac 35(4):683–708
14. Burgel O, Murray GC (2000) The international market entry choices of start-up companies in high-technology-industries. J Internl Marketing 8(2):33–62
15. Chen H, Chen T-J (2003) Governance structures in strategic alliances: transaction cost versus resource-based perspective. J World Bus 38:1–14
16. Coase RH (1937) The nature of the firm. Economica 4:386–405
17. Dholakia RR, Zhao M, Dholakia N (2005) Multichannel retailing: A case study of early experiences. J Interact Marketing 19(2):63–74
18. Eisenhardt KM (1989) Building theories from case study research. Acad Manage Rev 44(4):532–550
19. Eisenhardt KM, Schoonhoven CB (1996) Resource-based view of strategic alliance formation: strategic and social effects in entrepreneurial firms. Organ Sci 7(2):136–150
20. Ellram LA, Tate WL, Billington C (2008) Offshore outsourcing of professional services: a transaction cost economcis perspective. J Operat Manage 26:148–163
21. Engelhard J, Altmann J (2012) Joint Venture. Online. Stand 10.06.2012. http://wirtschaftslexikon.gabler.de/Definition/joint-venture.html
22. Fang E (2008) Customer participation and the trade-off between new product innovativeness and speed to the market. J Marketing 72:90–104
23. Frazier GL (1999) Organizing and managing channels of distribution. J Acad Mark Sci 27(2):226–240
24. Gabler Wirtschaftslexikon (2000) 15. Aufl. Gabler, Wiesbaden
25. Gensler S, Dekimpe M, Skiera B (2007) Evaluating channel performance in multi-channel-environments. J Retailing Consum Serv 14:17–23
26. Geyskens I, Gielens K, Dekimpe M (2002) The market valuation of internet channel additions. J Marketing 66:102–119
27. Gruber M (2004) Marketing in new ventures: theory and empirical evidence. Schmalenbach Bus Rev 56:164–199
28. Gruner KE, Homburg C (2000) Does customer interaction enhance new product success? J Bus Res 49:1–14
29. Hardy KG, Magrath AJ (1989) Dealing with cheating in distribution. Eur J Mark 23(2):123–129

30. Harms R, Konrad E, Schwarz E (2009) Spin-offs im Kontext von Open Innovation. In: Walter A, Auer M (Hrsg) Academic Entrepreneurship, 1. Aufl. Gabler, Wiesbaden, S 143–165
31. Heinemann G (2008) Multi-Channel-Handel: Erfolgsfaktoren und Best Practices, 2. Aufl. Gabler, Wiesbaden
32. Hennart J-F (1988) A transaction costs theory of equity joint ventures. Strateg Manag J 9(4):361–374
33. Hills GE, Hultman CM, Miles MP (2008) The evolution and development of entrepreneurial marketing. J Small Bus Manag 46(1):99–112
34. Holcomb TR, Hitt MA (2007) Toward a model of strategic outsourcing. J Operat Manage 25:464–481
35. Jacobides MG, Winter SG (2005) The co-evolution of capabilities and transaction costs: explaining the institutional structure of production. Strateg Manag J 26:395–413
36. Jones JM, Ritz CJ (1991) Incorporating distribution into new product diffusion models. Int J Res Mark 8:91–112
37. Lee KS, Tan SJ (2003) E-retailing versus physical retailing: a theoretical model and empirical test of consumer choice. J Bus Res 56:877–885
38. Lettl C, Herstatt C, Gemuenden HG (2006) Users' contributions to radical innovation: evidence from four cases in the field of medical equipment technology. R D Management 36(3):251–272
39. Madhok A (2002) Reassessing the fundamentals and beyond: Ronald Coase, the transaction cost and resource-based theories of the firm and the institutional structure of production. Strateg Manag J 23:535–550
40. McIvor R (2009) How the transaction cost and resource-based theories of the firm inform outsourcing evaluation. J Operat Manage 27:45–63
41. Neus W (2005) Einführung in die Betriebswirtschaftslehre, 4. Aufl. Mohr Siebeck, Tübingen
42. Noble SM, Griffith DA, Weinberger MG (2005) Consumer derived utilitarian value and channel utilization in a multi-channel retail context. J Bus Res 58:1643–1651
43. Öberg C (2010) Customer roles in innovations. Intern J Innov Manage 14(6):989–1011
44. Penrose ET (2009) The theory of the growth of the firm, 4. Aufl. OUP, Oxford
45. Pfähler W, Wiese H (2008) Unternehmensstrategien im Wettbewerb: Eine spieltheoretische Analyse. Springer, Berlin
46. Porter M (2008) On competition. Harvard Business School, Boston
47. Raasch C, Herstatt C, Lock P (2008) The dynamics of user innovation: drivers and impediments of innovation activities. Intern J Innov Manage 12(3):377–398
48. Rosenbloom B (2007) Multi-channel strategy in business-to-business-markets: prospects and problems. Ind Mark Manage 36:4–9
49. Shepherd DA, Zacharakis A (2003) A new venture's cognitive legitimacy: an assessment by customers. J Small Bus Manag 41(2):148–167
50. Shepherd D, Douglas E, Shanely M (2000) New venture survival: ignorance, external shocks, and risk reduction strategies. J Bus Ventur 15:393–410
51. Simon H (1961) Administrative behavior. Macmillan, New York
52. Song M, Podoynitsyna K, Bij H van der, Halman JIM (2008) Success factors in new ventures: a meta-analysis. J Prod Innov Managet 25:7–27
53. Stinchcombe A (1965) Social structures and organizations. In: March J (Hrsg) Handbook of organizations. Rand McNally, Chicago, S 149–193
54. Teece DJ (1986) Profiting from technological innovation: implications for integration, collaboration, licensing and public policy. Res Pol 15:285–305
55. Hippel E von (1986) Lead users: a source of novel product concepts. Manage Sci 32(7):791–805
56. Walker G, Weber D (1984) A transaction cost approach to make-or-buy decisions. Admin Sci Quat 29(3):373–391
57. Watzl B, Leitzmann C (2005) Bioaktive Substanzen in Lebensmitteln. Hippokrates, Stuttgart

58. Williamson OE (1975) Markets and hierarchies. Free Press, New York
59. Williamson OE (1981) The economics of organization: the transaction cost approach. Am J Sociol 87(3):548–577
60. Williamson OE (1985) The economic institutions of capitalism. Free Press, New York
61. Williamson OE (1996) The mechanisms of governance. Oxford University Press, Oxford
62. Williamson OE (1999) Strategy research: governance and competence perspectives. Strateg Manag J 20:1087–1108
63. Wirtz BW (2008) Multi-Channel-Marketing: Grundlagen, Instrumente und Prozesse, 1. Aufl. Gabler, Wiesbaden
64. Woodruff RB (1997) Customer value: the next source for competitive advantage. J Acad Mark Sci 25(2):139–153
65. Zettelmeyer F (2000) Expanding to the internet: pricing and communications strategies when firms compete on multiple channels. J Marketing Res 37:292–308
66. Zimmermann MA, Zeitz GJ (2002) Beyond survival: achieving new venture growth by building legitimacy. Acad Manage Rev 27(3):414–431

> # Teil III
Strategisches Gründungsmanagement und institutionelle Gründungsförderung

Conaris Research Institute AG

Dirk Bickmann, Inga Niemann und Maik Kehlbeck

Inhaltsverzeichnis

1	Einleitung	162
2	Die Lösung: sgp130Fc	162
3	Conaris gestern	163
	3.1 Die Gründungsidee	163
	3.2 Das Team	164
	3.3 Die Entwicklung von sgp130Fc	165
4	Zuversicht bei Conaris	166
5	Conaris richtet den Blick nach vorne	167
	5.1 Die klinische Phase	167
	5.2 Die Akquisition von neuen Investoren	168
	5.3 Die Auslizenzierung	170

Überblick

Für junge Biotechnologieunternehmen, deren Geschäftsmodell auf der kommerziellen Entwicklung von Wirkstoffen basiert, steht in jeder Phase ihrer Arbeit viel auf dem Spiel. Forschungs- und Entwicklungsausgaben in der klinischen Phase können sehr schnell die Millionengrenze überschreiten. Die Frage nach einer geeigneten Finanzierungsstrategie ist damit elementar für den Erfolg eines Unternehmens. Sollten bspw. Kapitalgeber akquiriert und damit die Entwicklung eines potentiellen Wirkstoffkandidaten in Eigenregie fortgesetzt oder sollte hinsichtlich potentieller Risiken möglichst

D. Bickmann (✉) · I. Niemann
Schauenburgerstraße 116, 24118 Kiel, Deutschland
E-Mail: info@conaris.de

M. Kehlbeck
Am Moorgraben 26, 27305 Bruchhausen-Vilsen, Deutschland
E-Mail: maik.kehlbeck@web.de

frühzeitig, d. h. noch vor Beginn der klinischen Phase an ein großes Pharmaunternehmen auslizenziert werden. Im Kern geht es also um eine Risikoabschätzung für den besten Zeitpunkt der Auslizenzierung. Diese Entscheidung hatte auch das junge Unternehmen Conaris hinsichtlich der Entwicklung eines Wirkstoffes gegen chronisch entzündliche Darmkrankheiten zu treffen.

1 Einleitung

Krampfartige und heftige Schmerzen im Bauch, Erbrechen, Schweißausbrüche oder Verdauungsbeschwerden sind jedem von uns schon einmal begegnet. Aber was ist, wenn diese Beschwerden unseren Alltag bestimmen? Der Grund für diese Symptome kann eine Entzündung der Darmschleimhaut sein. Ist solch eine Krankheit erst einmal ausgebrochen, dann leiden die Betroffenen nicht selten dauerhaft daran.

Bis zum heutigen Tag können chronisch entzündliche Darmkrankheiten (CED) nicht komplett geheilt werden. Viele am Markt erhältliche Medikamente dämmen die Entzündung zwar ein, können aber z. T. erhebliche Nebenwirkungen durch den Ausbruch von Infektionserkrankungen verursachen. Chronisch entzündliche Erkrankungen sind keine Seltenheit. Insgesamt leben in Deutschland ungefähr 320.000 Menschen, die unter einer chronischen Darmentzündung leiden. Jährlich kommen 4.000–8.000 Neuerkrankte hinzu, von denen ca. 25 % noch keine 20 Jahre alt sind (vgl. http://www.kompetenznetz-ced.de/darmerkrankungen.html). Der Alltag der Betroffenen ist geprägt von starken Schmerzen und Störungen des Verdauungssystems. Aufgrund der Beeinträchtigung der Lebensqualität und kaum vorhandener Behandlungsmöglichkeiten leiden die Patienten häufig unter Zukunftsängsten und ständiger Sorge vor wiederkehrenden Schmerzen. CED wird als eine der unangenehmsten und seelisch belastendsten Krankheiten beschrieben. Viele Betroffene werden von Depressionen verfolgt und verlieren durch die psychischen Auswirkungen der Krankheit häufig Familie und Freunde.

Für neue Hoffnung sorgen Forschungsergebnisse aus Kiel. Insbesondere durch die Zusammenarbeit der Conaris Research Institute AG und der 1. Medizinischen Klinik des Universitätsklinikums Schleswig-Holsteins (UK-SH) wurden in den letzten Jahren viele neue Erkenntnisse über CED gesammelt. Das kleine Kieler Unternehmen Conaris hat ein Protein entdeckt, das viel gezielter als bisherige Arzneien in den molekularen Prozess von Entzündungserkrankungen eingreift und somit nur die dazugehörigen Beschwerden beseitigt und gleichzeitig weniger Nebenwirkungen hervorruft.

2 Die Lösung: sgp130Fc

Eine der Ursachen für chronische Entzündungen ist eine Fehlregulierung des Immunsystems. Ein intaktes Immunsystem führt dazu, dass es bei einer Infektion im Körper zu einer Aussendung von Botenstoffen kommt, die die Infektion im Körper lokalisieren und bekämpfen. Es ist in etwa so, als ob ein Feuer ausbricht und daraufhin die Feuerwehr zum Löschen des Brandes ausrückt. Bei einer Fehlregulierung des Immunsystems werden besagte Botenstoffe jedoch laufend ausgeschüttet, ohne dass eine Infektion im Körper vorliegt. Genau wie ein dauerhafter Löscheinsatz der Feuerwehr eine Überschwemmung und somit einen Schaden an einem Gebäude verursacht, so führt das dauerhafte Aussenden von Botenstoffen zu Schäden im Körper. Das Resultat sind chronische Entzündungen wie beispielsweise Morbus Crohn und Colitis ulcerosa, die zur Gattung der chronischen Darmentzündungen zählen. Einer der Botenstoffe, die solche Erkrankungen verursachen können, heißt Interleukin-6 (IL-6). Der von Conaris entwickelte Wirkstoff sgp130Fc ist in der Lage, die Wirkung von IL-6 zu regulieren. Im Gegensatz zu anderen regulatorischen Wirkstoffen schaltet sgp130Fc aber nur den Teil der IL-6-Funktion aus, der für die Fortdauer der Entzündung verantwortlich ist. Bakterielle Infektionen können vom Körper dagegen nach wie vor effektiv bekämpft werden. Sgp130Fc ist einem natürlich vorkommenden Regulatormolekül nachempfunden und unterstützt dieses in seiner Wirkung. Somit wird gewährleistet, dass es nicht zu einer Gewebeschädigung in Form von chronischen Entzündungen kommt, die durch eine unkontrollierte Ausschüttung von Botenstoffen entsteht.

3 Conaris gestern

3.1 Die Gründungsidee

Im Jahr 1999 kam es durch Professor Stefan Schreiber zur Gründung der Conaris Research Institute GmbH. Schreiber arbeitete bereits an verschiedenen Kliniken, bevor er schließlich Professor für Innere Medizin und Gastroenterologie am Universitätsklinikum Kiel wurde. In der Folgezeit fungierte er als Direktor des Instituts für Klinische Molekularbiologie an der Christian-Albrechts-Universität zu Kiel und klinischer Sektionsleiter an der Klinik für Allgemeine Innere Medizin.

Um sicherzustellen, dass es zu keinem Interessenkonflikt zwischen der universitären Tätigkeit von Schreiber und der kommerziellen Verwendung von Forschungsergebnissen kommt, wurde Conaris gegründet. Das Ziel, welches Schreiber zum Zeitpunkt der Gründung hatte, unterschied sich jedoch noch gravierend von der heutigen Ausrichtung des Unternehmens.

Damals wollte Conaris lediglich als Dienstleister für Auftragsforschung auftreten. Dafür erstellte das Kieler Unternehmen eine so genannte Screening-Plattform[1] und wollte deren Ergebnisse professionell lizenzieren. Daneben führte Conaris Auftragsforschung für ein

---

[1] Ein solches Hochdurchsatz-Screening untersucht Informationen über genetische Unterschiede zwischen kranken und gesunden Freiwilligen. Dafür werden sowohl erkrankte als auch gesunde Personengruppen in eine Kartei aufgenommen, um krankheitsrelevante Gene zu identifizieren und entsprechende Therapien entwickeln zu können. In diesem Prozess übernahm Conaris die Erstellung und Lizenzierung der Targetlisten.

Pharma-Unternehmen durch, wodurch Gelder zur Finanzierung generiert wurden. Außerdem gelang es den Kielern, mehrere Förderungen vom Bundesministerium für Bildung und Forschung (BMBF) im Rahmen der Förderinitiativen „Biochance", „Biochance Plus" und als Mitglied im Nationalen Genomforschungsnetz (NGFN) zu erhalten.

Es stellte sich im Verlauf der ersten Jahre jedoch heraus, dass die bloße Entdeckung und Patentierung neuer Krankheitsgene nicht lizenzfähig sei. Die Pharmaindustrie ist vielmehr an Wirkstoffen interessiert, die gegen solche Targets gerichtet sind. Daher veränderte sich Conaris im Laufe der Zeit immer mehr zu einem wirkstoffentwickelnden Unternehmen.

3.2 Das Team

Eine Forschungsgruppe um Professor Dr. Rose-John, Direktor des Biochemischen Instituts in Kiel, entdeckte Anfang der 90er Jahre ein körpereigenes Protein, mit dessen Hilfe es gelingen könnte, chronische Entzündungskrankheiten wie Morbus Crohn zu heilen. Durch die personellen Verflechtungen zwischen Institut und Conaris ergab sich somit die Chance, diesen Wirkstoff weiterzuentwickeln.

Stefan Rose-John, studierter Biologe, Chemiker und Physiker sowie Direktor des Biochemischen Instituts der Christian-Albrechts-Universität, war einer der Ersten, der die Zusammenhänge des Interleukin-6 Moleküls (IL-6) und chronischen Entzündungen beschreiben konnte. Die Rechte für sgp130Fc wurden 2002 von Conaris übernommen und die kommerzielle Entwicklung des Wirkstoffes in der Firma fortgesetzt.

Im Verlauf dieser Entwicklung wurden weitere Optimierungen und, damit verbunden, weitere Patentanmeldungen zum Molekül vorgenommen. Die Finanzierung in dieser Wandlungsphase wurde wiederum größtenteils durch öffentliche Gelder gesichert. Um neben den finanziellen staatlichen Förderungen eine weitere Option zur Kapitalgenerierung zu schaffen, hat sich das Kieler Unternehmen 2004 von einer GmbH in eine Aktiengesellschaft umgewandelt. So könnte ein möglicher Börsengang leichter realisiert und potentielle Investoren einfacher gefunden werden.

Zusätzlich zu dem Wandel der Unternehmensziele gab es auch personelle Veränderungen. Im Jahr 2002 entschloss sich Schreiber, die Geschäftsführung von Conaris seinem Kollegen, Dr. rer. nat. Dirk Seegert, anzuvertrauen.

Nach Abschluss seines Biochemie-Studiums arbeitete Seegert am Fraunhofer Institut, bevor er an das UK-SH wechselte. Dort fungierte er vier Jahre lang als Laborleiter von Schreibers zellbiologischer Arbeitsgruppe, die sich auf die Erforschung entzündlicher Darmerkrankungen spezialisiert hatte. Dr. Seegert ist sowohl Geschäftsführer als auch wissenschaftlicher Leiter von Conaris.

Neben einem neuen Geschäftsführer wurde die wissenschaftliche Arbeit von Conaris durch die Einstellung des Immunologie-Spezialisten Dr. rer. nat. Georg H. Wätzig gestärkt. Wätzig erforschte zunächst, mit einem Stipendium der Boehringer Ingelheim Pharma GmbH & Co.KG, die Immunologie des Menschen an der Klinik für Allgemeine

Innere Medizin des UK-SH in Kiel und lernte so Schreiber und Seegert kennen. Seit 2002 verantwortet er den gesamten Forschungsbetrieb bei Conaris.

Doch Conaris wird neben den fest integrierten Wissenschaftlern Seegert und Wätzig seit einigen Jahren nicht nur von dem Gründer Schreiber und Rose-John verstärkt. Mit Professor Gerhard G. Steinmann unterstützt ein weiterer Experte auf dem Gebiet der Immunologie das Kieler Team. Dieser beschäftigte sich bereits nach seinem Medizin- und Psychologiestudium mit der Erforschung so genannter Zytokine. Dazu gehören ebenfalls die bereits erwähnten Interleukin-6 Moleküle, die bei einer Reaktion des Immunsystems ausgesandt werden. Seit 1994 ist Steinmann bereits Professor für Pathologie an der Christian-Albrechts Universität zu Kiel. Neben seiner Tätigkeit an der Universität Kiel und bei Conaris leitet Steinmann bei Boehringer Ingelheim Forschergruppen in der Medikamentenentwicklung und Immunologie.

3.3   Die Entwicklung von sgp130Fc

Schon zum damaligen Zeitpunkt lag die Aufmerksamkeit des ganzen Unternehmens auf der Entwicklung des Proteins sgp130Fc. Die Evolution von Wirkstoffen ist ein langwieriger Prozess. Abb. 1 zeigt graphisch, welche verschiedenen Phasen von der Idee bis zur Marktreife durchlaufen werden müssen. Die Gefahr eines solchen Entwicklungsprozesses besteht darin, dass in jeder Phase unerwartete Ereignisse, wie beispielsweise Unverträglichkeiten, geringe Leistung der Produktionszellen oder fehlende therapeutische Wirkung auftreten können, die zu einem plötzlichen Ende des Projekts führen würden.

Im Jahre 2007 war der Wirkstoff sgp130Fc noch in der präklinischen Phase, wobei die grau markierten Phasen in Abb. 1 bereits erfolgreich absolviert wurden.

In der Forschungs- und Entwicklungsphase (F&E) wurde unter anderem nach den Ursachen von Morbus Crohn und anderen Entzündungskrankheiten gesucht. Hierunter fallen insbesondere auch die Arbeiten von Prof. Rose-John. In der Wirkstoffentwicklungsphase (Drug Dev.) suchten die Wissenschaftler nach optimierten, kommerziell verwendbaren Formen des Wirkstoffes. Diese verbesserten Varianten wurden immer wieder hinsichtlich ihrer therapeutischen Funktion im Tiermodell und in Bezug auf ihre Patentfähigkeit kontrolliert (PoC, Animal Model). Alle beschriebenen Entwicklungsphasen gehören zur so genannten präklinischen Phase, in der noch keine Versuche am Menschen durchgeführt werden. Für die verbleibende präklinische Entwicklung (GMP-Produktion und Toxizitätsstudien) rechnete Conaris mit Kosten in Höhe von ca. 4 bis 5 Mio. €.

Die ersten drei Unterphasen der Präklinik wurden bei Conaris zu ca. 50 % aus öffentlichen Fördermitteln finanziert (Die anderen 50 % konnten die Kieler mit den Erträgen aus der Auftragsforschung aufbringen). Einer kleineren Förderung in Höhe von 110.000 € folgte die bislang größte Zuwendung von 1,3 Mio. € für die präklinische Entwicklung des Proteins sgp130Fc. Den Rahmen bildete das 2003 gestartete BioChance Plus Programm des BMBF zur Stärkung des Wachstums und der Entwicklung der Biotechnologie-Branche in Deutschland.

Präklinische Phase					Klinische Phase		
F&E	Drug Dev.	PoC Animal Model	GMP	TOX Studie	Phase 1	Phase 2	Phase 3

Abb. 1 Entwicklungsprozess medizinischer Wirkstoffe

Im Juni 2007 wurde Conaris das erste Patent einer ganzen Reihe von Patentanmeldungen rund um sgp130Fc und Varianten erteilt. Die Erteilung des Patentes für die parentale Form des Wirkstoffes erfolgte Ende 2007. Bei einer Patentdauer von 20 Jahren ist die alleinige Verwendung von sgp130Fc in den nächsten Jahren gesichert, und somit sind Konkurrenzprodukte, die auf derselben Technologie basieren, ausgeschlossen.

4 Zuversicht bei Conaris

Conaris befindet sich am Ende der präklinischen Phase. Dieser Abschnitt ist sehr aufwändig und kostenintensiv und dadurch gekennzeichnet, dass hierbei der Wirkstoff unter so genannten GMP-Richtlinien hergestellt wird. Good Manufacturing Practice (GMP) stellt eine Standardisierung der Produktion von Arzneimitteln, Wirkstoffen und Medizinprodukten dar, die der Qualitätssicherung dient. Auf der sachorientierten Ebene beziehen sich diese Regelungen auf die Einrichtung und Ausstattung der Labore. Auf der ablauforientierten Ebene werden dem Personal Vorschriften über Herstellung, Prüfung, Dokumentation und Selbstinspektion gemacht.

Die von den Zulassungsbehörden vorgeschriebenen Toxizitätsstudien zur Verträglichkeitsprüfung werden unter so genannten Good Laboratory Practice-Standards (GLP-Standards) in Nagetieren und Nicht-Nagetieren durchgeführt. Für ein Biotech-Unternehmen wie Conaris ist diese Phase sehr entscheidend, denn nur, wenn die Ergebnisse zufrieden stellend verlaufen und keine gravierenden Unverträglichkeiten bei den Tieren auftreten, wird die Freigabe zum Eintritt in die klinische Phase erteilt.

Zur Finanzierung dieser letzten beiden Phasen der Präklinik hofft Conaris auf zwei weitere Förderungen von Bund und Land. Das Landesförderprojekt bezieht sich auf die industrielle Herstellung von sgp130Fc. Das Bundesförderprojekt hat die erforderlichen toxikologischen Prüfungen zum Inhalt. Da bereits positive wissenschaftliche Begutachtungen für beide Anträge vorliegen, hoffen die Kieler Forscher noch dieses Jahr auf Zusagen.

5 Conaris richtet den Blick nach vorne

Da in den klinischen Phasen die finanzielle Belastung für Conaris exponentiell ansteigt, stellt dies die Mitarbeiter vor das große Problem, potentielle Kapitalgeber überzeugen zu müssen, in das Unternehmen zu investieren. Aus diesem Grund wird auch in Erwägung gezogen, an Stelle einer weiteren Entwicklung in Eigenregie den Wirkstoff schon nach der präklinischen Phase an große Pharmakonzerne auszulizenzieren. Beide Varianten bieten Vor- und Nachteile. Zur Entscheidungsfindung ist es daher zwingend notwendig, die einzelnen Unterphasen der Klinik genauer zu betrachten.

5.1 Die klinische Phase

In Abb. 1 ist zu erkennen, dass sich die klinische Phase in drei Unterphasen aufteilt. Die Phase 1 in der Klinik, die planmäßig bei Conaris 2010 beginnt, soll der Risikobetrachtung dienen. Es wird die Verträglichkeit des Wirkstoffes an einer kleinen Gruppe von Freiwilligen getestet, die unter dem Gesichtspunkt von eventuell auftretenden Nebenwirkungen untersucht werden. Pro Proband treten hier ca. 15.000 € an Kosten auf. Insgesamt schätzt Conaris die Kosten dieser Phase auf 1,8–2,5 Mio. €. Zwar ist das Risiko von Nebenwirkungen durch die Untersuchungen der präklinischen Phase gemindert worden, doch ist der menschliche Organismus anders als der von Tieren gestaltet, so dass sich negative Folgen durch die Einnahme des Wirkstoffs eventuell erst in dieser Phase zeigen.

Sollte die Phase 1 erfolgreich absolviert worden sein, folgt die nächste große Hürde in der Entwicklung des Wirkstoffs. In der Phase 2 wird eine größere Anzahl an Probanden (80–150 Personen) dahingehend untersucht, ob der Wirkstoff wirklich die angestrebte therapeutische Wirksamkeit hat. Diese Phase dauert ca. drei bis sechs Monate. Selbst wenn die therapeutische Wirksamkeit bei den Tierversuchen nachgewiesen werden konnte, so bedeutet dies nicht automatisch, dass sich eine Wirkung auch beim Menschen zeigt.

Doch nicht nur die therapeutische Wirksamkeit im Allgemeinen ist in dieser Phase auf dem Prüfstand, auch die Effizienz des Wirkstoffes wird untersucht, d. h. die Relation von Einsatzmenge und therapeutischer Wirkung. Momentan ist es noch sehr aufwändig, die körpereigenen Eiweiße zu gewinnen, so dass das Projekt nur Bestand haben kann, wenn der Nutzen in der klinischen Phase groß genug ist, um die hohen Kosten der Herstellung zu rechtfertigen. Doch selbst, wenn alle kritischen Punkte der Phase 2 überwunden werden können, ist die klinische Phase noch nicht beendet.

In der Phase 3 wird schließlich die Langzeitverträglichkeit des Wirkstoffes an mehreren tausend Patienten über einen Zeitraum von mindestens sechs Monaten untersucht. Folglich ist der Kapitalbedarf in diesem Abschnitt am größten.

Das große Problem für die Kieler Forscher liegt darin begründet, dass bei einer geschätzten Marktreife des Proteins sgp130Fc im Jahre 2015 heute eine Erwartung über die zukünftige Anwendbarkeit und daraus resultierende Gewinne verkauft werden muss. Conaris hat kein Produkt, durch dessen regelmäßigen Verkauf anfallende Kosten gedeckt werden können, sondern ist bei klinischen Entwicklungskosten, die zwischen 250 Mio. und 1 Mrd. € variieren können, auf externe Geldgeber angewiesen. Für potentielle Geldgeber ist ein Engagement bei Conaris eine klare Risikoinvestition, da es im Prinzip in jeder zukünftigen Entwicklungsphase möglich ist, dass sgp130Fc aufgegeben werden muss. Als Einnahmequellen wären die Akquisition von neuen Investoren oder die Auslizenzierung der Forschungsergebnisse denkbar.

5.2 Die Akquisition von neuen Investoren

Um potentielle Investoren zu finden, müssen diese überzeugt werden, dass eine Risikoinvestition in Conaris auch eine entsprechende Rendite erbringt. Als wichtiges Argument von Conaris ist dabei die Tatsache zu sehen, dass viele Patente der Blockbuster-Produkte bei den großen Pharmakonzernen auslaufen und damit zu rechnen ist, dass günstigere Generika auf den Markt kommen werden. Fakt ist, dass in der heutigen Zeit aufgrund der extremen Kosten nur noch potentielle Blockbuster entwickelt werden können. Die großen Pharma-Unternehmen setzen somit ihren Fokus auf Medikamente im Bereich der Zivilisationskrankheiten. Allein in Deutschland leiden ca. 320.000 Menschen an chronischen Darmentzündungen, doch stellen diese Betroffenen noch lange nicht den gesamten Markt für die großen Pharma-Unternehmen dar. Diese sehen ihre Hauptmärkte neben Deutschland noch im restlichen Europa, in Amerika und in Japan.

Doch nicht nur dies spricht für das Potenzial von sgp130Fc. Die Kieler sehen noch andere Indikationen für die Behandlung mit dem Protein. Da nahezu alle chronischen Entzündungskrankheiten im Grunde durch ähnliche molekulare Mechanismen charakterisiert sind, könnte sgp130Fc auch zur Bekämpfung von anderen Entzündungskrankheiten eingesetzt werden, wie entsprechende Ergebnisse aus Tierstudien bereits gezeigt haben.

So konnte schon nachgewiesen werden, dass sgp130Fc zur Behandlung von rheumatoider Arthritis geeignet ist. Nach Angaben der AOK erkranken ca. 1,5 % der Bevölkerung im Laufe ihres Lebens an Gelenkrheuma, so dass sich hier noch ein viel größerer Markt für den Wirkstoff ergeben könnte (vgl. https://www.aok.de/baden-wuerttemberg/leistungen-service/aerzteteam-rheuma-13299.php). Auch besteht die Hoffnung, das Protein gegen das Auftreten von Asthma einsetzen zu können. Asthma gehört ebenso zu den chronischen Entzündungskrankheiten. Die deutsche MSD-Gruppe (Merck, Sharp, Dome), die zum Arzneimittelunternehmen Merck gehört, gibt an, dass in Deutschland 4 Mio. Menschen an Asthma erkrankt sind (vgl. hierzu auch http://www.zeit.de/2005/47/S-COPD-Kasten_1), so dass es auch hier ein riesiges Marktpotenzial gibt, welches die Kieler Forscher möglichst zeitnah erschließen möchten.

Und noch ein weiterer Markt hat sich im Laufe der Forschungsarbeit aufgetan. So gelang es Professor Rose-John gemeinsam mit dem Mainzer Professor Markus F. Neurath, den Nachweis zu erbringen, dass die Anwendung des Proteins auch Darmkrebs heilen könnte. Da Conaris mit sgp130Fc somit in das von den Pharma-Unternehmen gesuchte Raster fällt, findet das Kieler Unternehmen seit Anfang 2007 vermehrt Beachtung.

Ein Hemmnis für potentielle Investoren könnte in der Gefahr liegen, dass ein Konkurrenzprodukt vor sgp130Fc zur Marktreife gebracht wird und somit das Potenzial abschöpft, auch wenn in den nächsten Jahren eine Imitation der Technologie durch die Patentpolitik von Conaris ausgeschlossen ist. Im Arzneimittelmarkt kann ein neues, revolutionäres Produkt mit guter therapeutischer Wirkung, welches sich einige Zeit am Markt etabliert hat, nur schwer von einem Me-too-Produkt ersetzt werden. Sollte somit ein Anbieter ein neues, preislich für die Krankenkassen angemessenes Arzneimittel für den Bereich der chronischen Erkrankungen zur Marktreife bringen, wäre dies ein klares Ersatz- bzw. Konkurrenzprodukt, so dass sgp130Fc einen deutlichen Mehrwert bieten müsste. Ist dies nicht der Fall, könnte das Interesse potentieller Investoren an einer Weiterentwicklung des Wirkstoffs sgp130Fc aufgrund der Unsicherheit der erwarteten Gewinne verloren gehen, was zu einem Einbruch in den erwarteten Lizenzeinnahmen führen würde. Langsamer zu sein als die Konkurrenz könnte somit das Ende für Conaris bedeuten, da Second-In in diesem Fall keine Alternative wäre. Zur Kontrolle über dieses erhebliche Risiko ist es für Conaris von besonderer Bedeutung, potentielle Konkurrenten und deren Forschungsstand zu identifizieren.

Nach Überprüfung des Marktes stand fest, dass neben Conaris nur noch ein anderes Unternehmen an der Entwicklung eines Medikaments zur Bekämpfung von chronischen Darmentzündungen forscht. Die Konkurrenz hat einen IL-6 Rezeptor Antikörper entwickelt, der sich momentan in der klinischen Entwicklung befindet und somit schon weiter fortgeschritten ist als sgp130Fc. Bei diesem Konkurrenzwirkstoff wird der Botenstoff IL-6 jedoch komplett unterdrückt. Das Resultat ist, dass sich der Körper bei einer dauerhaften Blockade nicht mehr gegen andere Infektionen wehren kann. Genau hier wird der Mehrwert von sgp130Fc geschaffen, da es nur den Teil der IL-6 Funktion unterdrückt, der die chronische Entzündung begünstigt. Der zeitliche Vorsprung der Konkurrenz trägt sogar zur gewissen Reduktion eines großen Zukunftsrisikos von Conaris bei. Der Grund dafür liegt darin, dass das Konkurrenzprodukt durch die Blockade von Interleukin-6 bereits gute Therapieergebnisse an menschlichen Patienten erzielt hat. Dadurch ist für die Conaris-Führung klar, dass die grundsätzliche Idee, den Therapieansatz in der Regulation von Interleukin-6 zu suchen, funktioniert und somit auch eine klinische Effektivität von sgp130Fc zu erwarten ist.

Es gibt also sowohl gute Argumente für als auch gegen die Investition in Conaris. Potentielle Kapitalgeber stehen nun der Entscheidung gegenüber, diese Chancen und Risiken abzuwägen. Doch auch für Conaris ergeben sich aus dem Engagement eines neuen Investors Vor- und Nachteile, so dass auch hier eine Entscheidung getroffen werden muss.

Als großer Vorteil ist zu sehen, dass Conaris durch Akquisition eines neuen Kapitalgebers das Protein sgp130Fc in Eigenregie weiterentwickeln könnte, so dass die Kieler erst zum Ende der klinischen Phase 1 oder 2 auslizenzieren müssten und so Erlöse im oberen zweistelligen Millionenbereich erzielen könnten. Diese Erträge wären dann zwar anteilsmäßig an den Investor abzutreten, doch könnte Conaris in diesem Fall höhere Beträge generieren als bei einer Auslizenzierung zum jetzigen Zeitpunkt.

Ein weiterer Vorteil besteht darin, dass bei einer erfolgreichen Weiterentwicklung das eigene Renommee ausgebaut würde. Dies könnte bei zukünftigen Projekten von Vorteil sein, da noch mehr Vertrauen in die Forscher von Conaris gesetzt und somit die Suche nach Geldgebern erleichtert würde.

Doch auch die Nachteile einer Aufnahme neuer Kapitalgeber sind nicht zu unterschätzen. So ginge mit einem Engagement eines Investors ein teilweiser Verlust der Unabhängigkeit einher. Dies wäre unabhängig davon, in welcher Form die Bereitstellung von Eigenkapital erfolgt. Sowohl bei einem Börsengang als auch bei einer Beteiligung durch Venture Capital-Firmen oder durch große Pharmakonzerne würden sich die Kapitalgeber immer ein Mitspracherecht sichern.

Ein weiterer Nachteil, der bei einer Weiterentwicklung in Eigenregie auftritt, ist, dass allein Conaris das Risiko der Weiterentwicklung tragen müsste. Im Falle eines Scheiterns würde dies einen Totalverlust für die Kieler bedeuten, da noch keine Erträge aus einer Lizenzierung geflossen sind. Im Worst Case könnte dies zu einem Ende der ganzen Unternehmung führen. So ist es auch für Conaris wichtig, das Für und Wider einer Aufnahme neuer Kapitalgeber sorgsam zu überdenken.

5.3 Die Auslizenzierung

Eine Alternative zur eigenen Weiterentwicklung ist die frühzeitige Auslizenzierung nach erfolgreichem Abschluss der präklinischen Phase. Sollte sich Conaris zu einem solchen Schritt entscheiden, könnten von einem interessierten Pharma-Unternehmen Lizenzerträge im unteren zweistelligen Millionenbereich erhalten werden. Dabei ist jedoch zu beachten, dass eine solche Ausschüttung nicht in einer Summe überwiesen wird, sondern in Form von vorher fest vereinbarten Meilensteinzahlungen erfolgt. Diese Meilensteine könnten sich zum Beispiel an den dargestellten Phasen des Entwicklungsprozesses von sgp130Fc orientieren. Aus den verschiedenen möglichen Ausgestaltungen eines Lizenzvertrages kann folgender Trade-Off auftreten: Höhere Anfangs- bzw. Meilensteinzahlungen haben einen negativen Einfluss auf die Höhe einer späteren Umsatzbeteiligung. Umso wichtiger ist es, dass die Conaris-Führung bei der Vertragsgestaltung Verhandlungsgeschick beweist, indem sie den Kontrakt gemäß ihren Zielvorstellungen durchsetzt. Auch wenn bei einem großen erwarteten Erfolg von sgp130Fc eine hohe Umsatzbeteiligung auf den ersten Blick vorteilhaft wäre, muss in Betracht gezogen werden, dass die Gefahr einer Entwicklungseinstellung seitens des Lizenznehmers besteht. Gründe für eine solche Einstellung könnten strategische Überlegungen des Pharmakonzerns sein, aufgrund derer sie die Technologie Wettbewerbern unzugänglich machen. Ein weiterer Grund könnte in unvorhersehbaren Komplikationen während der folgenden Entwicklungsphasen zu sehen sein, die auch ein großes Pharma-Unternehmen zur Einstellung der Entwicklung zwingen würden.

Im Gegensatz zur angesprochenen Eigenentwicklung bestünde in diesem Fall der Vorteil für Conaris darin, dass die Arbeit der letzten Jahre zumindest durch die Anfangsauszahlung entlohnt würde.

Außerdem besteht bei der frühzeitigen Auslizenzierung der allgemeine Vorteil, dass keine weiteren Kapitalgeber mobilisiert werden müssten und somit die Unabhängigkeit in der Geschäftsführung bestehen bliebe. Dies wäre besonders für das freie Forschen in Bezug auf neue Wirkstoffe von entscheidender Bedeutung. Denn nur so könnten eigene Ideen verfolgt und weitgehend frei geforscht werden.

Durch die im Oktober 2007 den Universitäten Kiel und Lübeck gemeinsam mit dem Forschungszentrum Borstel im Rahmen des Exzellenzclusters „Entzündung an Grenzflächen" zugeteilte Förderung über rund 45 Mio. € könnte sich für Conaris die Möglichkeit ergeben, neue Wirkstoffkandidaten zur Prüfung und Entwicklung zu bekommen. Ein Erhalt der Unabhängigkeit ist in diesem Zusammenhang insofern wichtig, als dass man diese Chancen bei eigener Entscheidungsgewalt leichter nutzen kann, als wenn man auf die Zustimmung anderer Anteilseigner angewiesen ist. Es bleibt festzuhalten, dass beide Alternativen ihre Vor- und Nachteile haben und Conaris somit vor einer schwierigen Entscheidungssituation steht.

Aufgaben

1. Welche grundsätzliche Strategie zur Kommerzialisierung von sgp130Fc verfolgt Conaris? Gibt es dazu Alternativen?
2. Diskutieren Sie grundsätzliche Voraussetzungen für einen so genannten „Market for Ideas". Welche Rolle spielen die Patente von Conaris zu dem Molekül sgp130Fc für die gewählte Markteintrittsstrategie?
3. Nennen Sie Vor- und Nachteile der beiden Entscheidungsalternativen (Neue Kapitalgeber oder frühzeitige Auslizenzierung) und formulieren Sie auf dieser Basis eine Handlungsempfehlung an das Management!

TENIRS

Steffen Hoffmann, Maria Saev und Natalie Wehlert

Inhaltsverzeichnis

1	Einführung	174
2	Unternehmensgründung – TENIRS	175
	2.1 Das Gründerteam	175
	2.2 Der Weg zur Gründung	176
3	Die Technologie und ihre Anwendung	176
	3.1 Die technologische Innovation	176
	3.2 Potentielle Anwendungsfelder von TENIRS	177
	3.3 Funktionsweise einer Biogasanlage und Anwendung von TENIRS	178
	3.4 Der Nutzen von TENIRS in einer Biogasanlage	179
4	Das Marktumfeld von TENIRS	179
	4.1 Die Marktsituation der Biogas-Branche	180
	4.1.1 Die Entwicklung der Biogasanlagen	180
	4.1.2 Staatliche Regelungen im Strommarkt für crncucrbare Energien	181
	4.1.3 Auswirkungen der staatlichen Eingriffe auf die Biogasanlagenbetreiber	181
	4.1.4 Entwicklungen im Biogas-Markt	182
	4.2 Wettbewerber im Markt für Mess- und Regelungstechnologien	182
	4.2.1 Die prozessbiologische Betreuung als Wettbewerber von TENIRS	182
	4.2.2 Kosten- und Leistungsvergleich: TENIRS vs. prozessbiologische Betreuung	183
	4.2.3 Konkurrierende Mess- und Regelungstechnologien	183
	4.2.4 Kosten- und Leistungsvergleich: TENIRS vs. konkurrierende Messtechnologien	184

S. Hoffmann (✉)
Auf der Halbinsel 13, 24326 Dörnick, Deutschland
E-Mail: hoffmann.kiel@web.de

M. Saev
Müllheimerstraße 26, 79395 Neuenburg, Deutschland
E-Mail: maria.saev@gmx.de

N. Wehlert
Kirchstieg 6e, 22880 Wedel, Deutschland
E-Mail: cabextern@gmx.de

5   Kunden 184
    5.1   Anlagenbetreiber 185
    5.2   Anlagenhersteller 186
6   Kooperationen 186
    6.1   Wissenschaftsbasierte Kooperationen 186
    6.2   Wirtschaftsbasierte Kooperationen 187
7   Status Quo und Ausblick 187

Überblick

Mit ihrer innovativen Technologie zur Messung und Optimierung der Stoffzusammensetzung trüber Flüssigkeiten bietet TENIRS potentielle Problemlösungen für unterschiedliche Anwendungsgebiete. Die Fallstudie zeigt die Entwicklung der Technologie für den Einsatz an Biogasanlagen auf. Neben dem Hintergrund der Unternehmensgründung werden die Situation im dynamischen Biogas-Markt und das Wettbewerbsumfeld in der Mess- und Regelungstechnik dargestellt. Darüber hinaus wird die Bedeutung von Kooperationen für junge Technologie-Unternehmen verdeutlicht, insbesondere hinsichtlich der Einbindung von Pilotkunden bei der Entwicklung eines marktreifen Produktes.

---

1   Einführung

7.00 Uhr in Kiel: Der dreifache Familienvater Rainer Baumgarten sitzt mit seiner Frau am Frühstückstisch und liest interessiert einen Artikel in der Tageszeitung:

„ ... die Anzahl und das Ausmaß von Schneekatastrophen, Überflutungen und Wirbelstürmen haben im Jahr 2007 dramatisch zugenommen. Dies sind die Auswirkungen des Klimawandels und der globalen Klimaerwärmung. Die Ursachen hierfür liegen in der umweltbelastenden Art der Energieerzeugung ... Die einzige Möglichkeit, eine Zunahme derartiger Katastrophen abzuwenden, sehen Wissenschaftler in der schnellstmöglichen Umstellung auf eine regenerative Energieerzeugung, wie die Nutzung von Windkraftanlagen, Solarzellen und Biogasanlagen ... Die Energieversorger stehen hierbei jedoch vor dem Problem, dass eine derartige Energieerzeugung wesentlich kostenintensiver als die bisherige Form der Energiegewinnung ist, was unter anderem auf einen zu geringen Effizienzgrad der regenerativen Energiegewinnungsmethoden zurückzuführen ist. Damit diese zukünftig wirtschaftlich konkurrenzfähig werden, ist eine Effizienzsteigerung dringend erforderlich ... "

Dr. Rainer Baumgarten ist der Geschäftsführer des jungen Technologieunternehmens TENIRS GmbH, welches er im Oktober 2006 gemeinsam mit seiner Frau, Dr. Helga Andree, gegründet hat. TENIRS ist die Abkürzung für die innovative Technologie „Transflexive Embedded Near InfraRed Sensor". Hierbei handelt es sich um eine Mess- und Optimierungstechnologie, die die Stoffzusammensetzung trüber Flüssigkeiten, wie Klärschlamm und Gülle, präzise und kontinuierlich misst und analysiert. Anwendungsfelder bieten sich in den Bereichen Landwirtschaft, Klär- und Biogasanlagen.

Aufgrund begrenzter Ressourcen fokussieren die Gründer zunächst den Biogasmarkt, der den Ergebnissen einer eigenen Marktstudie nach als besonders viel versprechend für TENIRS erscheint.

2 Unternehmensgründung – TENIRS

2.1 Das Gründerteam

Dr. Helga Andree ist studierte Agraringenieurin und neben ihrer Arbeit für TENIRS als wissenschaftliche Mitarbeiterin am Institut für landwirtschaftliche Verfahrenstechnik an der Christian-Albrechts-Universität zu Kiel tätig. Im Rahmen ihrer universitären Tätigkeit pflegt sie ständigen Kontakt zu anderen Wissenschaftlern und arbeitete in zahlreichen Forschungsprojekten mit diesen zusammen. Unter anderem leitete sie das Team bei dem Projekt „Nahinfrarotspektroskopie zur Optimierung und Stabilisierung des Gasbildungsprozesses von Biogasanlagen".

Dr. Rainer Baumgarten ist Diplom-Ingenieur und arbeitete vor der Gründung von TENIRS in der Softwarebranche als Produktmanager. Um sich dem neugegründeten Unternehmen voll widmen zu können, gab er diesen Job auf und ist nun gemeinsam mit seiner Frau Geschäftsführer der TENIRS GmbH.

Für beide Unternehmer stellte der Schritt in die Selbständigkeit eine große berufliche Umstellung dar, vor allem für Dr. Andree. Die berufliche Umorientierung von der universitären Forschung zu wirtschaftlicher Selbstständigkeit war für sie ein bedeutender Schritt. Durch die unterschiedlichen Fachgebiete der beiden Gründer ergänzen diese sich gut in ihrer Zusammenarbeit beim Aufbau der TENIRS GmbH. Dr. Andree ist vor allem die „Know-how-Trägerin" für die innovative Technologie. Sie bringt nicht nur das notwendige agrarwissenschaftliche Wissen, sondern auch Branchenkenntnisse aus dem Agrar- und Biogasmarkt mit. Dr. Baumgarten ist der „Softwareexperte" für die mathematische Auswertung des durch die Messtechnologie ermittelten Datenmaterials und besitzt aufgrund seiner vorherigen Tätigkeit als Produktmanager langjährige wirtschaftliche Erfahrungen.

2.2 Der Weg zur Gründung

Die Idee zu der in der Unternehmung verwendeten Technologie TENIRS entstand bereits 2004 im Rahmen mehrerer Forschungsprojekte, an denen Dr. Andree beteiligt war. Bei der Ideengenerierung war nicht ein spezielles Forschungsprojekt ausschlaggebend, sondern das Zusammenwirken der Ergebnisse mehrerer Projekte führte zu der Entwicklung der TENIRS-Technologie.

Die Innovation fand auch öffentlich viel Anerkennung und wurde u. a. 2004 bei dem „Ideenwettbewerb in Schleswig-Holstein" mit dem ersten Preis ausgezeichnet. Die Gründung der TENIRS GmbH wurde jedoch erst 2006 verwirklicht.

Begünstigt wurde die Entscheidung zur Gründung durch die Seed- und Start-up-Fonds, welche seit 2006 vom Land Schleswig-Holstein angeboten werden. Sie stellen Ausgründungen aus Hochschulen und Forschungseinrichtungen Kapital zwischen 50.000 und 100.000 Euro in Form von stillen Beteiligungen zur Verfügung und konnten so einen erheblichen Teil des Kapitalbedarfs des Start-ups decken.

Bei der Gründung verzichtete das Gründerteam auf die Erstellung eines klassischen Business-Plans. Frau Dr. Andree begründete dies so: „Wir wollten die Zeit, die ein umfangreicher Business-Plan verbraucht hätte, in die Produktentwicklung investieren, um einen Vorteil gegenüber den Konkurrenten zu haben ... ". Allerdings fertigten sie einen detaillierten Finanzplan an und führten mit Unterstützung des Lehrstuhls für Gründungs- und Innovationsmanagement der Universität Kiel eine umfangreiche Vorstudie durch, in der sie unterschiedliche Zielmärkte auf deren Potential und den Nutzen von TENIRS für potentielle Anwender in diesen Märkten untersuchten.

3 Die Technologie und ihre Anwendung

3.1 Die technologische Innovation

TENIRS beschreibt eine Technologie, welches die Zusammensetzung von Flüssigkeiten oder Fest-Flüssig-Gemischen, so genannten Suspensionen, misst, indem es die zu messende Substanz mit Infrarotlicht bestrahlt und anhand des reflektierten Lichtes die Beschaffenheit des Stoffes ermittelt. Eine Analyse des Spektrums des reflektierten Lichtes lässt hierbei sehr detaillierte Rückschlüsse auf die Stoffparameter zu. Dieses Verfahren der so genannten Infrarotspektroskopie ist prinzipiell noch keine Innovation und wird bereits seit vielen Jahren in den verschiedensten Bereichen zur Materialanalyse verwendet. Die eigentliche Innovation von TENIRS ist die Idee, einen solchen Infrarotsensor in ein Rohrstück zu integrieren, welches mit einem Sichtfenster zur Infrarotmessung ausgestattet ist. Abb. 1 veranschaulicht das innovative Messprinzip von TENIRS.

Diese Methode erlaubt nun erstmals die Analyse von fließenden Substanzen mit der Infrarotlicht-Methode, was völlig neue Möglichkeiten im Bereich der Messtechnik er-

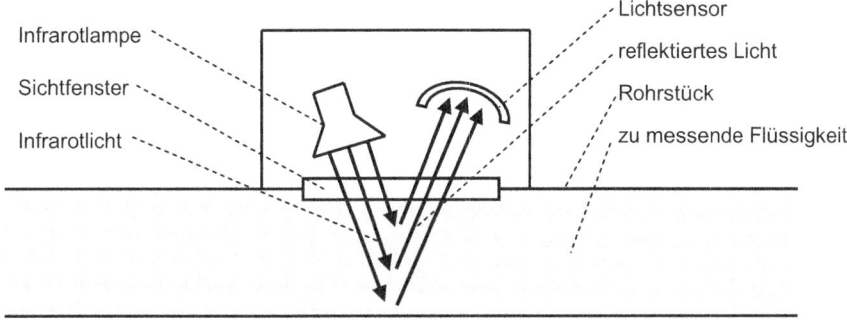

Abb. 1 Das TENIRS-Messprinzip (Eigene Darstellung)

öffnet. Es können hiermit in einem beliebigen Prozess fließende Stoffe kontinuierlich untersucht werden, ohne diesen Prozess unterbrechen zu müssen und ohne eine Probe zu entnehmen. Man bezeichnet dieses Messverfahren als Online-Messung, während man bei der Probenentnahme und Prozessunterbrechung von der Offline-Messung spricht. Die Offline-Messverfahren weisen zwei wesentliche Nachteile auf: Die Probenentnahme birgt insbesondere das Risiko, nicht hinreichend repräsentativ für die Gesamtheit des zu messenden Stoffes zu sein, während die Prozessunterbrechung mit einem erheblichen Kosten- und Zeitaufwand verbunden ist. Hier schafft die innovative Messmethode von TENIRS Abhilfe.

3.2 Potentielle Anwendungsfelder von TENIRS

TENIRS kann prinzipiell überall dort eingesetzt werden, wo fließende Flüssigkeiten oder Suspensionen permanent überwacht bzw. analysiert werden sollen. Damit sind weite Bereiche der chemischen Industrie ein potentielles Anwendungsfeld von TENIRS. Hier kann die innovative Online-Messtechnologie zur permanenten Prozessüberwachung oder zur Qualitätskontrolle angewendet werden. Ein weiterer potentieller Zielmarkt liegt im Bereich der Kläranlagen, wo mit TENIRS der Gehalt an Verunreinigungen im Wasser analysiert werden kann. Den aussichtsreichsten Zielmarkt sehen die Gründer von TENIRS jedoch in der Biogas-Branche. Dort lassen sich mit TENIRS insbesondere gegenüber alternativen Technologien durch die kontinuierliche Messung der Rohstoffzusammensetzung erhebliche Leistungssteigerungen erzielen und Ausfälle der Biogasanlagen vermeiden. Um die technischen Vorzüge und die Besonderheiten von TENIRS in diesem Segment zu erläutern, wird zunächst jedoch ein Grundverständnis für die Funktionsweise einer Biogasanlage vermittelt.

3.3 Funktionsweise einer Biogasanlage und Anwendung von TENIRS

Die folgende, stark vereinfachte, schematische Darstellung (Abb. 2) veranschaulicht den Prozess der Energiegewinnung in einer Biogasanlage:

Aus den Rohstoffen für die Energiegewinnung, die aus den verschiedensten organischen Substanzen, wie Gülle, Mais, Pflanzenresten etc., bestehen, wird in einer Biogasanlage durch einen Vergärungsprozess ein brennbares Gas erzeugt. In einem so genannten Blockheizkraftwerk wird das erzeugte Gas anschließend als Treibstoff zum Antrieb eines Generators verwendet, wodurch die Endprodukte Strom und Wärme produziert werden. Wird nicht nur der Strom, sondern auch die als Nebenprodukt anzusehende Wärme in Form von Fernwärme genutzt, so spricht man von einer Kraft-Wärme-Kopplung.

Der Prozess der Gasbildung in einer Biogasanlage ist äußerst sensibel und hängt von verschiedenen Kenngrößen bzw. Stoffparametern des Substrates, wie ph-Wert, Trockenmassegehalt und Säurekonzentration, sowie von der Temperatur im Fermenter (= Gärraum) ab. Kleine Änderungen dieser Parameter können den Gärvorgang stark beeinflussen und die Gasausbeute erheblich vermindern. Auch ein Umkippen des Prozesses, wobei der Gärvorgang derart instabil wird, dass er vollständig zum Erliegen kommt, kann aus der Abweichung einiger Kenngrößen resultieren.

Um diese Instabilität und die damit einhergehenden Risiken und Verluste zu unterbinden, ist der Einsatz von der TENIRS-Messtechnologie sehr wirkungsvoll. TENIRS wird in einer Biogasanlage in die Zuleitung des Fermenters integriert, was in Abb. 2 mit einem Sternchen kenntlich gemacht ist, und kann hier das zugeführte Substrat kontinuierlich analysieren. Mit diesen Messgrößen kann man jederzeit exakt ermitteln, welche Zusammensetzung und damit welchen Energiegehalt das in den Fermenter geleitete Substrat hat, was wiederum eine optimale Beschickung der Anlage ermöglicht. Mit diesem Wissen über die Bestandteile der Substrate werden die Vorgänge im Fermenter also berechenbar, und damit kann man das System nicht nur stabilisieren, sondern insgesamt optimieren.

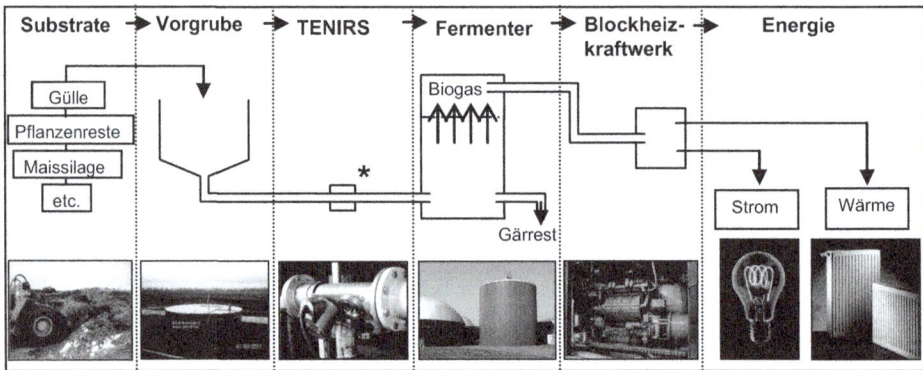

Abb. 2 Vereinfachte Darstellung des Energiegewinnungsprozesses in einer Biogasanlage (Eigene Darstellung)

Das führt im Ergebnis zur Vermeidung des Prozessumkippens sowie zur Erhöhung der Gasausbeute und damit zu mehr erzeugter Energie.

3.4 Der Nutzen von TENIRS in einer Biogasanlage

Je nachdem, wie effizient eine Biogasanlage vor der Installation von TENIRS betrieben wurde, ist durch die Optimierung mit einer Steigerung der erzeugten Energie im Bereich von 10 % bis 30 % zu rechnen. Nach der Einschätzung des Gründerteams liegt die durchschnittliche Effizienzsteigerung bei gut 10 %. Für eine durchschnittliche Biogasanlage der Größe 500 kW bedeutet dies eine zusätzliche jährliche Energieproduktion in Höhe von 30.000 €.

Neben der Effizienzsteigerung wird durch den Einsatz von TENIRS das Umkippen des Gärprozesses verhindert, wodurch das Kostenrisiko erheblich minimiert wird. Ein solches Umkippen bedeutet einen mehrwöchigen Totalausfall der Biogasanlage, da der Vergärungsprozess in einem aufwändigen und langwierigen Verfahren neu gestartet werden muss. Durch diesen Produktionsausfall entgehen dem Betreiber einer durchschnittlichen Biogasanlage Einnahmen in Höhe von ca. 70.000 €.

TENIRS hat hierbei gegenüber alternativen Messtechnologien den Vorteil, dass es mehr chemische Kenngrößen messen kann. So ist beispielsweise keine andere Technologie zur Online-Messung der Konzentration organischer Säuren oder der Ammoniumstickstoff-Konzentration fähig. Da die chemischen Prozesse im Fermenter jedoch komplex sind, sehen die Gründer von TENIRS die Entwicklung von Algorithmen zur Übertragung der Messergebnisse auf konkrete Handlungsempfehlungen als eine ihrer größten Herausforderungen an. TENIRS ist damit nicht nur ein innovatives Mess-System, sondern auch ein datenbasiertes Auswertungssystem, mit welchem die Substrat-Mischung in den Biogasanalysen analysiert und optimiert werden kann.

4 Das Marktumfeld von TENIRS

Um TENIRS in sein Marktumfeld einzuordnen, muss zum einen der Markt für Biogasanlagen, der in enger Verbindung zum Strommarkt steht, und zum anderen der Markt für Mess- und Regelungstechnologien, die in Biogasanlagen zum Einsatz kommen, betrachtet werden. Hierbei haben neben den direkten Wettbewerbern im Bereich der Messtechnik die Marktsituation der Biogasanlagenhersteller und -betreiber sowie der staatlich beeinflusste Strom- bzw. Energiemarkt erhebliche Auswirkungen auf die Chancen und Risiken von TENIRS.

4.1 Die Marktsituation der Biogas-Branche

4.1.1 Die Entwicklung der Biogasanlagen

Die ersten Biogasanlagen wurden zu Beginn der 1990er Jahre errichtet, womit erstmals Energie in Form von elektrischem Strom und Wärme aus Neben- und Abfallprodukten der Landwirtschaft gewonnen wurde. Hierbei übernahm Deutschland die Vorreiterrolle und hat bis heute mit den meisten Biogasanlagen im europaweiten Vergleich nicht an Bedeutung verloren. Begünstigt durch die staatliche Förderung mit dem Stromeinspeisegesetz für erneuerbare Energien ab dem Jahre 1991 stieg die Zahl der Biogasanlagen in Deutschland bis zum Ende der 90er Jahre rasch auf etwa 1000 Stück an. Es waren seinerzeit zumeist Landwirte, die ihre Gülle sowie Pflanzenreste mit einer Biogasanlage verwerteten und somit nicht auf den Einkauf von Substraten für die Fermentation angewiesen waren, sondern ausschließlich eigene Produkte verwendeten. In den späten 90er Jahren entstanden erste Unternehmen, die sich unter anderem oder ausschließlich auf den Betrieb von Biogasanlagen spezialisiert haben. Diesem Trend wurde mit der Novellierung des Erneuerbare-Energien-Gesetzes (EEG) im Jahre 2004 zusätzlich Auftrieb verliehen, indem eine staatlich garantierte Mindestvergütung für die durch Biogasanlagen erzeugte Energie festgelegt wurde. Dies ließ die Zahl und die Größe der Biogasanlagen ab 2004 deutlich schneller ansteigen als vor der Novellierung des EEG, sodass in 2007 in Deutschland 3711 Anlagen mit einer elektrischen Gesamtleistung von 1271 MW existierten (siehe Abb. 3). Im Jahr 2007 ist gegenüber 2006 ein Rückgang der Neuanlagen zu verzeichnen.

Die Entwicklung der Biogas-Branche im Jahre 2004 durch die Novellierung des EEG zeigt die Bedeutung des staatlichen Einflusses auf den Biogasmarkt. Das EEG von 2004 und die damit zusammenhängenden Subventionen sind daher auch maßgeblich für die derzeitige Marktsituation der Biogasanlagenbetreiber und -hersteller.

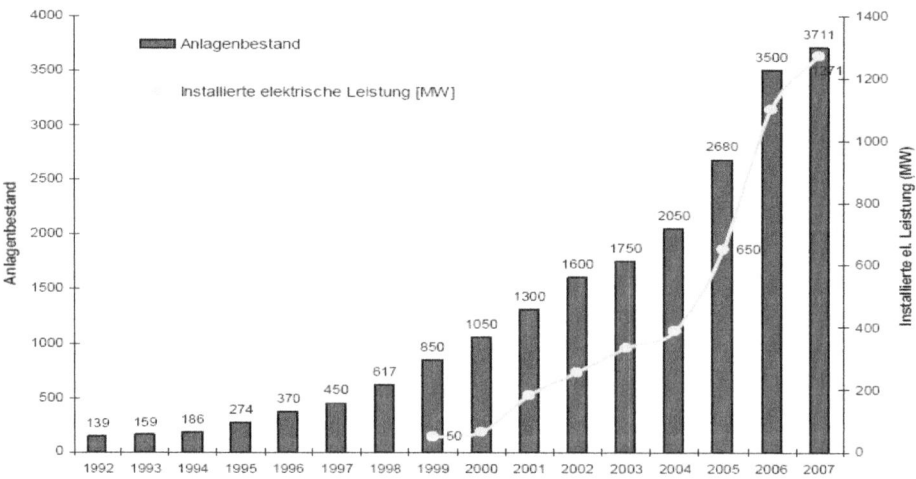

Abb. 3 Biogasnutzung in Deutschland – Entwicklung von 1992 bis 2007

4.1.2 Staatliche Regelungen im Strommarkt für erneuerbare Energien

Neben den Mindestvergütungen für die Einspeisung von elektrischem Strom in das Netz, die sich nach Inbetriebnahmejahr der Biogasanlage und der Leistung bzw. Größe der Anlage staffeln, sieht das EEG von 2004 einen zusätzlichen Bonus für den Einsatz nachwachsender Rohstoffe („Nawaro"), einen Bonus für die parallele Nutzung der im Prozess der Stromerzeugung entstehenden Wärmeenergie (sog. Kraft-Wärme-Kopplung) sowie einen Technologie-Bonus für innovative Technologien vor. Die Nutzung von TENIRS ist für den Technologie-Bonus nicht vorgesehen, eine Neuauflage der entsprechenden Richtlinien in naher Zukunft wird jedoch Effizienzkriterien der Anlage zum Erlangen des Technologie-Bonus berücksichtigen, wodurch die Installation von TENIRS dem Anlagenbetreiber indirekt den Technologie-Bonus einbringen kann. Für derartige Regelungen spielen Kontakte in den entsprechenden politischen Bereichen eine wesentliche Rolle.

Es ergibt sich schließlich für die Biogasanlagenbetreiber eine Vergütung in Höhe von etwa 10 bis 20 Cent pro Kilowattstunde. Im Vergleich dazu liegt der Preis auf dem freien Strommarkt hingegen bei etwa 5 Cent pro Kilowattstunde.

4.1.3 Auswirkungen der staatlichen Eingriffe auf die Biogasanlagenbetreiber

Die Eingriffe des Staates in Form von Mindestvergütungen und Boni, die der Förderung ökologischer Energiegewinnung und damit dem Klimaschutz dienen, haben wesentlich dazu beigetragen, dass der Betrieb einer Biogasanlage rentabel ist und dass heute in Deutschland mit 3711 Biogasanlagen 1271 MW Leistung erzeugt werden, womit rund 2 % des Energiebedarfes Deutschlands gedeckt werden. Ebenso hat dieser Eingriff des Staates jedoch dazu geführt, dass ein Markt entstanden ist, bei dem wesentliche Konkurrenzmechanismen außer Kraft gesetzt sind. Der Preis, zu dem ein Biogasanlagenbetreiber sein Produkt, die Energie, absetzt, ist eine feste Größe, die ihm für 20 Jahre ab Inbetriebnahme seiner Anlage gesichert ist und nicht von Angebot und Nachfrage abhängt. Der Betreiber hat somit weder Konkurrenz aus dem Biogas-Segment noch aus dem gesamten Energie-Markt zu fürchten. Ein Biogasanlagenbetreiber und somit potentieller Kunde für TENIRS steht also in keinem wirklichen Wettbewerb, so dass natürliche Marktmechanismen nicht greifen. Es besteht daher kein existentieller Druck für den Betreiber, seine Produktivität zu steigern und seine Prozesse zu optimieren. Sobald seine Biogasanlage einen kostendeckenden Effizienzgrad erreicht hat, könnte er sich mit dem Status quo zufrieden geben, ohne auf Wettbewerber reagieren zu müssen. Die Vermutung liegt nun nahe, dass das Bedürfnis nach Optimierung in diesem unvollkommenen Markt bislang nur mäßig vorhanden ist. Eine Befragung von Biogasanlagenbetreibern im Rahmen des Gründungspraktikums des Lehrstuhls für Gründungs- und Innovationsmanagement der Universität Kiel vom Frühjahr 2007 stützt diese Vermutung. Aus ihr geht hervor, dass 75 % aller Anlagenbetreiber zufrieden oder sogar sehr zufrieden mit der Wirtschaftlichkeit ihrer Anlage sind. Nur wenige Betreiber wissen um das Optimierungspotential ihrer Anlage und sind informiert über die technischen Möglichkeiten der Effizienzsteigerung. In erster Linie ist ihnen ein stabiler Betrieb mit minimalem Ausfallrisiko („Umkippen" des Prozesses) wichtig. Dieser ist durch eine regelmäßige Laborprüfung ihres Fermenterinhaltes oder durch eine prozessbiologische Betreuung, die von den Anlagenherstellern angeboten wird, relativ gut abgesichert. Der Nutzen darüber hinausgehender Detailanalysen, die mit TENIRS online möglich sind, ist vielen Betreibern bislang unbekannt, ebenso wie sich diese bisher wenig um eine Effizienzsteigerung ihrer Anlagen bemühen.

4.1.4 Entwicklungen im Biogas-Markt

Entgegen dem bisher eher geringen Optimierungsbedürfnis in der Biogas-Branche versprechen zwei Trends eine wesentliche Nachfrage-Steigerung nach effizienzsteigernden Technologien.

Zum einen zeichnet sich bei der Entwicklung der Rohstoffpreise eine dramatische Änderung ab. So stiegen die Marktpreise der Rohstoffe, mit denen Biogasanlagen betrieben werden, 2007 deutlich an, was den Ertrag der Betreiber soweit schmälerte, dass trotz des Mindestpreises für eine Kilowattstunde eine Optimierung der Gasausbeute immer stärker nötig wurde.

Ein zweiter Trend zeichnete sich in der Art und Investition in Großprojekte ab. Es zeigt sich, dass Großkonzerne als Betreiber von Biogasanlagen zunehmend in den Vordergrund rücken und Kleinanlagen, die von Landwirten betrieben werden, an Bedeutung verlieren. Großunternehmen investieren vermehrt in Biogasanlagen und errichten zum Teil Biogas-Parks mit mehreren großen Anlagen. Neben Neuanlagen kaufen die Großunternehmen auch stillgelegte Altanlagen auf und restaurieren diese, was als Re-Powering bezeichnet wird. Da sich die Restaurationskosten auf rund 1.000 bis 1.500 € pro installiertem Kilowatt Leistung statt auf rund 3.500 € bei dem Bau einer Neuanlage belaufen, ist Re-Powering oftmals eine gute Alternative zur Neuanlage. Es ist davon auszugehen, dass große Unternehmen wesentlich stärker an einer Optimierung ihrer Prozesse interessiert sind als landwirtschaftliche Kleinanlagenbetreiber, da erstere stärker von wirtschaftlichen Gesichtspunkten aus agieren.

4.2 Wettbewerber im Markt für Mess- und Regelungstechnologien

Alle Produkte und Dienstleistungen, die der Optimierung von Biogasanlagen dienen, sind prinzipiell Konkurrenzprodukte von TENIRS. Bei den Wettbewerbern von TENIRS kann zwischen der prozessbiologischen Betreuung und den direkt konkurrierenden Messtechnologien unterschieden werden.

4.2.1 Die prozessbiologische Betreuung als Wettbewerber von TENIRS

Derzeit verfügen Biogasanlagen in der Regel nicht über Mess- und Regelungstechnologien, mit denen die Auslastung der Anlage permanent überwacht und die Gasausbeute optimiert werden können. Stattdessen nehmen mehr als die Hälfte der Biogasanlagenbetreiber den von den Anlagenherstellern angebotenen Service der so genannten prozessbiologischen

Betreuung in Anspruch. Hierbei werden in regelmäßigen Abständen Proben der Gärmasse entnommen und an den Anlagenhersteller eingeschickt. Dieser analysiert die Proben in eigenen Labors oder in Zusammenarbeit mit Fremdlaboratorien. Anhand von Erfahrungswerten werden die Laborergebnisse von spezialisierten Mitarbeitern der Anlagenhersteller ausgewertet und in Form von konkreten Handlungsempfehlungen, die sich zum Beispiel auf die Beschickung der Anlage beziehen, an die Betreiber der Biogasanlage weitergeleitet. Hiermit wird in erster Linie einem Umkippen des Gärprozesses, was den Totalausfall der Anlage zur Folge hat, vorgebeugt. Eine Erhöhung der Gasausbeute steht jedoch nicht im Vordergrund der prozessbiologischen Betreuung durch den Anlagenhersteller, sondern wird allenfalls insoweit betrieben, als dass die vom Hersteller garantierte Mindestleistung erreicht wird. Diese Mindestleistung entspricht hingegen bei weitem nicht der optimalen Auslastung der Anlage. Da das Verfahren der Probenentnahme und -analyse stark vom Entnahmeort und -zeitpunkt der Probe abhängt und die Probe daher nur mäßig repräsentativ für den gesamten Vergärungsprozess ist, kann diese Offline-Messung auch nur sehr begrenzt zur Effizienzsteigerung beitragen.

4.2.2 Kosten- und Leistungsvergleich: TENIRS vs. prozessbiologische Betreuung

Die prozessbiologische Betreuung wird je nach Hersteller mit 2.500 bis 5.550 € jährlich berechnet. Das Gründerteam Andree und Baumgarten rechnet für sein Produkt mit einer Lebensdauer von rund 20 Jahren und mit zu vernachlässigenden Wartungskosten, da das System berührungslos arbeitet und somit keiner mechanischen Belastung ausgesetzt ist. Über 20 Jahre ergäben sich für den Betreiber für prozessbiologische Betreuung Kosten in Höhe von 50.000 bis 110.000 €, was im Vergleich zu den Anschaffungskosten von TENIRS, die sich auf rund 25.000 € belaufen, deutlich höher ist. Zudem liegt die Leistungsfähigkeit von TENIRS weit über der einer prozessbiologischen Betreuung, da mehr Kenngrößen mit höherer Präzision und ohne Zeitaufwand online, d. h. permanent, gemessen werden können. Die Online-Messung bietet gegenüber der Offline-Messung zudem den Vorteil der Fernüberwachung, da keine Proben entnommen werden müssen und die Daten über ein Netzwerk von jedem Ort aus abrufbar sind. Damit ist TENIRS der prozessbiologischen Betreuung sowohl im Kostenvergleich als auch in der Performance überlegen.

4.2.3 Konkurrierende Mess- und Regelungstechnologien

Neben TENIRS drängen auch weitere Firmen, wie die hf Sensor GmbH, die Hach Lange GmbH, die UTEC GmbH und die IPUS GmbH, mit Messtechnologien für Biogasanlagen, die der Stabilisierung und Optimierung des Gärprozesses und damit einer Steigerung der Effizienz dienen, auf den Markt.

Einige dieser Konkurrenzprodukte messen offline, d. h. der Anlagenbetreiber muss weiterhin Proben entnehmen und kann diese dann mit einem mobilen Analysegerät auswerten. Dies führt zu ähnlich ungenauen Messergebnissen wie eine Laborprüfung, da die Proben wiederum wenig repräsentativ sind. Es bietet jedoch gegenüber der prozessbiologischen Betreuung durch den Anlagenhersteller den Vorteil, dass zeitnah gehandelt werden kann, da nicht mehrere Tage auf die Auswertung der Probe gewartet werden muss.

Andere Firmen arbeiten an ähnlichen Systemen wie TENIRS, die online verschiedene Parameter messen können. Deren Technologien sehen jedoch keine Infrarotspektroskopie vor, sondern eine Mikrowellenspektroskopie oder elektrochemische Messungen mittels Mess-Sonden.

Alle Konkurrenztechnologien befinden sich in einem ähnlichen Entwicklungsstadium wie TENIRS, was eine zügige Weiterentwicklung erfordert, um First-Mover-Vorteile nutzen zu können. Die Auswertung der Messergebnisse und die Entwicklung von Algorithmen zur Effizienzsteigerung sind hierbei die wesentlichen Herausforderungen, da eine detaillierte und kontinuierliche Messung allein noch keinen Mehrwert für die Anlagenbetreiber bedeutet. Viele Konkurrenzunternehmen können zwar auf eine langjährige technische Erfahrung mit ihrer Messtechnologie außerhalb des Biogasmarktes zurückgreifen, in Fragen der Auswertung der Messergebisse, bezogen auf den effizienten Betrieb von Biogasanlagen, haben sie jedoch keinerlei Entwicklungsvorsprung gegenüber TENIRS.

4.2.4 Kosten- und Leistungsvergleich: TENIRS vs. konkurrierende Messtechnologien

Im Vergleich zu TENIRS können die konkurrierenden Mess- und Regelungssysteme nicht so viele Kenngrößen messen, wodurch die Biogasanlage nicht in dem Maße stabilisiert und optimiert werden kann, wie es bei dem Einsatz von TENIRS der Fall wäre. Einige Konkurrenzprodukte messen offline, was weiterhin eine Probenentnahme erforderlich macht und daher mit einem nicht unerheblichen Zeitaufwand verbunden ist. Zudem sind die konkurrierenden Technologien mit einem hohen Wartungs- und teilweise Installationsaufwand verbunden.

Der Vorteil der meisten konkurrierenden Online- sowie Offline-Technologien liegt hingegen in ihren Anschaffungskosten, die teilweise sehr viel niedriger als die Anschaffungskosten von TENIRS sind. Einige Offline-Systeme kosten unter 5.000 €, während sich die Online-Systeme zwischen 10.000 und 20.000 € belaufen. TENIRS hingegen rechnet mit Anschaffungskosten von rund 25.000 €, kann jedoch neben dem technologischen Vorsprung mit einer höheren Lebensdauer und sehr geringen Folgekosten überzeugen.

5 Kunden

Potentielle Kunden von TENIRS können aus Sicht der Gründer aus unterschiedlichen Bereichen kommen, vor allem Biogasanlagenbetreiber und -hersteller sind hier zu nennen (s. Abb. 4).

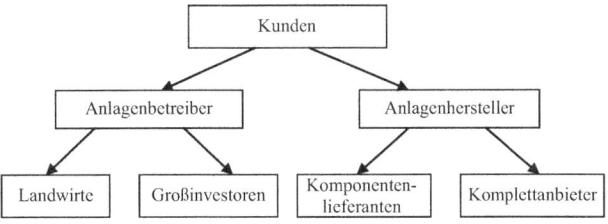

Abb. 4 Potentielle Kunden von TENIRS (Eigene Darstellung)

5.1 Anlagenbetreiber

Die erste Kundengruppe der Anlagenbetreiber untergliedert sich in Landwirte und Großinvestoren, die sich in ihrem wirtschaftlichen Verhalten stark unterscheiden.

Einige Landwirte betreiben auf ihrem Grundbesitz kleine Biogasanlagen, die mit Gülle oder Pflanzenresten bewirtschaftet werden. Diese Nebenprodukte entstehen im Rahmen ihrer landwirtschaftlichen Tätigkeit, weshalb die Landwirte nicht auf den Zukauf von Substraten angewiesen sind. Deren Biogasanlagen mit überwiegend unter 350 KW Leistungskapazität erwirtschaften tendenziell niedrige Gewinne. Aus diesem Grund können und wollen die Landwirte die Investitionskosten für TENIRS im Allgemeinen nicht aufbringen, denn sie würden sich nur auf sehr lange Sicht amortisieren. Der wirtschaftliche Fokus der Landwirte liegt auf ihrem Kerngeschäft und daher sehen sie in der Regel keine Notwendigkeit, eine Investition in der Größenordnung von TENIRS zu tätigen. Zudem sind sie überwiegend mit der Leistung und der Wirtschaftlichkeit ihrer Anlagen zufrieden. Vor diesem Hintergrund sehen die Gründer in den Landwirten nicht ihre zentrale Zielgruppe.

Im Unterschied zu den Landwirten betreiben die Großinvestoren (Biogas- bzw. Energieunternehmen) Biogasanlagen mit einer Leistung von über 350 KW. Diese Kunden verfügen über mehr Branchenkenntnisse, technisches Know-how und umfangreiche Informationsnetzwerke, wodurch sie die wirtschaftlichen Rahmenbedingungen zum Betreiben einer Anlage optimal einschätzen können.

Die zu geringe, zu hohe oder ungeeignete Zufuhr von Substraten in die Biogasanlage kann zur suboptimalen Gasproduktion, hohen Entsorgungskosten oder sogar zum Ausfall der Anlage führen. Die beschriebenen Folgen verursachen den unwirtschaftlichen Betrieb der Biogasanlagen und hohe Verluste. Das Interesse dieser Großinvestoren liegt jedoch in dem wirtschaftlichen Betrieb der Anlage, der Gewinnerzielung und der Umsatzsteigerung. Damit ist die grundlegende Bereitschaft gegeben, in eine innovative Optimierungstechnologie zu investieren.

TENIRS bietet den Großinvestoren zwei wesentliche Mehrwerte: Einerseits kann die prozessbiologische Betreuung durch die präzise und kontinuierliche Online-Messung substituiert werden, und andererseits wird aufgrund der durch TENIRS ermittelten Daten die Effizienz der Anlagen gesteigert. Die Gewinnorientierung und Investitionsfreude der Großinvestoren machen diese zur Hauptzielgruppe für die TENIRS-Technologie.

5.2 Anlagenhersteller

Die zweite Kundengruppe, die Biogasanlagenhersteller, lässt sich in Komponentenlieferanten und Komplettanbieter unterteilen.

Die Komponentenlieferanten bieten einzelne Bauteile, aus denen sich eine Biogasanlage zusammensetzen lässt, sowie Montagedienstleistungen zur Inbetriebnahme an. Für diese Kunden ermöglicht der Einsatz der TENIRS-Technologie eine Optimierung und Aufwertung ihrer Bauelemente. Da die Komponentenlieferanten jedoch in der Regel ein geringes Interesse an der Effizienzsteigerung einer Biogasanlage haben und die aktive Kundennachfrage nach effizienzsteigernden Technologien auf dem Biogasmarkt noch gering ist, gehören sie nicht zum engeren Kundenkreis.

Die Komplettanbieter hingegen verkaufen eine vollständige, betriebsbereite Biogasanlage und bieten zudem die Montagedienstleistungen sowie den Service der prozessbiologischen Betreuung an. Das Hauptinteresse dieser Kunden liegt neben der Einhaltung der von ihnen garantierten Mindestleistung in dem reibungslosen technischen Betrieb ihrer Biogasanlagen mit dem Fokus, ein Umkippen der Anlage zu verhindern. Für den Komplettanbieter besteht der Mehrwert, der aus dem Einbau von TENIRS resultiert, im Wesentlichen in der Stabilisierung des Prozesses der Biogaserzeugung und nur nachrangig in der Effizienzsteigerung der Anlage. Durch den Einsatz von TENIRS kann der Mehraufwand der prozessbiologischen Betreuung eingespart und die Zuverlässigkeit ihrer Anlagen erhöht werden. Die Unternehmer von TENIRS sehen in der Kundengruppe der Anlagenhersteller die Komplettanbieter als die aussichtsreichsten potentiellen Kunden an.

6 Kooperationen

Da die Gründer einen schnellen Markteintritt anstreben, ihre eigenen Ressourcen – sowohl finanziell aus auch personell – aber begrenzt sind, erscheint eine Kooperation mit großen, auf dem Markt bereits etablierten Unternehmen eine aussichtsreiche Alternative. Eine Kooperation ermöglicht Jungunternehmern die zügige Weiterentwicklung ihrer Technologie sowie den Aufbau bzw. die Nutzung bestehender Vertriebswege. Sowohl wissenschaftliche als auch ökonomische Kooperationen sind für die TENIRS-Gründer interessant.

6.1 Wissenschaftsbasierte Kooperationen

Im Rahmen der Tätigkeit von Dr. Andree am Institut für Landwirtschaftliche Verfahrenstechnik der Universität Kiel besteht bereits eine wissenschaftliche Kooperation, die eine erhebliche Kosten- und Zeitersparnis für das junge Unternehmen mit sich bringt. Diese Kooperation unterstützt TENIRS bei der Weiterentwicklung ihrer Technologie, u. a. durch die gemeinsame Nutzung von Materialien, Geräten und Forschungsergebnissen sowie auch den fachlichen Austausch.

Weitere Möglichkeiten für wissenschaftliche Kooperationen bestehen z. B. in der Zusammenarbeit mit Verbänden für erneuerbare Energien auf regionaler und nationaler Ebene. Der größte Verband dieser Art ist der Fachverband Biogas e. V. mit Mitgliedern aus Wirtschaft und Wissenschaft. Der Fachverband Biogas e. V. verfolgt die Ziele technische Entwicklung, Qualitätssteigerung der Biogasanlagen, Wissenstransfer, Verbreitung der Biogasanlagen durch Öffentlichkeitsarbeit und die Definition von Qualitätsstandards. Kooperationen mit derartigen Verbänden, welche gerade in dieser Branche als Meinungsführer agieren, können für TENIRS eine Erleichterung bei der Kundenakquisition und dem Aufbau von wirtschaftlichen Beziehungen bedeuten.

6.2 Wirtschaftsbasierte Kooperationen

Für den erfolgreichen Markteintritt benötigt TENIRS neben dem wissenschaftlichen Know-how Kooperationspartner im ökonomischen Bereich. Als potentielle Partner stehen die Anlagenhersteller, insbesondere die Komplettanbieter, im Vordergrund. Hier sehen auch die Gründer das größte Kooperationspotential, da die Komplettanbieter nach ihrer Einschätzung ein besonders großes Interesse an einer Optimierung des Betreuungsservices ihrer Anlagen haben. Die Vorteile einer solchen Kooperation würden sich in der Nutzung des bestehenden Kundenstammes, in den positiven Rückkopplungseffekten durch das Image des Kooperationspartners und in dem Austausch von technischen Erfahrungswerten niederschlagen.

Auch die finanzielle Stärke eines solchen Kooperationspartners eröffnet für ein junges Unternehmen mit vergleichbar geringen finanziellen Ressourcen neue Möglichkeiten. So stellt im Falle von TENIRS beispielsweise die notwendige Vergabe von Fremdforschungsaufträgen eine erhebliche finanzielle Belastung dar, die durch die Finanzstärke des Kooperationspartners reduziert werden kann.

Im Jahr 2007 gab es wirtschaftlichen Kooperationen in Form von Pilotprojekten in Futterkamp (Schleswig-Holstein) und Korbach (Hessen). In Futterkamp wurde TENIRS über einen längeren Zeitraum in einer Biogasanlage, die von den Kieler Stadtwerken gebaut wurde, getestet. In Korbach hat sich der Anlagenbauer EnerCess dazu entschieden, TENIRS auf einer seiner Anlagen für eine sechsmonatige Testphase einzubauen. In den beiden Pilotprojekten hat sich TENIRS als innovative Messtechnologie bewährt. Erste Tests belegen auch die Effizienzsteigerung der Biogasanlagen durch TENIRS. Weitere, umfangreichere Tests zum vollständigen Nachweis des Optimierungspotentials laufen derzeit noch.

7 Status Quo und Ausblick

Das im Oktober 2006 als Ausgründung aus universitären Forschungsprojekten entstandene Unternehmen TENIRS konzentrierte sich in der Frühphase ausschließlich auf die Produktentwicklung der Messtechnologie. Dies bezog sich im Wesentlichen auf die Entwicklung der zur Messung notwendigen Hardware.

Um das Potential der Technologie zu testen und einen Nachweis des Kundennutzens des Produktes TENIRS zu führen, initiierten die Gründer Ende 2006 in Zusammenarbeit mit den Kieler Stadtwerken in Futterkamp ein Pilotprojekt. TENIRS wurde gegen Zahlung eingebaut und über einen längeren Zeitraum getestet. Ein zweites Pilotprojekt entstand in Zusammenarbeit mit dem Anlagenbauer EnerCess in Korbach. Die Vereinbarung beinhaltete eine sechsmonatige Testphase mit anschließender Kaufoption.

Das Gründerteam beginnt nun mit der Öffentlichkeits- und Vertriebsarbeit, wie Messebesuchen, der Gestaltung der Internetpräsenz und dem Drucken von Werbematerial. Der Schwerpunkt liegt aber nach wie vor in der Weiterentwicklung der Technologie in ein marktfähiges, technisch ausgereiftes Produkt. Das langfristige Ziel, das sich die Gründer gesetzt haben, besteht darin, „weniger mit dem Messen, sondern mit dem Auswerten von Daten und der Optimierung der Anlagen ein profitables Geschäftsmodell zu realisieren".

22.30 Uhr in Kiel: Dr. Baumgarten kommt müde nach Hause. Er sieht noch die Tageszeitung auf dem Küchentisch liegen und denkt bei sich: „Vor uns liegt noch ein langer Weg, um aus Glauben Wissen zu machen ...".

Aufgaben

1. Welche Alleinstellungsmerkmale besitzt TENIRS im Vergleich zu Wettbewerbsangeboten? Inwiefern sind diese geeignet, einen nachhaltigen Wettbewerbsvorteil zu schaffen?
2. Welche Chancen und Risiken bestehen in Bezug auf das Marktumfeld und die Unternehmensstrategie der TENIRS GmbH? Wie sollten die Gründer vorgehen, um Chancen auszuschöpfen und Risiken zu minimieren?
3. Welche Vorteile bringt die Integration von Pilotkunden in die Produktentwicklung von TENIRS? Welche Nachteile können aus einer solchen Zusammenarbeit entstehen und wie lassen sich diese vermeiden?
4. Diskutieren Sie den Nutzen, den TENIRS für die unterschiedlichen Kundengruppen im Biogasmarkt schafft. Welche Zielgruppe sollte in Zukunft primär angesprochen werden? Welche Maßnahmen sollten die Gründer unternehmen, um die Akzeptanz ihrer Innovation bei potentiellen Kunden zu verbessern?

Campus Suite

Markus Kubach, Cornelius Seidler und Patrick Vosshall

Inhaltsverzeichnis

1 Einleitung 190
2 Die Gründung der Campus Suite 191
   2.1 Das Gründerteam 191
   2.2 Der Gründungsprozess 191
3 Die Erfolgsfaktoren und Wettbewerbsvorteile 192
   3.1 Das Geschäftskonzept 192
   3.2 Das Personalmanagement 193
   3.3 Das Qualitätsmanagement 195
4 Der Markt der Coffee-Shops in Deutschland 196
5 Das Franchise Konzept 196
6 Die Zukunftsperspektive 198
7 Schlussbetrachtung 199

M. Kubach (✉)
Seestraße 37-39, 23911 Salem, Deutschland
E-Mail: info@campussuite.de

C. Seidler
Tannenweg 23, 24214 Gettorf, Deutschland
E-Mail: cornelius.seidler@gmx.de

P. Vosshall
Hegerade 24, 24248 Mönkeberg, Deutschland
E-Mail: p.vosshall@regenbogen-ag.de

A. Walter et al. (Hrsg.), *Fallstudien zur Gründung und Entwicklung innovationsorientierter Unternehmen*, DOI 10.1007/978-3-658-03598-3_9, © Springer Fachmedien Wiesbaden 2014

Überblick

Die Campus Suite ist ein Unternehmen aus der Systemgastronomie, das seit Gründung ein rasantes Wachstum verzeichnet und ihr „Lifestyle-Konzept" erfolgreich an norddeutschen Hochschulstandorten etabliert hat. Neben dem vielfältigen Angebot und der hohen Qualität zu studentischen Preisen tragen vor allem die Branchenerfahrung und das soziale Netzwerk der Gründer zu dem Unternehmenserfolg bei. In der Fallstudie werden die zentralen Erfolgsfaktoren thematisiert sowie auch die Grenzen, an welche ein schnell wachsendes Unternehmen stoßen kann. Mit Franchising und weiteren strategischen Entscheidungen zum Geschäftsmodell wird aufgezeigt, wie die Campus Suite sich den mit dem Wachstum verbundenen Herausforderungen stellt.

1 Einleitung

Das Bild ist jeden Tag nach Vorlesungsschluss identisch. Die Studenten der Christian-Albrechts-Universität zu Kiel reihen sich artig in die Schlange ein, die sich vor dem Coffee-Shop „Campus Suite" bildet und stetig länger wird. Ob es regnet oder Minusgrade herrschen, ist dabei nur von sekundärer Bedeutung. Das Konzept, eine Vielzahl von Snacks, Getränken und vor allem Kaffee in jeglicher Geschmacksrichtung zu einem günstigen Preis und hoher Qualität anzubieten, erfreut sich großer Beliebtheit – und das nicht nur bei den Studenten in Kiel. Denn seit der Gründung im Januar 2004 wurde das Filialnetz stetig ausgebaut, so dass mittlerweile auch in Hamburg, Flensburg und Hannover insgesamt neun weitere Filialen eröffnet wurden.[1] In den vier Filialen in Kiel werden dabei beispielsweise über 5.000 Kunden pro Tag bedient. Die Mitarbeiterzahl hat sich von den anfänglichen 25 Mitarbeitern verzehnfacht, und inzwischen gehören auch sieben Auszubildende dazu.

Natürlich waren die Gründer Frank und Leonard Stebisch von ihrem Konzept überzeugt, doch das schnelle Wachstum übertraf jegliche Vorstellungskraft. Aufgrund von Kapazitätsgrenzen wird es immer schwieriger, ein weiteres derartiges Wachstum in der bestehenden Organisationsform, die eine persönliche Betreuung und Kontrolle seitens der Geschäftsführung umfasst, zu realisieren. Die neue Organisationsform muss erstens sicherstellen, dass bei weiterem Wachstum die Qualitätsstandards filialübergreifend eingehalten werden. Zweitens muss gewährleistet sein, dass Unternehmenskultur und Geschäftskonzept auch bei Delegation an Dritte im Sinne der Geschäftsleitung adoptiert und umgesetzt werden. Eine weitere Herausforderung besteht darin, den hohen finanziellen Aufwand einer Expansion, der insbesondere durch den weiteren Aufbau von Produktionsstandorten entsteht, für die Gründer zu begrenzen.

Diese Fallstudie beschreibt das rasante Wachstum der Campus Suite und wie die mit dem Wachstum verbundenen Probleme gelöst werden sollen.

---

[1] Stand: Mai 2008

2 Die Gründung der Campus Suite

2.1 Das Gründerteam

Gegründet wurde die Campus Suite von den beiden Brüdern Frank und Leonard Stebisch. Bereits ihre Eltern hatten ihren eigenen Gastronomiebetrieb in Ratzeburg in der Nähe von Hamburg. Hier haben die Geschwister schon während ihrer Jugend ihre Eltern unterstützt, wodurch sie erste Erfahrungen im Gastronomiebereich sammeln konnten.

Der gelernte Koch Frank Stebisch erhielt bereits in seinen frühen Berufsjahren renommierte Auszeichnungen und war für mehrere Jahre im Ausland tätig, bevor er in Deutschland als Küchenchef angestellt war. Daraufhin war er als Berater für namhafte Unternehmen tätig, wobei er unter anderem mobile Verkaufsstände für stark frequentierte Standorte entwickelte und betreute. Hierbei arbeitete er auch mit verschiedenen Franchisenehmern zusammen und konnte wichtige Lieferantenkontakte knüpfen.

Leonard Stebisch begann 1992 seine Ausbildung zum Hotelfachmann. Nachdem er für ein Jahr bei der Bundeswehr im Offizierskasino tätig war, konnte er erste Berufserfahrungen als Hotelfachwirt in verschiedenen Hamburger Hotels erlangen. In den darauf folgenden drei Jahren sammelte er tiefgehende Einblicke in den Bereich der Systemgastronomie bei der Firma Gosch Sylt.

Bestätigt durch den Erfolg ihrer Kunden, denen die Brüder Stebisch beratend zu Seite standen, beschlossen sie, mit ihrem Know-how etwas „Eigenes auf die Beine zu stellen". Während dieser Zeit befand sich die Gastronomiebranche durch die Euro-Umstellung in einer tiefen Krise. Viele Gastronomen missbrauchten die Währungsumstellung zu übertriebenen Preissteigerungen, so dass die Nachfrage daraufhin stark einbrach. Dies hatte wiederum radikale Umsatzeinbrüche zur Folge und wirkte sich negativ auf das Lohnniveau in der Gastronomiewirtschaft aus. Das war ein Auslöser und zugleich eine Chance für die Brüder Stebisch, im Jahr 2002 die 4-elements gastroconcept GmbH & Co. KG zu gründen.

2.2 Der Gründungsprozess

Zunächst trat die 4-elements gastroconcept als professioneller Catering-Anbieter am Markt auf und entwickelte sich schnell zu einem Beratungsunternehmen für Foodstyling und Gastronomiekonzepte. Inspiriert von dem aufkommenden Trend der Coffee-Shops erarbeiteten die Brüder Stebisch ihr eigenes Coffee-Shop-Konzept. Ein Fernsehbericht über stark steigende Studierendenzahlen an der Universität Kiel machte sie per Zufall auf die Landeshauptstadt als einen möglichen Standort aufmerksam. Dieser stellte sich nach einem Besuch des Universitätsgeländes der Christian-Albrechts-Universität zu Kiel (CAU) aufgrund hoher realisierbarer Durchlaufzahlen als viel versprechend heraus. Außerdem war ein geeignetes Immobilienobjekt verfügbar und keine erkennbare Konkurrenz vorhanden.

Das Ende 2002 eingereichte Konzept fand hohen Zuspruch bei den Verantwortlichen der Universität. Insbesondere mit dem Kanzler der CAU gewann dieses einen bedeutenden

Fürsprecher und Entscheidungsträger. Die Universität sah die Vorteile darin, dass sich durch den geplanten Coffee-Shop die Attraktivität des Campus erhöhen und die Studenten dadurch dort zu einer längeren Verweildauer angeregt würden. Auch die notwendige Zustimmung des Studentenwerkes Schleswig-Holstein, das allein für die Versorgung der Studenten auf dem Campus zuständig ist, konnte gewonnen werden. Der geplante Coffee-Shop sollte keine Konkurrenz zum bestehenden Angebot darstellen, sondern jenes durch ein zusätzliches Angebot ergänzen.

Um die Unternehmensgründung umzusetzen, begannen die beiden Brüder frühzeitig ihre Vorbereitungen. Der elterliche Gastronomiebetrieb wurde genutzt, um das zukünftige Produktportfolio zu entwickeln, Geschmacksrichtungen zu optimieren und verschiedene Kaffeesorten zu testen – stets mit dem Ziel, höchste Qualitätsansprüche zu erfüllen. Schließlich mussten geeignete Lieferanten für das definierte Produktportfolio gefunden werden. Dabei erwies sich das vorhandene soziale Netzwerk von Frank Stebisch aus seiner Beratertätigkeit als überaus vorteilhaft. Durch seine Branchenkenntnisse und Bekanntheit bei den Lieferanten konnten wichtige Preisvorteile für den Start ausgehandelt werden.

Im Januar 2004 wurde schließlich die erste Filiale der Campus Suite an der CAU eröffnet. Die Zusammensetzung des Namens ergab sich zum einen aus dem engen Bezug zur Universität (Campus) und zum anderen aus der Wohlfühlatmosphäre (Suite), die durch die Einrichtung und das Konzept erzeugt werden soll. Mittlerweile ist der Name markenrechtlich geschützt.

3 Die Erfolgsfaktoren und Wettbewerbsvorteile

3.1 Das Geschäftskonzept

Die Gründer sehen die Campus Suite als „umfassendes Lifestyle-Konzept", bei dem alle Produkte eine hohe Qualität aufweisen und zu fairen Preisen angeboten werden. Ein weiteres Aushängeschild ist das vielfältige Produktsortiment. Neben Kaffeespezialitäten, Gebäck, frisch gepressten Fruchtsäften, Teekombinationen und einer großen Auswahl an kalten Getränken wird auch eine Vielzahl von Snacks angeboten, die einen zentralen Bestandteil des Geschäftskonzeptes darstellen. Dabei wird ein Großteil der Snacks durch die Brüder Stebisch selbst entwickelt und in eigenen Produktionsstätten auch selbst hergestellt. Das vielfältige Snack-Angebot ist ein Schwerpunkt beim Markenausbau der Campus Suite, da dieses für viele Coffee-Shops nicht selbstverständlich ist. Andere Kaffeeketten, wie z. B. Starbucks, legen hingegen den Fokus eher auf Kaffeespezialitäten.

Auch die faire Preisgestaltung ist ein sehr wichtiges Element des Geschäftskonzeptes. Aufgrund der guten Konditionen der Zulieferer und der an den ausgewählten Standorten vorhandenen hohen Durchlaufzahlen können die Produkte zu vergleichsweise niedrigen Preisen angeboten werden. Bei einer neuen Filialeröffnung in einer Stadt, in der bisher keine Campus Suite ansässig ist, wird bei der Standortsuche vor allem darauf geachtet, dass ein hoher Kundendurchlauf vorhanden ist und der Standort sich in der Nähe einer Universität befindet. Durch dieses Vorgehen soll einerseits die enge Verbindung des Unternehmens zu Hochschulen verdeutlicht werden. Andererseits sollen unterstützt durch die faire Preisgestaltung zunächst vor allem Studenten und Universitätsangehörige als Kunden gewonnen werden. Erst wenn eine entsprechend große Kundenbasis entstanden ist, werden neue Filialen in den jeweiligen Stadtzentren eröffnet. Aufgrund der Bekanntheit und der Beliebtheit der Campus Suite bei dem bisherigen Kundenstamm werden diese auch das neue Angebot im Zentrum nutzen. Neue Kundensegmente werden dann durch diese Präsenz und vor allem über Mund-zu-Mund-Propaganda erschlossen, denn „zufriedene Kunden sind die beste Werbung, die ein Unternehmen haben kann".

Die Campus Suite zeichnet sich darüber hinaus durch die Frische der Produkte aus. So werden die Säfte vor den Augen der Kunden frisch zubereitet und nicht auf Vorrat produziert. Zudem überwachen die jeweiligen Filial- und Schichtleiter die Frische der Snacks in regelmäßigen Abständen.

Ein weiterer wichtiger Bestandteil des Geschäftskonzeptes sind die Mitarbeiter. Um die Produktqualität konstant zu halten und die hohen Kundendurchlaufzahlen schnell bewältigen zu können, erhalten alle Mitarbeiter ausführliche Schulungen sowie eine intensive Einarbeitung in den Stammhäusern der Campus Suite.

Mit der Innengestaltung der Filialen wird die Positionierung der Campus Suite als Lifestyleprodukt unterstrichen. Durch die Farbauswahl und das Design soll eine Wohlfühlatmosphäre für den Kunden entstehen. Jede Filiale hat den gleichen Aufbau, so dass bei Betreten einer beliebigen Filiale ein Wiedererkennungseffekt auftritt. Im Eingangsbereich findet jeder Kunde neben dem Kühlregal mit den kalten Getränken das „Herzstück" jeder Filiale vor – den durchsichtigen Tresen, der das reichhaltige Snacksortiment enthält. Durch diese Präsentation der Angebotsvielfalt und die dadurch beim Betreten entstehende „Produktüberflutung" soll bei dem Kunden die Kauflust gesteigert werden.

3.2 Das Personalmanagement

Das Personal ist für die Brüder Stebisch ein wesentlicher Erfolgsfaktor des Unternehmens Campus Suite. Um diesen Wettbewerbsvorteil zu erhalten und in Anbetracht der Tatsache, dass das Unternehmen mittlerweile ca. 250 Mitarbeiter beschäftigt, bedarf es eines systematischen Personalmanagements.

Die Arbeit in der Campus Suite ist anstrengend und aufgrund des hohen Kundendurchlaufs oft stressig. Die Mitarbeiter müssen schnell und präzise arbeiten und gleichzeitig immer Kundenfreundlichkeit ausstrahlen. Auch dürfen sie den Überblick nicht verlieren. Ob ein Bewerber die hohen Anforderungen erfüllt, wird in einem ausführlichen und standardisierten Bewerbungsverfahren herausgefunden. Die Standardisierung ermöglicht es, die Personaleinstellung an die jeweiligen Filialleiter abzugeben, welche die Bewerber so nach einheitlichen Kriterien und im Sinne des Unternehmens beurteilen können. Die wichtigsten Kriterien, die ein Bewerber erfüllen muss, sind Einsatzbereitschaft, eine Identifikation mit der Idee und dem „Spirit" der Campus Suite und ein längerfristig geplantes Engagement im Unternehmen.

Den hohen Anforderungen entsprechend bietet die Campus Suite seinen Mitarbeitern einen langfristig sicheren Arbeitsplatz, eine qualifizierte Ausbildung und eine leistungsorientierte Entlohnung. Die qualifizierte Ausbildung wird über regelmäßige Schulungen erreicht, die für jeden Arbeitsbereich und Mitarbeiter vorgesehen sind. In den Schulungen werden die unterschiedlichen Arbeitsabläufe und vor allem mögliche Probleme und deren Lösung behandelt, wie zum Beispiel ein Ausfall der Espressomaschine.

Schulungen allein schaffen allerdings noch keine guten Mitarbeiter und vor allem keinen nachhaltigen Wettbewerbsvorteil. Ausschlaggebend ist vielmehr die Motivation der Angestellten. Hier spielt die Persönlichkeit und Einstellung der Gründer eine entscheidende Rolle. Trotz ihres Erfolges findet man die Geschäftsführer regelmäßig hinter dem Tresen. Gleichzeitig werden die Mitarbeiter nicht nur in Entscheidungen mit eingebunden, sondern ihr Wissen wird genutzt, indem ihre Verbesserungsvorschläge gefördert und umgesetzt werden.

Wichtiger Bestandteil des Personalmanagements ist die Einstufung des Personals in verschiedene Profilstufen, die sich nach bestimmten Fähigkeiten richten, welche die Mitarbeiter durch ihre Tätigkeit oder Schulungen erwerben können. Die jeweiligen Profilstufen sind an unterschiedliche Lohnsätze gekoppelt. Daraus ergeben sich mehrere Vorteile für beide Seiten. Zum einen weiß der Mitarbeiter aufgrund der Transparenz der Profilstufen genau, woran er arbeiten muss, um die nächste Profilstufe zu erreichen. Zum anderen wird so die Einsatzbereitschaft erhöht und die Personaleinsatzplanung erheblich erleichtert. Wird Personal in einer Filiale benötigt, kann der Bedarf über die Profilstufen genau definiert werden.

Motivation wird zusätzlich durch die flachen Hierarchien geschaffen, die es den Mitarbeitern ermöglichen, schnell aufzusteigen und Verantwortung zu übernehmen. Verantwortung verlässlich abzugeben ist für das Wachstum des Unternehmens unerlässlich. Ein Filialleiter hat die komplette Filialverantwortung, sowohl für den Mitarbeitereinsatz, die optimale Warenbestellung, die Filialorganisation als auch Personaleinstellung und -betreuung. Bisher wurden die Filialleiter extern angeworben, mussten aber trotz ihrer jeweiligen Qualifikationen intensiv geschult werden und alle Positionen des Unternehmens durchlaufen, bevor sie endgültig eingesetzt werden konnten. Ziel ist, die zukünftigen Filialleiter aus eigenen Reihen zu rekrutieren, vor allem unter den eigenen Auszubildenden der Campus Suite.

Ein weiterer Wettbewerbsvorteil für die Campus Suite im Personalbereich wird durch die Gründer selbst geschaffen. Viele Mitglieder der Familie sind im Unternehmen mit eingebunden und in entscheidenden Positionen eingesetzt. Die Campus Suite ist ein (Groß-)Familienunternehmen, und zur Familie sollen auch die Mitarbeiter gehören. Das schaffen die Gründer vor allem durch ihre eigene persönliche Einstellung zu ihren Mitarbeitern und eine intensive beidseitige Kommunikation.

3.3 Das Qualitätsmanagement

Der Erfolg des Unternehmens kann dauerhaft nur über hohe Qualität gesichert werden, d. h. die Grundqualität muss hoch sein, und Qualitätsschwankungen müssen vermieden werden.

Eine hohe Grundqualität wird durch den Einkauf qualitativ hochwertiger Grundprodukte und Zutaten erzielt. Ist die Grundqualität gegeben, können Qualitätsschwankungen in der eigenen Produktion bzw. Weiterverarbeitung entstehen. Das formulierte und auch realisierte Ziel der Campus Suite ist es, mindestens 80 % ihrer Produkte in den eigenen Produktionsräumen herzustellen und zu veredeln. Die Gefahr von Qualitätsschwankungen ist daher überdurchschnittlich hoch. Um diese in der Produktion zu vermeiden, wurden die Produkte schon lange vor der Eröffnung der ersten Filiale von den Brüdern Stebisch entwickelt, genaue Rezepturen festgelegt und die passenden Lieferanten gesucht. Die meisten Snacks der Campus Suite gibt es schon von Beginn an, und das Sortiment wurde nur um einige wenige Produkte erweitert, die mit der gleichen Planung in den Verkauf gebracht wurden.

Zubereitet werden die Produkte von den so genannten „Snackern", welche im Gegensatz zum größten Teil des Verkaufspersonals Festangestellte sind. Sie sind wie jeder Mitarbeiter in der Campus Suite intensiv geschult. Die beständig gleich bleibende Qualität der Produkte wird insbesondere durch die langjährige Erfahrung der Snacker in der Herstellung des nahezu konstanten Sortiments und letztendlich darüber erzielt, dass die Mitarbeiter täglich die gleichen sind. Würden in diesem Bereich wechselnde oder neue Mitarbeiter und Teams produzieren, wären Qualitätsschwankungen unvermeidbar.

Die Campus Suite hat durch ihre Standortwahl gute Voraussetzungen, um die Produktfrische zu garantieren, da an den hoch frequentierten Standorten ein hoher Produktumschlag generiert werden kann, so dass die Snacks nie lange in der Auslage liegen. Außerdem wird in jeder Stadt, in der die Campus Suite Filialen eröffnet, eine eigene Produktionsstätte eingerichtet. Dies ermöglicht durch kurze Lieferwege eine just-in-time Produktion. Die Produktion und die jeweiligen Warenlieferungen werden zentral von der Geschäftsführung über ein in jeder Filiale auf die Warenauslagen ausgerichtetes Kamerasystem koordiniert. Ein Blick in der Zentrale auf die Monitore verrät sofort, an welchem Standort Snacks fehlen, knapp werden oder eventuell zu viel sind. Es können dann sofort und gezielt neue Waren hergestellt werden, die der hauseigene Lieferservice nach Fertigstellung in die jeweiligen Filialen ausliefert.

Im Bereich der Kaffeeprodukte wird die Qualität vor allem durch eine hochwertige Bohnenmischung erreicht. Ähnlich wie mit den Snacks wurde schon vor der Eröffnung der ersten Filiale getestet und probiert, welche Mischung die geeignete ist und in welchem Verhältnis Kaffee und Milch miteinander den besten Geschmack erzielen. Bis heute hat sich an der Rezeptur nichts geändert, welche die so genannten „Barista" in Schulungen an den italienischen Espressomaschinen lernen.

4 Der Markt der Coffee-Shops in Deutschland

Der Kaffee ist das beliebteste und am meisten konsumierte Getränk in Deutschland. So lag der durchschnittliche Pro-Kopf-Verbrauch im Jahr 2006 bei 146 L. Knapp 30 % des Gesamtmarktes liegen im Außer-Haus-Verbrauch, speziell in dem Segment der Coffee-Shops. In Deutschland gibt es rund 1.200 Coffee-Shops, was verglichen mit 3.000 Coffee-Shops allein in London eine eher kleine Zahl ist, die zeigt, dass noch ein deutliches Wachstum in Deutschland möglich ist.

Unter den deutschen Coffee-Shops verzeichnet unter anderem McCafé starkes Wachstum. Das Shop-in-Shop-Modell in Filialen des amerikanischen Fast-Food-Konzerns McDonald's steigerte die Anzahl seiner Verkaufsstellen innerhalb des Jahres 2006 bundesweit von 54 auf 200. Auf den weiteren Plätzen in dieser Wertung folgten Weltmarktführer Starbucks mit einer Erweiterung von 48 auf 75 Filialen sowie Balzac Coffee aus Hamburg mit einem Wachstum von 26 auf 30 Läden. Bis zum Ende des Jahres 2007 sollte die Zahl der McCafés auf annähernd 400 steigen. Die amerikanische Fastfood-Kette liegt somit auf Rang zwei auf dem deutschen Markt für Coffee to go. Die Spitzenposition nimmt das Hamburger Unternehmen Tchibo mit über 500 Filialen ein.

Zusätzlich steht die Campus Suite auf lokaler Ebene im Wettbewerb mit traditionellen Cafés und weiteren kleineren Coffee-Shops. Der Unterschied liegt jedoch darin, dass die Cafés ihren Hauptfokus auf Kaffee und Kuchen legen und kein umfangreiches Snacksortiment aufweisen. Somit sprechen sie weniger ein lifestyle-orientiertes Publikum an, sondern vielmehr konservative Kunden. Härtere Wettbewerber sind die vorher genannten Coffee-Shop-Ketten, die u. a. auch ein junges, trendbewusstes Publikum ansprechen und eine ähnliche Geschäftsstrategie verfolgen.

Der aktuelle Trend, Kaffee und Snacks für unterwegs anzubieten, wird auch vermehrt von Bäckereiketten aufgenommen. Hier versucht die Campus Suite, sich mit ihrem loungeartigen Styling und einer hohen Produktqualität im Markt abzusetzen.

Ihre Wettbewerbsposition sichert sich die Campus Suite vor allem dadurch, dass sie zuerst an den Universitäten Präsenz zeigt und dort ihre eigene starke Kundenbasis aufbaut. Wenn eine Expansion in die Innenstädte erfolgt, kann man auf diese zurückgreifen und bei neuen potentiellen Kunden ein direktes Interesse erwecken. Darüber hinaus zielt auch die faire Preisgestaltung und das besondere Produktportfolio der Campus Suite darauf, sich von den Konkurrenten abzuheben.

5 Das Franchise-Konzept

Fast fünf Jahre nach der Eröffnung der ersten Filiale der Campus Suite ist das Unternehmen durch das rasante Wachstum und den großen Erfolg an seine Kapazitätsgrenzen gekommen. Das Familienunternehmen kann nicht durch weitere Standorte expandieren, ohne das bisherige Konzept der persönlichen Kontrolle und Betreuung aufzugeben. Für die Zukunft muss sichergestellt sein, dass bei weiterem Wachstum die Qualitätsstandards in der Produktion und dem Verkauf erfüllt werden, ohne dass eine ständige Präsenz der Gründer vor Ort notwendig ist. Eine weitere Herausforderung ist es, die Unternehmenskultur und das Geschäftskonzept den jeweiligen Filialverantwortlichen richtig zu vermitteln. Für das Gründerteam war deshalb die Entwicklung eines Franchise-Konzeptes eine geeignete Lösung, um weiteres kontrolliertes Wachstum zu generieren und die Marke Campus Suite in der gesamten Bundesrepublik zu etablieren.

Frank Stebisch hatte bereits einschlägige Erfahrungen mit Franchise-Nehmern während seiner Zeit als Berater gemacht. Der erste Schritt lag in der Gründung der 4-elements gastroconcept Rechte & Lizenzen GmbH zur Abwicklung des Franchise-Konzeptes. Nach langen Beratungen mit dem Rechtsanwalt wurden die Franchise-Verträge entwickelt. Das Modell unterscheidet sich in einigen wichtigen Punkten von anderen Franchise-Verträgen, die in der Branche üblich sind. Der wichtigste Unterschied liegt darin, dass die vom Franchise-Nehmer zu zahlenden Gebühren nicht an den Umsatz gekoppelt sind, sondern fixe Beträge darstellen, die sich individuell aus prognostizierten Umsätzen ergeben. Dadurch wird der Franchise-Nehmer motiviert, zusätzliche Umsätze zu generieren, weil diese ausschließlich ihm zugute kommen. Außerdem garantiert dies die Qualitätssicherung, da die Anreize zu betrügen, indem beispielsweise minderwertiger Kaffee gekauft wird, sinken.

Die Anforderungen, die an den Franchise-Nehmer gestellt werden, sind sehr hoch. Dieser muss gastronomische Erfahrungen vorweisen, ausreichend liquide sein und die komplette Finanzierung übernehmen. Außerdem muss an dem jeweiligen Standort eine eigene Produktionsstätte vorhanden sein bzw. aufgebaut werden. Trotz der Anforderungen ist die Anzahl der Anfragen stark steigend und zeitaufwändig, so dass mittlerweile eine Unternehmensberatungsagentur zur Auswahl zwischengeschaltet wurde. Von 100 Bewerbern sind im Durchschnitt nur vier geeignet. Für die Geschäftsführung ist es unausweichlich, den Bewerber richtig kennenzulernen, denn der zukünftige Franchise-Nehmer soll den „richtigen Spirit" haben. Jeder Franchise-Nehmer durchläuft daher in einer der Filialen in Kiel oder Hamburg eine sechsmonatige Schulung, bei der er die Abläufe in allen Bereichen (Produktion, Barista, Verkauf etc.) vermittelt bekommt und selbst ausübt.

Für die Campus Suite als Franchise-Geber besteht der Vorteil vor allem darin, dass bei niedrigen finanziellen Risiken eine schnelle Expansion und somit eine überregionale Präsenz ermöglicht wird. Für den Nehmer bestehen folgende Vorteile: Ihm wird das gesamte Konzept und Know-how der Campus Suite zur Verfügung gestellt. Hierfür wurde ein ausführliches Handbuch ausgearbeitet, in dem zum Beispiel alle Rezepturen und Beschreibungen der Produktionsabläufe vorhanden sind. Auch die Philosophie der Campus Suite sowie die Rechte und Pflichten des Franchise-Nehmers werden detailliert erläutert. Der wohl wichtigste Vorteil für den Nehmer wie auch für den Geber ist, dass der Nehmer das gleiche Lieferantennetzwerk zur Verfügung gestellt bekommt. Dieser profitiert dadurch von besseren Preisen. Die Campus Suite hingegen kommt damit ihrem Ziel der filialübergreifenden Qualitätssicherung einen großen Schritt näher. Ferner wird der Ladenbau zusammen ausgearbeitet. Die Farbauswahl ist vorgegeben, damit zum einen der Wiedererkennungswert vorhanden ist und zum anderen die typische Wohlfühlatmosphäre hergestellt wird. Bei der Inneneinrichtung können die vorhandenen Kontakte der Brüder Stebisch genutzt werden. Insgesamt entsteht dadurch ein einheitliches Design mit individuellen Gestaltungsmöglichkeiten. Damit die Franchise-Standorte erfolgreich sind, bietet die Geschäftsleitung dem Nehmer eine umfassende Betreuung und zentrale Schulungen für seine Mitarbeiter an den Standorten in Kiel oder Hamburg an.

Grundsätzlich sind Franchise-Konzepte auch mit Risiken verbunden, da die direkte Nähe zu den Kunden, Partnern und lokalen Märkten verringert wird. Eine weitere Gefahr besteht darin, dass der Nehmer nach einer Weile abspringt und sich mit einem gleichen oder ähnlichen Konzept selbstständig macht. Um zumindest die Standorte der Franchise-Betriebe für das Unternehmen zu sichern, mietet die 4-elements gastroconcept die jeweiligen Immobilien selbst und vermietet sie weiter an den Nehmer. Neue Objekte werden mit Hilfe eines befreundeten Unternehmensberaters ausfindig gemacht. Ein weiteres Problem entsteht, wenn die Franchise-Nehmer die vorgegebenen Qualitätsstandards nicht einhalten. Dadurch oder durch eventuellen Missbrauch kann das Ansehen der Marke Campus Suite beschädigt werden. Wenn solch ein Fall in einer Stadt eintreten sollte, wäre eine mögliche Folge, dass dort mittelfristig kein Marktpotential erschlossen werden könnte.

Der erste Franchise-Betrieb wurde im Juli 2007 in der Nähe der Universität von Hannover eröffnet. Weitere Franchise-Standorte sind u. a. auch in Süddeutschland geplant.

6   Die Zukunftsperspektive

Es ist zukünftig geplant, das Filialnetz und die Marke Campus Suite bundesweit zu verbreiten. Dieses soll dadurch gelingen, dass neue Filialen in ganz Deutschland eröffnet und durch das bereits erwähnte Franchise-Modell betrieben werden. Hier legen die Gründer gemäß dem Geschäftsmodell vorwiegend den Fokus auf neue Standorte an den Universitäten.

Auch die einzelnen Arbeitsabläufe sollen zukünftig weiterhin optimiert werden, um Qualitätsschwankungen zu vermeiden und Kosten einzusparen. Langfristig soll ein zentrales Schulungszentrum errichtet werden, damit eine standardisierte Aus- und Weiterbildung für die Mitarbeiter und Franchise-Nehmer gewährleistet ist. Die Geschäftsführung möchte ferner die Führungsetage erweitern, um dem gestiegenen Verwaltungs- und Kontrollaufwand aufgrund der Umsetzung des Franchise-Konzeptes entgegenzuwirken.

Zum Markenausbau und zur Erhöhung des bundesweiten Bekanntheitsgrades sollen auch die Merchandise-Artikel dienen, deren Angebot erweitert wird. Neben den vorhandenen Artikeln, wie z. B. Schlüsselbänder, Kaffeebecher und Geschirr, ist der Verkauf von Poloshirts und Aufklebern geplant. Um die Kommunikation zu den Kunden zu verbessern, ist der regelmäßige Versand eines elektronischen Newsletter geplant, damit diese über Neuigkeiten, wie beispielsweise Produktneueinführungen und Filialeröffnungen, informiert werden können.

7 Schlussbetrachtung

In der vorliegenden Fallstudie wurde gezeigt, auf welche Faktoren der Erfolg der Campus Suite zurückzuführen ist, und verdeutlicht, an welche Grenzen ein schnell wachsendes Unternehmen stoßen kann. Die Basis des Erfolges ist das einzigartige Konzept, lokale Märkte aus der Universität heraus mit hochwertigen Produkten und studentischen Preisen zu erschließen. Die Berufserfahrungen des Gründerteams in der (System-)Gastronomie und deren Gründergeist machten die Campus Suite von Beginn an zu einem erfolgreichen und stetig wachsenden Unternehmen. Als nachhaltiger Wettbewerbsvorteil ist das soziale Netzwerk hervorzuheben, das es überhaupt erst ermöglichte, das Konzept zu realisieren.

Wenn die Campus Suite weiterhin an ihren bisherigen Erfolgsfaktoren festhält und sich das Franchise-Modell als geeignetes Konzept zur weiteren Expansion etabliert, werden sich wohl zukünftig an immer mehr Hochschulen lange Schlangen vor Campus Suite-Filialen bilden.

Aufgaben

1. Wie positioniert sich die Campus Suite im Wettbewerbsumfeld? Ist diese Positionierung geeignet, langfristig Wettbewerbsvorteile zu erzielen?
2. Ist das Franchise-Konzept eine geeignete Maßnahme zur Expansion und Vermeidung der Probleme, die mit der Expansion zusammenhängen?
3. Welche weiteren Risiken birgt das Franchise-Konzept? Wie können diese Risiken minimiert werden?
4. Wie könnten Wettbewerber auf das Franchising und die Expansion reagieren?
5. Welche Alternativen hat die Campus Suite anstelle des Franchisings, um das rasante Wachstum fortführen zu können? Was sind die Vor- und Nachteile dieser Alternativen?

Campus Suite in 2011

Petra Dickel

Inhaltsverzeichnis

1	Einleitung	202
2	Entwicklung der Campus Suite seit 2008	202
	2.1 Personalmanagement	202
	2.2 Produktion und Qualitätsmanagement	202
	2.3 Positionierung im Wettbewerbsumfeld	203
	2.4 Expansion in Österreich	203
3	Entwicklung des Franchising seit 2008	204
	3.1 Erfahrungen aus Pilotprojekt	204
	3.2 Anpassung des Franchise-Konzeptes	204
4	Zukunftsperspektive und Ausblick	205

Überblick

Aufbauend auf dem vorangegangenen Beitrag zeigt die Fallstudie die Weiterentwicklung der Campus Suite in den folgenden Jahren auf. Dabei werden zunächst strategische Entscheidungen zur Anpassung interner Strukturen und Prozesse dargestellt, mit denen das Unternehmen den wachstumsbasierten Herausforderungen begegnet. Zum anderen wird auf die Bedeutung von lokalen Partnern bei der Erschließung ausländischer Märkte eingegangen. Weiterhin werden die Erfahrungen aus der Franchising-Pilotphase sowie die daraus resultierenden Anpassungen des Franchise-Konzeptes erläutert. Abschließend werden Strategien der Marktentwicklung erörtert, die das zukünftige Wachstum und den Erfolg der Campus Suite fortführen sollen.

P. Dickel (✉)
Institut für Betriebswirtschaftslehre, Christian-Albrechts-Universität Kiel, Westring, 425, 24118 Kiel, Deutschland
E-Mail: dickel@bwl.uni-kiel.de

1 Einleitung

Das vielfältige Angebot, die Qualität und die fairen Preise überzeugen nach wie vor die alten und neuen Kunden der Campus Suite. Das Ratzeburger Familienunternehmen konnte das rasante Wachstum in den vergangenen drei Jahren fortsetzen. So besteht das Filialnetz der 4-elements gastroconcept Hamburg GmbH & Co. KG aus mittlerweile 28 Filialen in Norddeutschland und Österreich, fünf dieser Filialen werden durch Franchise-Partner betrieben.[1] Auch die Mitarbeiterzahl ist mit ca. 550 Beschäftigten (720 inklusive der Franchise-Standorte) deutlich angestiegen.

Diese Fallstudie beschreibt die Weiterentwicklung der Campus Suite seit den letzten drei Jahren und zeigt die aktuellen Chancen und Herausforderungen auf.

2 Entwicklung der Campus Suite seit 2008

2.1 Personalmanagement

Um die mit dem starken Mitarbeiterwachstum verbundenen Anforderungen zu bewältigen, haben die Gründer in Zusammenarbeit mit der Akademie für Technik GmbH eine eigene Weiterbildungseinrichtung, die Campus Suite Academy, ins Leben gerufen. Hierfür wurde ein für das Unternehmen zugeschnittenes Schulungskonzept entwickelt, in welchem die Qualifikationen der Mitarbeiter in den jeweiligen Tätigkeitsbereichen ausgebaut werden. Ein Schwerpunkt liegt hierbei auf der Ausbildung der leitenden Mitarbeiter, z. B. durch Seminare in den Bereichen Mitarbeiterführung, Soft Skills und Zeitmanagement. Durch das Weiterbildungsangebot werden den Mitarbeitern wertvolle Kompetenzen für ihre persönliche und berufliche Zukunft vermittelt. Über die in Hamburg und Kiel stattfindenden Seminare hinaus werden Lernvideos bereitgestellt, durch welche auch Mitarbeitern an weiter entfernten Standorten Schulungsthemen wie Qualitätssicherung, Beschwerdemanagement und Kommunikation vermittelt werden.

2.2 Produktion und Qualitätsmanagement

Durch die Expansion sind auch in der Produktion organisatorische Änderungen notwendig geworden. So ist bei der Auswahl des Küchenpersonals deren Erfahrung in der Gemeinschaftsverpflegung und Catering ein zentrales Kriterium. Durch die Berufspraxis in Großküchen bringen diese „Küchenmanager" neben den fachlichen Qualifikationen auch ein ausgeprägtes Zeitmanagement und wirtschaftliches Denken mit. Darüber hinaus wurde die eigene Herstellung der Produkte durch das umfangreichere Produktportfolio,

---

[1] Stand: Dezember 2011.

die Eröffnung neuer Standorte und weiterer Franchise-Filialen zunehmend schwierig und betriebswirtschaftlich unrentabel. Vor diesem Hintergrund sowie auch dem Ziel, eine gleichbleibende Qualität an allen Campus Suite-Standorten zu gewährleisten, wurde die Produktion einzelner Produkte an Dritte ausgelagert. Die Campus Suite übernimmt hierbei nur noch die Endarbeiten, das so genannte Finish. Gründer Frank Stebisch bezeichnet diese Outsourcing-Entscheidung als großen Schritt, da mit der Auslagerung auch die Weitergabe der eigenen, geheimen Rezepturen verbunden ist. Neben der Sicherstellung der hohen Qualitäts- und Hygienestandards ist somit ein starkes Vertrauensverhältnis unabdingbar bei der Auswahl der Produktionspartner.

2.3 Positionierung im Wettbewerbsumfeld

Der Coffee-Shop-Markt ist weiterhin durch eine hohe Wettbewerbsintensität und zunehmend auch Zusammenschlüsse gekennzeichnet. So fusionierten beispielsweise World Coffee und Balzac im Juli 2011 zur Balzac Coffee Company GmbH & Co. KG.[2] Neben der hohen Anbieterzahl und den Konzentrationstendenzen führt Frank Stebisch den zunehmenden Wettbewerbsdruck auch auf das vermehrte Angebot von professionellen Office Coffee Solutions zurück. Bei diesen werden hochwertige Kaffeeautomaten in den Unternehmen bereitgestellt, über welche die Mitarbeiter kostenlos bzw. gegen ein geringes Entgelt Kaffee, Cappuccino und andere Heißgetränke am Arbeitsplatz konsumieren können – zulasten der Coffee-Shop-Betreiber.

Vor diesem Hintergrund hat die Campus Suite ihren Fokus auf Food-Produkte weiter ausgebaut und konnte sich durch diese Strategie von bestehenden Wettbewerbern erfolgreich differenzieren. Das Produktportfolio wurde von anfangs 40 auf 120 Produkte ausgebaut. So gibt es unter anderem in Hamburg ein vielfältiges Angebot an Mittagstischgerichten, das weiter ausgebaut werden soll. An den universitätsnahen Standorten werden hingegen – nicht zuletzt aufgrund der dort ansässigen Mensen – vor allem Snacks nachgefragt.

2.4 Expansion in Österreich

Neben der Eröffnung weiterer Filialen in Hamburg, Kiel, Flensburg, Hannover und Lübeck findet man die Campus Suite seit 2009 auch in Wien. Die derzeit zwei Filialen werden gemeinsam mit einem Partner als eigenes Unternehmen, also nicht als Franchising, betrieben. Der geschäftsführende Mitgesellschafter ist ein alter Bekannter der Campus Suite-Gründer. Begeistert und überzeugt von dem Campus Suite-Konzept hat der ehemalige Architekt die Geschäftsidee in Wien eingeführt.

---

[2] o.V. (2011): Balzac & World Coffee: Fusion in der Kaffeebar-Szene. Handelsblatt Online, 13.7.2011. http://www.handelsblatt.com/unternehmen/handel-dienstleister/balzac-und-world-coffee-fusion-in-der-kaffeebar-szene/4391346.html (abgerufen am 20.12.2011).

Trotz oder vielleicht auch aufgrund der etablierten Kaffeehauskultur ist die Akzeptanz der Campus Suite Wien gerade bei jungen Menschen hoch. Frank Stebisch selbst kann durch einen langjährigen Aufenthalt in Österreich auf wertvolle Kenntnisse des lokalen Gastronomiemarktes zurückgreifen. Die erfolgreiche Einführung begründet er mit der Food-Kompetenz und Preisphilosophie der Campus Suite. Die traditionellen Kaffeehäuser seien zwar nach wie vor der typische Anlaufpunkt bei einem Besuch von Verwandten. Die Campus Suite werde hingegen gern für den eigenen täglichen Kaffee bzw. Snack für zwischendurch aufgesucht.

Überzeugt von dem Potential und nicht zuletzt auch aufgrund der positiven Resonanz strebt die 4-elements gastroconcept eine weitere Expansion in Österreich, vor allem in den größeren Städten, an. Da im Vergleich zu Deutschland die Gründung aufgrund bürokratischer Vorgaben im Gastronomiebereich komplizierter und aufwändiger ist, bestehen allerdings Überlegungen, die Filialen zusammen mit einem lokal ansässigen, distributionsstarken Partner zu betreiben.

3 Entwicklung des Franchising seit 2008

3.1 Erfahrungen aus Pilotprojekt

Bereits zwei Jahre nach Start des Franchise-Pilotprojektes in Hannover musste der dortige Betreiber Insolvenz anmelden. Stebisch führt dies in erster Linie darauf zurück, dass der damalige Franchise-Nehmer sich zu wenig auf die Erfahrungswerte der Gründer gestützt und das Campus Suite-Konzept nicht gelebt habe. Stattdessen wollte der gelernte Gastronom eigene Vorstellungen mit einfließen lassen, das Geschäftskonzept also aus seiner Sicht gestalten und ändern.

Die Campus Suite-Gründer lösten den Betrieb von der Bank aus der Insolvenz aus und setzten anschließend einen ehemaligen Mitarbeiter, der bereits zwei Jahre Erfahrung aus den Hamburger Filialen mitbrachte, als Geschäftsführer ein. Dieser führt den Hannoveraner Standort nun erfolgreich als selbstständiger Franchise-Nehmer. Auch andere Franchise-Standorte, wie z. B. Flensburg, werden durch erfahrene, mit dem Konzept vertraute, ehemalige Mitarbeiter geleitet. Stebisch betrachtet diese Franchise-Standorte fast wie „eigene" Betriebe, d. h. das eigene Engagement in den Franchise-Filialen sowie auch die Kontrolle vor Ort ist hoch. Der hohe Aufwand geht zwangsläufig mit einer geringeren Rendite einher, als das bei den selbst betriebenen Standorten in Hamburg und Kiel der Fall ist.

3.2 Anpassung des Franchise-Konzeptes

Mittelfristig streben die Gründer ein anderes System an, um deutschlandweit zu expandieren. Grundlage des zukünftigen Vorgehens stellt die Zusammenarbeit mit dem neuen

Franchise-Partner dar, der seit Oktober 2011 die Lübecker Filiale betreibt. Bei diesem Partner handelt es sich im Unterschied zu den bestehenden Franchise-Nehmern weder um einen ehemaligen Mitarbeiter noch gelernten Gastronomen, sondern einen reinen Unternehmer, der sich vor allem durch wirtschaftliches Denken und Handeln auszeichnet. Dieser trägt im Gegensatz zu den bisherigen Verträgen die alleinige Finanzierung der Standorte. Ein so genannter Master-Franchisevertrag erlaubt diesem Franchise-Partner zudem, selbst Standorte als Franchising an Dritte zu vergeben.

Eine klarere Vertragsgestaltung mit eindeutigen Vorgaben der Campus Suite-Gründer soll sicherstellen, dass das Konzept zu hundert Prozent umgesetzt wird. Darüber hinaus soll eine eigene Controlling-Abteilung eingerichtet werden, um die gestiegenen Anforderungen bei der Steuerung und Kontrolle der Franchise-Partner zu bewältigen.

Die Lösung, Unternehmertypen statt Gastronomen als Franchise-Nehmer auszuwählen, beruht auch auf der Einsicht, dass diese aufgrund ihrer Gewinnorientierung eher geneigt sind, mehr als eine Filiale zu eröffnen. Während die Franchise-Nehmer die betriebswirtschaftliche Kompetenz und das unternehmerische Denken und Handeln mitbringen, stellt die Campus Suite die Marke und die fachliche Kompetenz zur Verfügung. Dieses System liefert somit gute Möglichkeiten für eine schnelle, deutschlandweite Expansion unter gleichzeitiger Sicherstellung der eigenen, hohen Qualitätsanforderungen.

4 Zukunftsperspektive und Ausblick

Neben der Weiterentwicklung des Konzepts und dem Markenausbau ist die zügige Expansion, vor allem in Form von Franchising, zentrale Aufgabe. Es liegen Anfragen zahlreicher Interessenten aus verschiedenen Regionen vor. Zunächst gilt es, die Attraktivität der möglichen Standorte zu bewerten, bevor die Auswahl geeigneter Franchise-Nehmer und die Planung der konkreten Umsetzung erfolgt. Die angestrebte Expansion beschränkt sich dabei nicht nur auf Deutschland und Österreich. In Frage kommen grundsätzlich alle beliebten Urlaubsländer der Deutschen, also beispielsweise auch Spanien einschließlich Mallorca. Dabei stellt, ähnlich wie in Österreich, die Kooperation mit lokalen Partnern eine denkbare Option dar.

Darüber hinaus spielt die Food-Kompetenz der Campus Suite und die verstärkte Ausrichtung auf Food-Produkte auch zukünftig eine wichtige Rolle. Neben dem Ausbau der warmen Küche in den Filialen ist die Einführung eigener Produkte, wie z. B. der beliebten Campus Suite Surfcup-Sauce, im Lebensmitteleinzelhandel geplant. Hierbei wird ein deutschlandweites Angebot angestrebt. Die Listung der Produkte soll allerdings nur bei ausgewählten Handelspartnern mit einem ähnlich hohen Qualitätsanspruch und gutem Image erfolgen. Die Idee dahinter ist einfach. Auch wenn sich die Kunden der Campus Suite über die Jahre weiterentwickeln und sich nicht mehr bzw. seltener im universitären Umkreis bewegen, fühlen sie sich immer noch mit der Campus Suite verbunden. Viele ehemalige Studierende sind nach wie vor überzeugte und regelmäßige Campus Suite-Besucher.

Stebisch ist daher überzeugt von der positiven Reaktion auf das zusätzliche Angebot im Einzelhandel. Langfristig kann er sich auch eine internationale Einführung der Produkte vorstellen – beispielsweise mit einem erfahrenen Vertriebspartner, der die Marken als Lizenznehmer weltweit vertreibt.

Aufgaben

1. Inwiefern ist der zunehmende Fokus auf Food-Produkte geeignet, sich von Wettbewerbern zu differenzieren? Unter welchen Voraussetzungen kann hierdurch ein nachhaltiger Wettbewerbsvorteil erzielt werden?
2. Welche Auswirkung hat die Entscheidung, zukünftig Unternehmer anstelle Gastronomen als Franchise-Partner einzusetzen?
3. Inwieweit sind die Anpassungen des Franchising-Systems geeignet, um die vollständige Umsetzung des Campus Suite-Konzeptes an den Franchise-Standorten zu gewährleisten?
4. Welche Internationalisierungsstrategien kommen für die Campus Suite in Frage? Was sind die Vor- und Nachteile dieser Alternativen? Welche Risiken sind grundsätzlich mit der internationalen Expansion verbunden?
5. Handelt es sich bei der Einführung von Campus Suite-Produkten im Einzelhandel um eine tragfähige Idee? Welche begleitenden Maßnahmen sollten die Gründer treffen, um mit diesem Vorhaben langfristig erfolgreich zu sein?

Regionale akademische Gründungsförderung in Schleswig-Holstein - Ergebnisse und Implikationen der Evaluation der I-SH-Gründerstipendien

Dirk Ludewig, Grit Müller und Stefanie Jordt

Inhaltsverzeichnis

1	Weckung und Hebung von innovativem akademischen Gründungspotential – Aufgabe und Chance auf Bundesebene und regionaler Ebene in Schleswig-Holstein	208
2	Landesspezifische und bundesweite Absolventenstipendien – Wettbewerb um innovatives akademisches Gründungspotential	211
3	Die I-SH-Gründerstipendien – Absolventenstipendium in Schleswig-Holstein	213
4	Evaluation der I-SH-Gründerstipendien – Konzept, Methodik und Durchführung	215
5	Ergebnisse der Evaluation – Kosten-Nutzen-Betrachtung und inhaltliche Bewertung	216
	5.1 Kosten des Stipendiums.	216
6	Nutzen für die regionale Wirtschaft	217
7	Nutzen für das einzelne Gründungsprojekt	220
	7.1 Nutzen für die einzelnen Stipendiaten	221
	7.2 Nutzenkausalität	221
	7.3 Inhaltliche Bewertung	222
8	Was kommt nach den I-SH-Gründerstipendien? – Implikationen und Ausblick	223
Literatur		225

D. Ludewig (✉)
Dr. Werner Jackstädt-Kompetenzzentrum für Unternehmertum und Mittelstand Flensburg,
Fachhochschule Flensburg (University of Applied Sciences), Kanzleistraße 91-93, 24943 Flensburg,
Deutschland
E-Mail: dirk.ludewig@fh-flensburg.de

G. Müller
Internationales Institut für Management und ökonomische Bildung (IIM), Universität Flensburg,
Munketoft 3b, 24937 Flensburg, Deutschland
E-Mail: grit.mueller@uni-flensburg.de

S. Jordt
Niehuuser Straße 21, 24955 Harrislee, Deutschland
E-Mail: stefanie.jordt@gmail.com

Überblick

Im bundesweiten Vergleich nimmt Schleswig-Holstein bei den High-Tech-Gründungen einen Platz im Mittelfeld ein. Gründungen aus Hochschulen und öffentlichen Forschungsinstituten sowie von Absolventen sind ein Ansatzpunkt, um technologie- bzw. wissensorientierte Gründungen zu stimulieren und damit innovatives akademisches Gründerpotential in Schleswig-Holstein zu heben. Absolventenstipendien auf Bundes- und Landesebene bieten Unterstützung bei der Vorbereitung zumeist innovativer technologieorientierter und wissensbasierter Gründungsvorhaben. Ähnliche Förderungsschwerpunkte und regionale Flexibilität der Stipendiaten führen zu einem bundesweiten Wettbewerb um das innovative akademische Gründungspotential. Vor diesem Hintergrund ist eine Diskussion zu führen, ob Schleswig-Holstein nach der Auflösung der Innovationsstiftung Schleswig-Holstein und dem damit einhergehenden Wegfallen der I-SH-Gründerstipendien ein neues eigenes landesspezifisches Absolventenstipendium benötigt und wenn ja, wie dieses aussehen könnte. Die Evaluation der I-SH-Gründerstipendien, deren Ergebnisse und Implikationen sollen zu dieser Diskussion beitragen. Sie bilden den Hauptteil dieses Beitrages.

1 Weckung und Hebung von innovativem akademischen Gründungspotential – Aufgabe und Chance auf Bundesebene und regionaler Ebene in Schleswig-Holstein

Laut der aktuellen Untersuchung des Global Entrepreneurship Monitors sind 5,6 % aller erwachsenen Deutschen aktiv mit der Gründung eines neuen Unternehmens befasst (werdende Gründer) bzw. sind Inhaber und Geschäftsführer eines Unternehmens, das noch nicht älter als 3 ½ Jahre ist (junge Gründer). Werdende Gründer machen 3,4 % und die jungen Gründer 2,4 % unter den erwachsenen Deutschen aus. Mit der Gründungsaktivität von 5,4 % belegt Deutschland einen hinteren Rangplatz in der Gruppe der so genannten innovationsbasierten Länder, die den Vergleichsmaßstab im Rahmen des Global Entrepreneurship Monitor ausmachen [5]. Hinsichtlich der allgemeinen Gründungsaktivität kann für Deutschland ein Nachholbedarf konstatiert werden.

Im Vergleich der Gründungsaktivität innerhalb Deutschlands sieht der KfW-Gründermonitor Schleswig-Holstein auf dem neunten Rang unter den 16 Bundesländern [7]. Die im internationalen Vergleich mit anderen innovationsbasierten Ländern hintere Position wird durch Schleswig-Holstein nicht verbessert.

Der KfW-Gründermonitor bewertet nur eine sehr kleine Zahl der Gründungen in Deutschland als innovativ und ordnet diese Strukturschwäche mittel- und langfristig als besonders kritisch ein [7]. Der Deutsche Industrie- und Handelskammertag stellt in seinem Gründerreport 2011 zudem fest, dass der Anteil von Existenzgründungen in der Industrie erneut gesunken ist. Bedenklich wird dies vor dem Hintergrund erachtet, dass technologisch anspruchsvolle Gründungen mit hohem Wachstums- und Beschäftigungspotential zumeist in den Industriebranchen stattfinden [2].

Bei den High-Tech-Gründungen zeigt Schleswig-Holstein ebenfalls ein mittelmäßiges Bild. Hinsichtlich der Gründungsintensität im High-Tech-Sektor belegen die drei IHK-Bezirke in Schleswig-Holstein Plätze im Mittelfeld. Unter den 80 IHK-Bezirken in Deutschland befindet sich die Industrie- und Handelskammer zu Lübeck auf dem 31. Platz, die Industrie- und Handelskammer zu Kiel auf dem 55. Platz und die Industrie- und Handelskammer zu Flensburg auf Platz 59. Der direkte Nachbar in Hamburg (Handelskammer Hamburg) befindet sich dagegen auf Platz 4 [10].

Hinsichtlich der allgemeinen und der speziell im High-Tech-Bereich zu beobachtenden Gründungszurückhaltung in Deutschland hat sich das Bundesministerium für Wirtschaft und Technologie zum Ziel gesetzt, Maßnahmen zur Stärkung der Gründungskultur in Deutschland zu entwickeln, zu bündeln und für mehr Unternehmergeist zu werben. Im Einklang mit Erkenntnissen und Implikationen verschiedener Studien werden insbesondere vier Themen fokussiert [1]:

- Entwicklung einer neuen Gründungskultur
- Gründungsbezogene Ausbildung an Schulen und Hochschulen
- Zielgerichtete Unterstützung von innovativen Gründungen
- Unternehmensnachfolge.

Zur Stärkung von Gründungen im High-Tech-Bereich sind von diesen vier Themen vor allem die Weckung und Hebung des akademischen Unternehmerpotentials an den Hochschulen bzw. den außeruniversitären Forschungseinrichtungen sowie die Fokussierung auf innovative Gründungen von hoher Relevanz.

Die Förderung von Gründungen und Unternehmertum an Hochschulen unterstützt zwei Zielsetzungen. Studien belegen, dass zum einen die Wirtschaftsentwicklung profitiert. Zum anderen wird ebenfalls gezeigt, dass Hochschulen ihren Kernaufgaben der Forschung und Lehre durch die Gründungsförderung besser nachkommen. Es wurde eine Art Symbiose nachgewiesen. Durch die Förderung von Unternehmertum und Gründungen wird Know-how der Hochschulen privatwirtschaftlich nutzbar gemacht und finanzielle Mittel generiert, die weitere Forschungstätigkeiten erst ermöglichen. Gleichsam erzeugt die Möglichkeit der Ausgründung eine zusätzliche Attraktivität für Experten bzw. Praktiker, die dann wiederum die Lehre (praxisorientiert) verbessern [4].

Das EXIST-Förderprogramm setzt auf Bundesebene seit 1998 an diesen Effekten an. EXIST ist ein Förderprogramm des Bundesministeriums für Wirtschaft und Technologie (BMWi) und Bestandteil der „Hightech-Strategie für Deutschland" der Bundesregierung. Kofinanziert wird EXIST durch Mittel des Europäischen Sozialfonds (ESF) [3]. Die Zielsetzungen bestehen in der Verbesserung des Gründungsklimas und der Verbreitung von Unternehmergeist an Hochschulen und außeruniversitären Forschungseinrichtungen in Deutschland sowie der Steigerung der Anzahl technologieorientierter und wissensbasierter Unternehmensgründungen [3].

Das EXIST-Programm hat vier Säulen [3]:

- Die EXIST-Gründungskultur unterstützt Hochschulen bei der Zielsetzung der nachhaltigen Etablierung von Gründungskultur und Unternehmergeist.
- Das EXIST-Gründerstipendium unterstützt Studierende, Absolventen sowie Wissenschaftler bei der Vorbereitung innovativer technologieorientierter und wissensbasierter Gründungsvorhaben.
- Der EXIST-Forschungstransfer fördert sowohl notwendige Entwicklungsarbeiten zum Nachweis der technischen Machbarkeit forschungsbasierter Gründungsideen als auch notwendige Vorbereitungen für den Unternehmensstart.
- Der EXIST-priME-Cup ist ein bundesweiter Planspielwettbewerb, den gründungsorientierte Hochschulen über insgesamt vier Stufen untereinander austragen.

Der High-Tech Gründerfonds ist ein bundesweites Instrument zur Finanzierung von technologieorientierten Unternehmensgründungen mit hohem Potential. Fondsinvestoren sind neben dem Bundesministerium für Wirtschaft und Technologie namhafte Industrieunternehmen. Ende 2011 wurde in der zweiten Runde ein Volumen von 291 Mio. Euro aufgesetzt [6].

Mit der Positionierung bei der allgemeinen und der speziell im High-Tech-Bereich zu beobachtenden Gründungszurückhaltung im eher hinteren Mittelfeld im bundesdeutschen Durchschnitt hat die Hebung des akademischen Unternehmerpotentials an den Hochschulen bzw. den außeruniversitären Forschungseinrichtungen und die Fokussierung auf innovative Gründungen für Schleswig-Holstein ebenfalls eine sehr hohe Relevanz.

Die „Mittelstandsoffensive – Für Wachstum und Beschäftigung" definiert die Verbesserung der Innovationsfähigkeit und die Intensivierung des Technologietransfers als einen ihrer Schwerpunkte. Die Wirtschaftsförderung und Technologietransfer Schleswig-Holstein GmbH (WTSH) bietet Technologietransfer aus einer Hand an. Der Seed- und Start-Up-Fonds Schleswig-Holstein als landesspezifisches Pendant zum bundesweiten High-Tech Gründerfonds hat das Ziel, Ausgründungen aus Hochschulen, Forschungseinrichtungen und innovativen Unternehmen die Kapitalausstattung zu ermöglichen, die notwendig ist, um die Gründungsideen erfolgreich umzusetzen [9].

Die Hochschulen Schleswig-Holsteins treiben die angestrebte Verbesserung des Gründungsklimas und die Verbreitung von Unternehmergeist an den Hochschulen und außeruniversitären Forschungseinrichtungen sowie die Steigerung der Anzahl technologieorientierter und wissensbasierter Unternehmensgründungen ebenfalls mit mehreren Maßnahmen voran. Professoren mit einer expliziten Nennung von Gründungs- und Innovationsmanagement, Entrepreneurship oder Existenzgründungen in der Bezeichnung der Professur bzw. zumindest in den Forschungsschwerpunkten finden sich an nahezu allen Hochschulen in Schleswig-Holstein. Gründungszentren, -büros und -foren weist jeder Hochschulstandort in Schleswig-Holstein auf.

Die EXIST-Förderung hat dabei an den Hochschulen eine große Rolle gespielt. Zu nennen ist hier beispielsweise die EXIST/L@INC-Förderung. L@INC ist eines der 47 Projekte der dritten Programmphase der EXIST-Gründungskultur. In diesem Projekt realisieren die beiden Flensburger Hochschulen, die Christian-Albrechts-Universität zu Kiel, die Muthesius Kunsthochschule Kiel und die Fachhochschule Kiel zusammen insgesamt neun Teilprojekte. Auch mit Auslaufen der EXIST-Förderung bestehen die Netzwerke weiter. Aktuell arbeiten die Hochschulstandorte Kiel und Flensburg zusammen mit der dänischen Syddansk Universitet im INTERREG 4a Projekt „SPICE – Student Program for Innovation Culture and Entrepreneurship". Zudem gibt es an einzelnen Hochschulen die Planung, sich auch in der vierten Programmphase der EXIST-Gründungskultur zu bewerben. Es kann gefolgert werden, dass das Angebot an den Schleswig-Holsteiner Hochschulen im Bereich der Sensibilisierung, Motivierung, Qualifizierung und Erstunterstützung von Studierenden und Wissenschaftlern vielfältig vorhanden ist.

Das innovative akademische Gründungspotential wird sowohl auf Bundesebene als auch auf Ebene des Landes Schleswig-Holstein im ersten Schritt geweckt. Weitere Instrumente wie der High-Tech Gründerfonds auf Bundesebene und der Seed- und Start-Up-Fonds Schleswig-Holstein als landesspezifisches Pendant bzw. als landesspezifische Ergänzung helfen bei der Kapitalausstattung von konkreten Gründungen, also bei der konkreten Hebung des Potentials. Zwischen der Weckung und der konkreten Hebung des innovativen akademischen Gründungspotentials im Rahmen der Unternehmensgründungen liegt jedoch insbesondere bei innovativen technologieorientierten und wissensbasierten Gründungsvorhaben eine lange Vorbereitungsphase. Hier besteht die Herausforderung für Studierende, junge Absolventen und Wissenschaftler darin, diese lange Vorbereitungsphase zu finanzieren. Die Alternative ist in vielen Fällen eine gutbezahlte, abhängige Anstellung, insbesondere im nachgefragten MINT-Bereich. Die Gefahr besteht, dass der Übergang von der Weckung zur Hebung des innovativen akademischen Gründungspotentials genau in dieser oftmals langen Vorbereitungsphase scheitert. Hier setzen die so genannten Absolventenstipendien als Maßnahme an.

2 Landesspezifische und bundesweite Absolventenstipendien – Wettbewerb um innovatives akademisches Gründungspotential

Absolventenstipendien richten sich an Studierende, Absolventen und Wissenschaftler und bieten ihnen Unterstützung bei der Vorbereitung zumeist innovativer technologieorientierter und wissensbasierter Gründungsvorhaben.

Auf Bundesebene gibt es das EXIST-Gründerstipendium. Die I-SH-Gründerstipendien waren bis zur Auflösung der Innovationsstiftung Schleswig-Holstein Ende 2011 ein Pendant bzw. eine landesspezifische Ergänzung bei den Absolventenstipendien (ähnlich der Beziehung des Seed- und Start-up-Fonds für Schleswig-Holstein zum High-Tech-Gründerfonds auf Bundesebene bei der Kapitalausstattung von konkreten Gründungen).

Schleswig-Holstein ist mit der landesspezifischen Ergänzung durch die I-SH-Gründerstipendien nicht das einzige Bundesland, das ein eigenes landesspezifisches Absolventenstipendium neben dem EXIST-Gründerstipendium anbietet. Die folgende Liste zeigt weitere 13 Landesprogramme, davon 12 bestehende und ein aktuell in Planung befindliches Programm:

- Hamburg: hep – Hamburger Existenzgründungs Programm (ursprünglich eigenes Absolventenstipendium aktuell wieder in Planung)
- Mecklenburg-Vorpommern: Landesförderinstitut M-V – Gründerstipendium
- Bremen: Förderprogramm BRUT
- Niedersachsen: GründerCampus +
- Berlin: Gründerstipendium der Beuth Hochschule für Technik Berlin
- Berlin: ESF-Stipendien (Technische Universität Berlin)
- Sachsen-Anhalt: ego.-Gründerstipendium (IB Sachsen-Anhalt) – START
- Nordrhein-Westfalen: Stipendium des Gründerzentrums NRW
- Sachsen: Seed-Stipendium der Sächsischen AufbauBank
- Rheinland-Pfalz: FiTour – Förderung innovativer technologieorientierter Unternehmensgründungen aus Hochschulen, Forschungsinstituten & Unternehmen
- Bayern: START-Stipendium
- Bayern: FLÜGGE-Programm des Staatsministeriums für Wissenschaft, Forschung und Kunst
- Baden-Württemberg: Förderprogramm „Junge Innovatoren" des Ministeriums für Wissenschaft, Forschung und Kunst.

Förderungsschwerpunkte der meisten Absolventenstipendien sind innovative technologie- und wissensbasierte sowie wissenschaftliche Ideen. Grundsätzlich könnten sich Gründungsteams mit Ideen in diesem Bereich bei den meisten Landesstipendien bewerben. Hinsichtlich der Förderungsschwerpunkte besteht insofern ein Wettbewerb um innovatives akademisches Gründungspotential.

Bei entsprechender Mobilität beschränken regionale Gesichtspunkte diesen Wettbewerb nur indirekt. Die Landesstipendien definieren als Voraussetzung zumeist einen Wohn- und/oder geplanten Unternehmenssitz im jeweiligen Bundesland. Durch eine Verlegung des Wohn- und/oder geplanten Unternehmenssitzes in das jeweilige Bundesland können Bewerber die regionalen Voraussetzungen für die Landesstipendien erfüllen. Eine indirekte Beschränkung könnte durch regionale Standorte von Forschungseinrichtungen oder eine familiäre Bindung bestehen. Eine Bewerbung für das EXIST-Gründerstipendium ist ebenfalls bundesweit möglich. So kann sich beispielsweise ein Absolvententeam einer Schleswig-Holsteiner Hochschule mit derzeitigem Wohn- und geplantem Unternehmenssitz in München für die EXIST-Gründerstipendien bewerben. Die Schleswig-Holsteiner Hochschule kann das Team weiterhin bei der Bewerbung unterstützen, bzw. es besteht auch die Möglichkeit, eine Münchner Hochschule für die Unterstützung zu gewinnen. Eine indirekte Beschränkung in der Mobilität könnte in diesem Fall der Unterstützungswille durch die Hochschulen darstellen. Wird dieser sichergestellt, sind die Stipendiaten flexibel.

Der bestehende Wettbewerb um innovatives akademisches Gründungspotential und die grundsätzliche regionale Flexibilität stellt für Schleswig-Holstein mit dem Wegfallen der I-SH-Gründerstipendien eine Gefahr dar. Diese Gefahr der Abwanderung ist insbesondere hinsichtlich der „nahen" Bundesländer von Relevanz – Hamburg mit einem erneut geplanten eigenen Programm, Niedersachsen, Bremen, Mecklenburg-Vorpommern und Berlin mit bestehenden eigenen Programmen.

Vor diesem Hintergrund ist eine Diskussion zu führen, ob Schleswig-Holstein auch nach der Auflösung der Innovationsstiftung Schleswig-Holstein und dem damit einhergehenden Wegfallen der I-SH-Gründerstipendien ein eigenes landesspezifisches Absolventenstipendium benötigt und wenn ja, wie dieses aussehen könnte.

Die Evaluation der I-SH-Gründerstipendien soll als ein erster Schritt zu dieser Diskussion beitragen. Hinsichtlich des „ob" ist zu ermitteln, welche Kosten und welchen Nutzen die I-SH-Gründerstipendien verursacht haben. Hinsichtlich des „wie" soll eine inhaltliche Bewertung des Programms aufzeigen, ob ein neues landesspezifisches Programm auf der bisherigen Struktur aufsetzen sollte und welche Verbesserungsmöglichkeiten es gibt. Zusätzlich zu der Evaluation ist eine weitergehende Analyse der anderen landesspezifischen Absolventenstipendien und deren Wirkung und Ausgestaltung notwendig.

In der Folge widmet sich dieser Beitrag den I-SH-Gründerstipendien, deren Evaluation und den daraus resultierenden Ergebnissen und Implikationen. Die Inhalte basieren auf einer gemeinsamen Evaluationsstudie des Dr. Werner Jackstädt-Zentrums für Unternehmertum und Mittelstand Flensburg (hier Fachhochschule Flensburg) und der Innovationsstiftung Schleswig-Holstein.

3 Die I-SH-Gründerstipendien – Absolventenstipendium in Schleswig-Holstein

Die I-SH-Gründerstipendien wurden zwischen 2002 und 2011 von der Innovationsstiftung Schleswig-Holstein angeboten. Mit der Auflösung der Innovationsstiftung zum Ende 2011 lief auch die Gründungsförderung im Rahmen der I-SH-Gründerstipendien aus.

Die Stiftung fokussierte mit den Stipendien die Unterstützung des Technologie- und Wissenstransfers aus der Wissenschaft in die Wirtschaft durch neue Gründungen mit einem geplanten Betriebsstandort in Schleswig-Holstein. Förderungsgegenstand waren überzeugende technologieorientierte Geschäftsideen mit erkennbarem Marktvolumen in der Zielgruppe der Absolventen und Wissenschaftler der Hochschulen und öffentlichen Forschungsinstitute in Schleswig-Holstein. Vereinzelt wurden auch Studierende gefördert.

Im Vergleich zu anderen Absolventenstipendien zeichneten sich die I-SH-Gründerstipendien durch eine eher „schlanke" und schnelle Antragsstellung mit kurzfristig möglicher Jurypräsentation/-begutachtung aus. Nach erfolgreichem Bewerbungsprozess erhielten die Stipendiaten für sechs bis maximal zwölf Monate eine Personenförderung von 1.600 €/Monat (in Ausnahmefällen 800 €/Monat). Zusätzlich war eine Sachförderung von

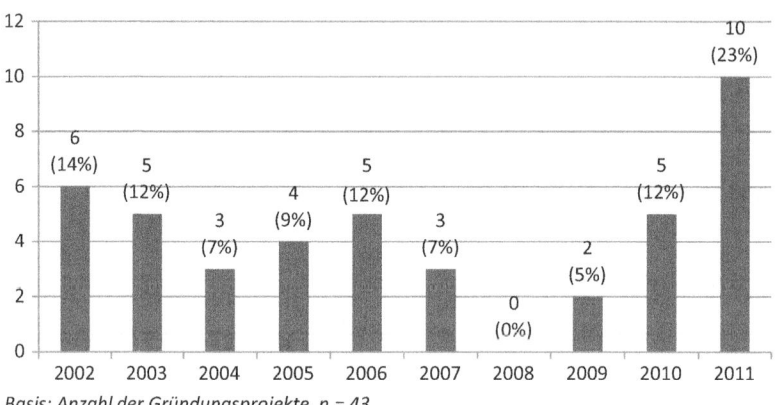

Abb. 1 Jahresübersicht – Neue Gründungsprojekte

3.000 € pro Gründungsvorhaben für Sach- oder Investitionsmittel möglich. Unterstützung erhielten die Stipendiaten durch die fachlichen und betriebswirtschaftlichen Mentoren. Zudem wurde ihnen ein Raum an der unterstützenden Hochschule/dem unterstützenden öffentlichen Forschungsinstitut unentgeltlich zur Verfügung gestellt.

Insgesamt wurden 43 Gründungsprojekte seit 2002 gefördert (s. Abb. 1). Ab 2009 wächst die Anzahl der geförderten Stipendien mit einem Allzeithoch in 2011. Auf Personen bezogen wurden 69 Personenstipendien bewilligt. Davon haben 67 Stipendiaten das Stipendium angetreten. Ab 2009 zeigt sich auch auf Personenbasis das Wachstum an Stipendien. Es ist zu vermuten, dass die hohe Nachfrage in den letzten Jahren auf die intensivierten Angebote und Maßnahmen im Bereich der Gründungsunterstützung in den Schleswig-Holsteiner Hochschulen (z. B. eingerichtete Professuren und EXIST-Projekte) zurückzuführen ist und auch nach Auslaufen der I-SH-Gründerstipendien anhält. Das Allzeithoch in 2011 hängt u. U. auch damit zusammen, dass Projekte aufgrund der letzten Förderungsrunde einen Antrag vorgezogen haben.

Bezogen auf die Stipendiaten haben 65 % einen Hochschulhintergrund in Kiel, gefolgt von Lübeck mit 16 % und Flensburg mit 9 % (s. Abb. 2). Wird die zeitliche Entwicklung einbezogen, zeigt sich, dass 2002 bis 2007 die Stipendiaten vor allem aus Kiel und Lübeck kamen. Danach fielen Stipendiaten aus Lübeck weg. Neben Kiel zeigt sich 2011 dafür Flensburg stärker. Die Nähe zu den Kieler Hochschulen, die relative Größe der Kieler Hochschulen und das Potential im technologieorientierten Bereich können als Erklärung der Spitzenposition von Kiel herangezogen werden. Das Abfallen der Lübecker Stipendiaten kann mit personellen Veränderungen in der Gründungsunterstützung in Lübeck zusammenhängen. Zudem war Lübeck im Bereich EXIST-Forschungstransfer erfolgreich. Das Aufkommen von Flensburg ist mit dem Aufbau der Maßnahmen vor Ort zu erklären.

Hinsichtlich der Branchenverteilung befinden sich die meisten geförderten Projekte im technologieorientierten Bereich (s. Abb. 3). Der anvisierte Förderungsschwerpunkt kann also als erfüllt gelten.

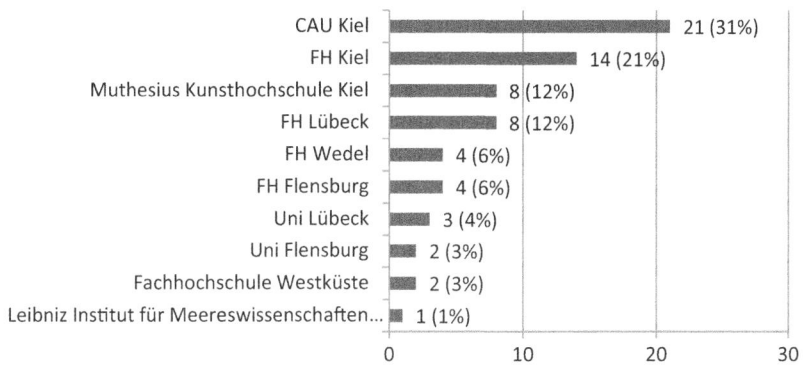

Basis: Anzahl der Stipendiaten, n = 67

Abb. 2 Herkunft der Stipendiaten nach der Hochschule

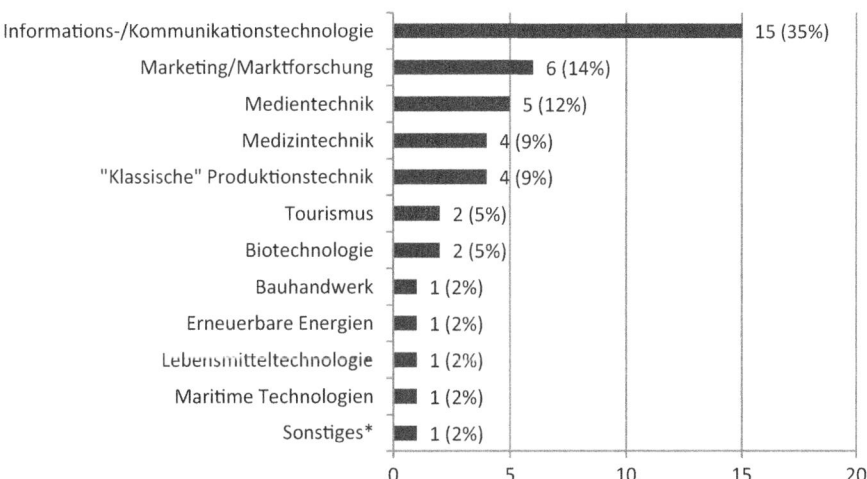

Basis: Anzahl der Gründungsprojekte, n = 43

Abb. 3 Branchenverteilung

4 Evaluation der I-SH-Gründerstipendien – Konzept, Methodik und Durchführung

Die Evaluation der I-SH-Gründerstipendien widmet sich zwei großen Fragekomplexen:

- Welche Kosten und welchen Nutzen haben die I-SH-Gründerstipendien verursacht?
- Wie wurden die I-SH-Gründerstipendien inhaltlich bewertet und welche Verbesserungsmöglichkeiten gibt es?

Im Bereich der Kosten-Nutzen-Betrachtung werden im ersten Schritt die Kosten der I-SH-Gründerstipendien erhoben. Diesen Kosten stehen verschiedene mögliche Nutzenaspekte gegenüber. Die Studie unterscheidet drei Ebenen von Nutzenkategorien:

- Nutzen für die regionale Wirtschaft (z. B. Anzahl der gegründeten Unternehmen, Anzahl der geschaffenen Arbeitsplätze und Halten von Unternehmen in der Region)
- Nutzen für das einzelne Gründungsprojekt (z. B. Ergebnisse der Förderung und Tätigkeiten während der Förderung)
- Nutzen für die einzelnen Stipendiaten.

Zudem wird die Nutzenkausalität untersucht. Hierbei handelt es sich um die Frage, ob die I-SH-Gründerstipendien als ursächlich für die ermittelten Nutzenaspekte gesehen werden.

Bei der inhaltlichen Bewertung wird die konkrete Ausgestaltung des Stipendiums bewertet, beispielsweise der Bewerbungsaufwand, der finanzielle Umfang und die projektbegleitende Unterstützung durch die Mentoren. Zudem werden Verbesserungsvorschläge erhoben.

Die in der Folge dargestellten Ergebnisse basieren zum großen Teil auf einer Online-Befragung der geförderten Gründungsprojekte und Stipendiaten im Zeitraum November 2011 bis Januar 2012. Ergänzt wurde die Befragung durch eigene Recherchen im Internet und auf Basis der Unterlagen der Innovationsstiftung Schleswig-Holstein.

67 % aller Gründungsprojekte haben bei der Befragung der Stipendiaten geantwortet. In der Stichprobe sind die älteren Gründungsprojekte im Vergleich zu den jüngeren Projekten unterrepräsentiert. Es ist zu vermuten, dass die älteren Gründungsprojekte aufgrund vorheriger Befragungsrunden unterdurchschnittlich teilgenommen haben. Als weiterer Grund lässt sich anführen, dass die emotionale Bindung an die I-SH-Gründerstipendien und damit die Bereitschaft zur Teilnahme im Zeitablauf sinkt. Auf Stipendiaten-Ebene haben 55 % aller Stipendiaten bei der Befragung der Stipendiaten geantwortet.

Die Einzelmeinungen der Stipendiaten zum jeweiligen Gründungsprojekt wurden bei der Auswertung aggregiert.

5 Ergebnisse der Evaluation – Kosten-Nutzen-Betrachtung und inhaltliche Bewertung

5.1 Kosten des Stipendiums

Insgesamt wurden Fördermittel in Höhe von 877.316 € an die 43 Gründungsprojekte vergeben (s. Abb. 4). Im Durchschnitt sind dies 20.403 € pro Gründungsprojekt.

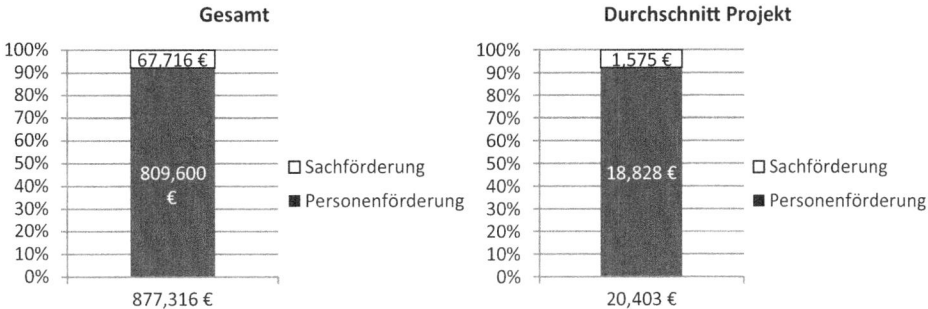

Abb. 4 Kosten des Stipendiums

6 Nutzen für die regionale Wirtschaft

Das Leistungsangebot der geförderten Gründungsprojekte besteht zum großen Teil aus echten Marktneuheiten (s. Abb. 5). Zudem kennzeichnen erhebliche technische Weiterentwicklungen und ein beträchtlicher F&E-Aufwand das Angebot.

Der Aspekt der Intensität der F&E-Tätigkeiten wurde tiefergehend untersucht (s. Abb. 6). 45 % aller Gründungsprojekte haben eine kontinuierliche Forschung und Entwicklung. 38 % weisen eine gelegentliche Forschung und Entwicklung auf. Insgesamt ist Forschung und Entwicklung für 90 % der Projekte relevant.

Mit Blick auf Abb. 3 ist zudem festzuhalten, dass die meisten Förderungen sich im technologieorientierten Bereich befinden. Die geförderten Gründungsprojekte lassen sich daher zusammenfassend mit den Worten „Innovation, F&E und Technologieorientierung" beschreiben. Die anvisierte Zielgruppe der I-SH-Gründerstipendien wurde mit der Förderung erreicht.

Auf Basis der Stichprobe (29 Projekte) haben 83 % der Gründungsprojekte gegründet bzw. planen zu gründen (s. Abb. 7). Von den 17 gegründeten Unternehmen hat nur eines aufgegeben, wurde jedoch mit ähnlicher Ausrichtung neugegründet. Die vier Statusgruppen wurden in der Folge anhand weiterer Faktoren untersucht.

Bei den gegründeten und noch bestehenden Unternehmen handelt es sich vor allem um Haupterwerbe und Vollexistenzen. Schutzrechte wurden eher selten angemeldet. Fünf Jahre nach Gründung sind die Unternehmen umsatzbezogen zumeist Kleinunternehmen. Ca. 70 % haben die Gewinnschwelle erreicht. Im Durchschnitt haben sie 6,1 Mitarbeiter. Knapp 70 % der Unternehmen sind zufrieden bzw. sehr zufrieden mit der bisherigen Unternehmensentwicklung. Unzufrieden ist kein Unternehmen. Zusammenfassend sind aus den I-SH-Gründerstipendien bezogen auf den Zeitpunkt fünf Jahre nach der Gründung gesunde und zufriedene Kleinunternehmen hervorgegangen.

Ein Unternehmen, das gegründet wurde, wurde wieder aufgegeben. Wie oben beschrieben, wurde die ursprüngliche Idee im Rahmen einer Neugründung mit ähnlicher Ausrichtung wieder aufgegriffen.

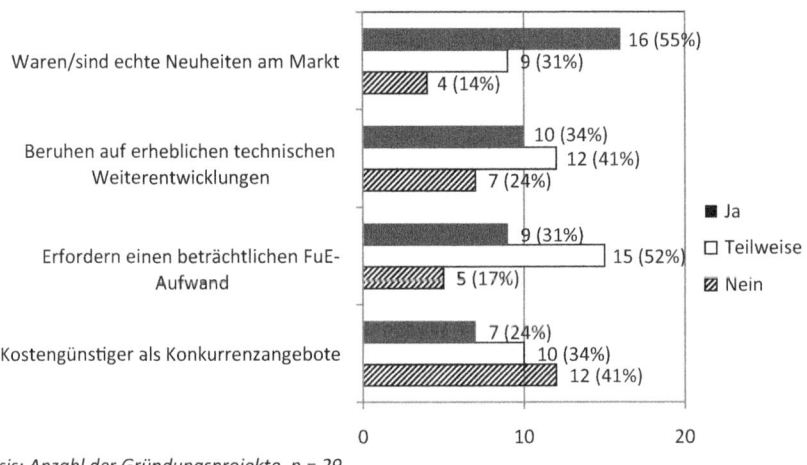

Basis: Anzahl der Gründungsprojekte, n = 29

Abb. 5 Leistungsangebote der Gründungsprojekte

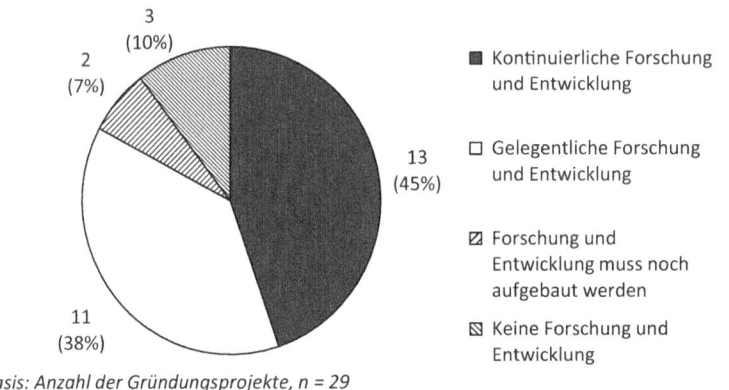

Basis: Anzahl der Gründungsprojekte, n = 29

Abb. 6 Intensität der F&E-Tätigkeiten

Bei den Projekten, die noch nicht gegründet haben, jedoch in der Gründungsplanung sind, hat die Förderung gerade erst begonnen. Alle Projekte planen, in 2012 zu gründen. Die Gründungsprojekte sind vorrangig als Haupterwerb und alle als Vollexistenz geplant. Ca. 70 % planen die Anmeldung von Schutzrechten. Fünf Jahre nach der geplanten Gründung sind die Unternehmen zumeist Kleinunternehmen. Fast alle planen, die Gewinnschwelle zu erreichen. Im Durchschnitt haben sie 10,4 Mitarbeiter. Hinsichtlich der offenen Themen sind insbesondere der noch nicht gedeckte Kapitalbedarf und das noch nicht tragfähige technologische Konzept hervorzuheben. Im Vergleich zu den gegründeten und noch bestehenden Unternehmen ist die Gruppe der noch nicht gegründeten, jedoch in Gründungsplanung befindlichen Projekte optimistischer bzw. ambitiöser.

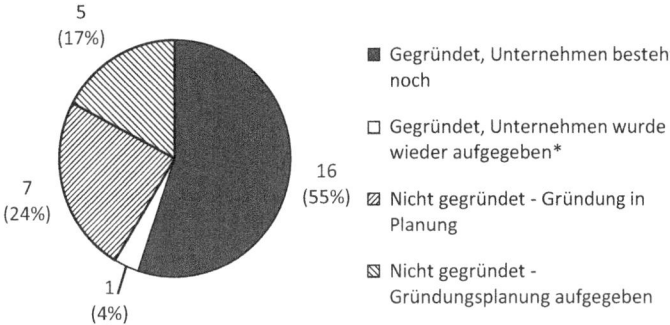

Basis: Anzahl der Gründungsprojekte, n = 29

Abb. 7 Status der Umsetzung der Gründungsidee – „Befragung"

Die Gründungsvorhaben, die nicht gegründet wurden und die Gründungsplanung endgültig aufgegeben haben, wurden zum Großteil nach umfangreichen Arbeiten und ersten Realisierungsschritten aufgegeben. Nur ein Projekt gab früh auf, ein anderes kurz vor der Gründung. Gründe innerhalb des Teams und insbesondere Markt- und Wettbewerbsgründe waren Ursachen für die Aufgabe der Gründungsplanung. Eines der Gründungsprojekte soll mit geänderter Ausrichtung wieder aufgegriffen werden, ein anderes ist noch unentschieden. Drei der fünf Projekte können die Ergebnisse weiternutzen. Zusammenfassend kann nur von drei der fünf betrachteten Gründungsvorhaben gesagt werden, dass die Gründungsplanung langfristig aufgegeben wurde.

Die Betrachtung zum Umsetzungsstatus der Gründungsvorhaben wurde erweitert anhand der zusätzlichen Informationen (z. B. Neugründung nach Aufgabe des Unternehmens) und anhand einer Recherche zu den übrigen Gründungsvorhaben, die nicht an der Befragung teilgenommen haben (s. Abb. 8). Auf Basis der Erweiterung der Recherche (insgesamt 40 Projekte) zeigt sich, dass 92 % der Gründungsprojekte gegründet haben bzw. zu gründen planen. Von den gegründeten Unternehmen hat nur eines nachweislich langfristig aufgegeben. Hinsichtlich dieser Zahlen kann als Vergleich das EXIST-Gründerstipendium herangezogen werden. Hier haben 91 % der Gründungsprojekte gegründet, sind noch unentschieden bzw. planen zu gründen [8]. Die I-SH-Gründerstipendien sind vom Ergebnis her bei dieser Kennzahl vergleichbar erfolgreich.

22 der 24 Gründungsprojekte, die gegründet haben und noch erkennbar am Markt bestehen, haben ihren Standort in Schleswig-Holstein. Zum Zeitpunkt der Studie gab es drei Unternehmen mit einem Unternehmensstandort außerhalb von Schleswig-Holstein. Eines davon ist kurz nach der Studie wieder zurückgekehrt. Die durch die I-SH-Gründerstipendien geförderten Gründungsprojekte scheinen sich längerfristig in Schleswig-Holstein anzusiedeln. Auf Basis von Gesprächen mit der öffentlichen Gründungsunterstützung ist der Grund hierfür im frühen Kontakt mit der Schleswig-Holsteiner Gründungsunterstützung zu finden.

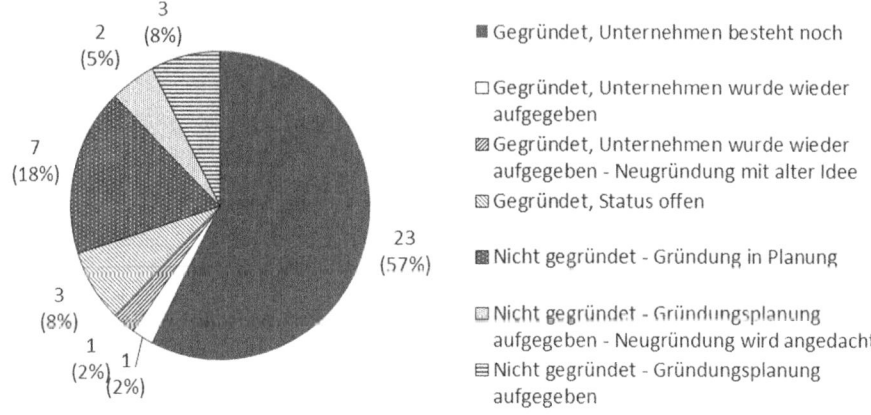

Basis: Anzahl der Gründungsprojekte, n = 40 (drei Projekte konnten nicht zugeordnet werden)

Abb. 8 Status der Umsetzung der Gründungsidee – „Recherche"

7 Nutzen für das einzelne Gründungsprojekt

Die Ideen für die einzelnen Gründungsprojekte entstanden hauptsächlich während des Studiums. Zumeist wurden Gründungen mit zwei bzw. drei Teammitgliedern angegangen. Einzelgründungen und größere Teams waren seltener. Dabei bildete sich nur ein geringer Teil der Gründungsteams durch eine externe Zusammenführung der Gründer (Matching). In den meisten Fällen blieb das ursprüngliche Gründungsteam erhalten. Hinsichtlich der Kompetenzen kann festgehalten werden, dass ungefähr die Hälfte der Gründungsteams die anfänglich vorhandenen Kompetenzen als weitgehend vollständig beurteilten. Die andere Hälfte wünschte sich weitere Kompetenzen.

Hinsichtlich des Standes der Gründungsvorbereitung am Ende der Förderung hat der Großteil aller Gründungsprojekte einen fertigen bzw. weitestgehend fertigen Business-Plan (s. Abb. 9). Die Gründung ist zumeist erfolgt bzw. steht knapp bevor.

Die Stipendiaten wurden im Rahmen der Befragung zudem nach der Intensität gefragt, mit der sie sich einzelnen Tätigkeiten während des Förderungszeitraums gewidmet haben. Marktuntersuchungen, die Weiterentwicklung des Geschäftskonzepts, Kundengespräche und Musterbau sind nach der Untersuchung die Haupttätigkeiten der Gründungsprojekte. Förderprogrammantragstellung, Anpassungen im Leistungskonzept, Strategieänderungen und Finanzierungsinformationssuche sind mittelstarke Tätigkeiten während des Stipendiums. Gespräche mit Investoren und Kreditinstituten, die Suche nach Mitarbeitern und Mitgründern sowie Regelungen zu Nutzungsrechten gehören relativ gesehen zu den weniger intensiv verfolgten Tätigkeiten.

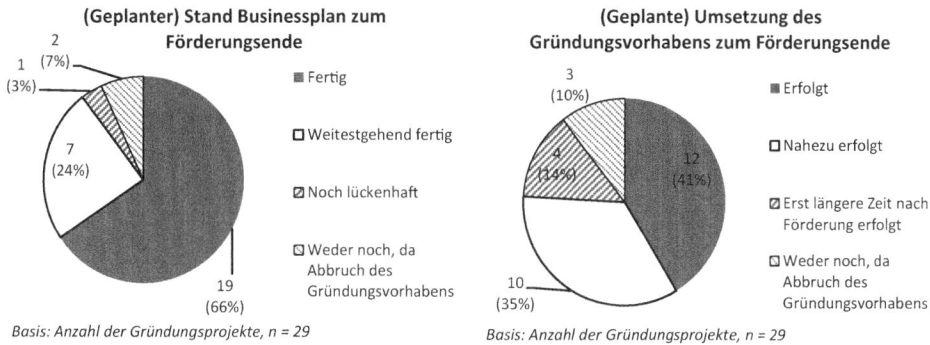

Abb. 9 Förderungsende – Businessplan und Gründungsvorbereitung. (Quelle: Stipendiaten-Befragung)

7.1 Nutzen für die einzelnen Stipendiaten

Über 75 % aller befragten Stipendiaten konnten während der Förderung die persönliche Entscheidungsgrundlage für bzw. gegen eine Gründung verbessern. „Keine nennenswerten Auswirkungen" hinsichtlich des persönlichen Nutzens der Förderung sah keine Stipendiatin bzw. kein Stipendiat. Der weitaus größte Teil der ehemaligen und aktuellen I-SH-Stipendiaten ist zurzeit unternehmerisch/freiberuflich tätig bzw. befindet sich noch im Stipendium und Studium. Auch auf Einzelstipendiaten-Ebene zeigt sich ein wahrgenommener Nutzen der I-SH-Gründerstipendien. Die hohe Zahl der ehemaligen und aktuellen Stipendiaten, die zurzeit unternehmerisch/freiberuflich tätig sind, unterstützt die Annahme, dass mit dem Stipendium Unternehmer-Persönlichkeiten gefördert wurden.

7.2 Nutzenkausalität

80 % der Gründungsprojekte wären nach der Befragung ohne die I-SH-Gründerstipendien gar nicht mehr bzw. mit einer gravierend verminderten Intensität weiterverfolgt worden (s. Abb. 10).

Nach Meinung der Stipendiaten wird durch die I-SH-Gründerstipendien die Gründungsvorbereitung in den Projekten insbesondere finanziell erleichtert (s. Abb. 11). Eine Beschleunigung und Verbesserung kann ebenfalls festgestellt werden.

Hinsichtlich der Nutzenkausalität kann auf Basis der Ergebnisse zusammenfassend festgestellt werden, dass die I-SH-Gründerstipendien von den Stipendiaten weitestgehend ursächlich für die ermittelten Nutzenaspekte gesehen werden. Oder anders: Ohne die I-SH-Gründerstipendien wären die ermittelten Nutzenaspekte weitestgehend ausgeblieben.

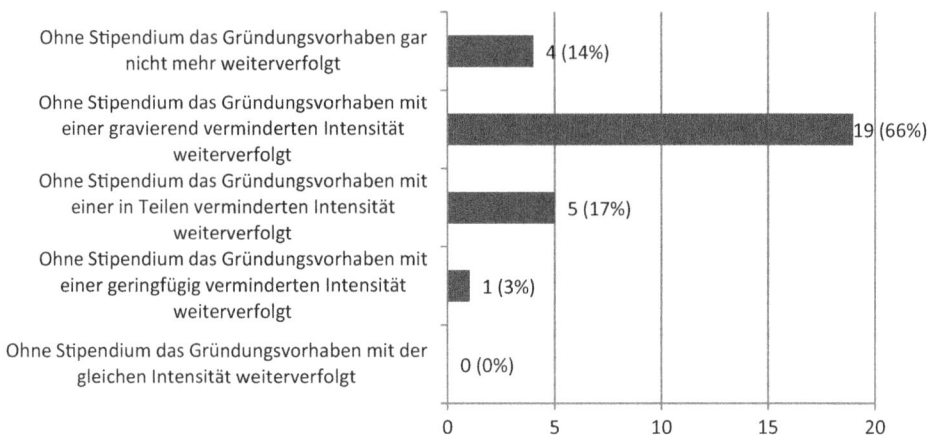

Basis: Anzahl der Gründungsprojekte, n = 29

Abb. 10 Intensität der Weiterverfolgung des Gründungsvorhabens

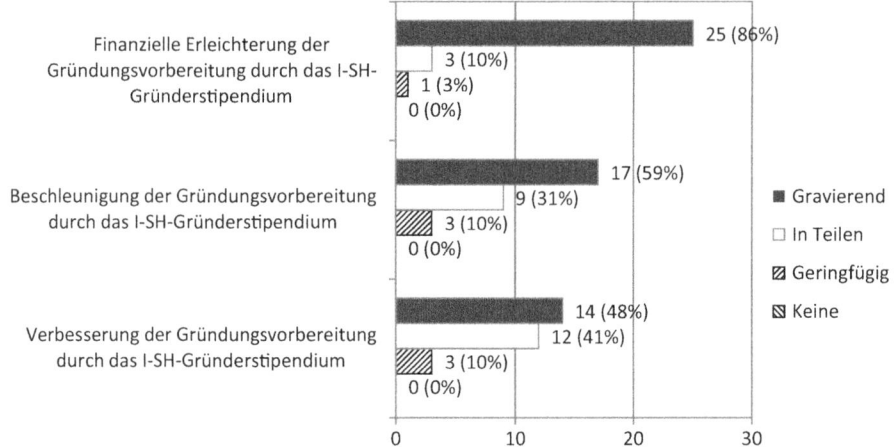

Basis: Anzahl der Gründungsprojekte, n = 29

Abb. 11 Verbesserung, Beschleunigung und finanzielle Erleichterung

7.3 Inhaltliche Bewertung

Der Aufwand für Beantragung und Abwicklung des Stipendiums wird im niedrigen bzw. mittleren Bereich gesehen. Der finanzielle Umfang des Stipendiums wird von 70 % der Gründungsprojekte als angemessen angesehen. Die Bewertung der Förderdauer schwankt zwischen angemessen und zu kurz. Bei der Bewertung des Aufwandes für Beantragung und Abwicklung zeigt sich das relativ effiziente Verfahren mit „schlanker" und schneller Antragsstellung und kurzfristig möglicher Jurypräsentation/-begutachtung. Hier sowie bei dem finanziellen Umfang gibt es aus Stipendiaten-Sicht wenig Anpassungsbedarf. Eine längere Förderdauer ist auf Basis der Ergebnisse anzudenken.

Die finanzielle Personenförderung und das Budget für Sachausgaben stiften den höchsten Nutzen für die Gründungsprojekte, gefolgt von der Nutzung der Infrastruktur an den Hochschulen. Die vorgegebenen Meilensteine stiften ebenfalls Nutzen. Mittleren Nachholbedarf sehen die Gründungsprojekte bei der Betreuung durch die Mentoren und die Innovationsstiftung während des Förderungszeitraums. Hinsichtlich der Betreuung durch die Innovationsstiftung muss angemerkt werden, dass es im „schlanken" Aufbau des Stipendiums nicht Ziel war, eine Betreuung durch die Innovationsstiftung anzubieten. Dies ist im Stipendium Aufgabe der Mentoren.

Mentoren, Coaching, Förderungsdauer und Hochschulen sind die Top-Themen hinsichtlich der Verbesserungsvorschläge. Auch bei den Verbesserungsvorschlägen zeigen sich also wieder die drei Themen Mentoren, Coaching (z. B. durch den Stipendiumsträger) und Förderungsdauer als mögliche Anpassungsbedarfe.

Die Hochschulen waren die Hauptinformationsquellen der Gründungsprojekte hinsichtlich der Existenz der I-SH-Gründerstipendien, gefolgt von den Gründungsunterstützern und Suchmaschinen. Neben Freunden und Familienmitgliedern haben Professoren die Gründungsprojekte hauptsächlich unterstützt. Die Bereitstellung von Räumlichkeiten und Infrastruktur sowie Beratung sind die häufigsten Unterstützungsformen der Hochschulen für die Gründungsprojekte. An dieser Stelle ist anzumerken, dass die Gründungsbüros der Hochschulen im Rahmen der Studie nicht separat untersucht wurden. Die Rolle der Hochschulen ist im Rahmen der I-SH-Gründerstipendien zentral (wie bei einem Absolventenstipendium vermutet). Die Professoren bieten Unterstützung, und die Hochschulen werden als Hauptinformationsquelle sowie mit einem breiten Unterstützungsportfolio wahrgenommen. Bei den Verbesserungsvorschlägen wurden jedoch auch Hochschulaspekte genannt. Es kann zusammenfassend gefolgert werden, dass die Zusammenarbeit mit den Hochschulen im Rahmen der ausgelaufenen I-SH-Gründerstipendien funktioniert hat, für ein etwaiges neues Landesstipendium aufrechtzuerhalten ist und in einzelnen Aspekten überprüft und angepasst werden sollte.

8 Was kommt nach den I-SH-Gründerstipendien? – Implikationen und Ausblick

Im bundesweiten Vergleich nimmt Schleswig-Holstein bei den High-Tech-Gründungen einen Platz im Mittelfeld ein [10]. Gründungen aus den Hochschulen und öffentlichen Forschungsinstituten sowie von Absolventen sind ein Ansatzpunkt, um technologie- bzw. wissensorientierte Gründungen zu stimulieren und damit innovatives akademisches Gründerpotential in Schleswig-Holstein zu heben.

Nicht zuletzt die höheren Bewerberzahlen der I-SH-Gründerstipendien legen die Vermutung nahe, dass die intensivierten Angebote und Maßnahmen im Bereich der

Gründungsunterstützung in den Hochschulen Schleswig-Holsteins (z. B. eingerichtete Professuren und EXIST-Projekte) in den nächsten Jahren zu einer nachhaltig hohen Zahl von Gründungsinteressierten mit Hochschulhintergrund führen.

Die Evaluation der I-SH-Gründerstipendien zeigt, dass die Studierenden, Absolventen und Wissenschaftler in einem Absolventenstipendium einen hohen Nutzen sehen (siehe z. B. Ergebnisse zur Nutzenkausalität). Es lässt sich daher vermuten, dass gründungsinteressierte Studierende, Absolventen und Wissenschaftler aus Schleswig-Holstein auch in Zukunft Absolventenstipendien-Angebote gezielt nachfragen.

Vor dem Auslaufen der I-SH-Gründerstipendien bestand für sie die Möglichkeit, sich bei einem geplanten Unternehmenssitz in Schleswig-Holstein für die I-SH-Gründerstipendien bzw. das EXIST-Gründerstipendium zu bewerben. Die bisherigen Stipendiaten sind zum großen Teil durch die I-SH-Gründerstipendien früh in Kontakt mit der Schleswig-Holsteiner Gründungsunterstützung gekommen und bei realisierter Gründung mit ihren Unternehmen im Land geblieben.

Mit dem Auslaufen des landesspezifischen Programms besteht ab 2012 nur noch die Möglichkeit der Bewerbung beim EXIST-Gründerstipendium, wenn ein Unternehmenssitz in Schleswig-Holstein angestrebt wird. Im Falle eines abgelehnten EXIST-Gründerstipendium-Antrages (bzw. auch generell) könnten sich Studierende, Absolventen und Wissenschaftler vermehrt den Absolventenstipendien anderer Bundesländer zuwenden. Diese weisen in der Mehrzahl einen ähnlichen Förderungsschwerpunkt auf wie die ehemaligen I-SH-Gründerstipendien bzw. das EXIST-Gründerstipendium und sind bei eigener Recherche schnell zu finden (siehe z. B. www.foerderdatenbank.de). Mit einer Verlegung des Wohnsitzes bzw. des geplanten Unternehmenssitzes in das jeweilige Bundesland erfüllen die Antragsteller (Studierende, Absolventen und Wissenschaftler als relativ mobile Personengruppen) die regionalen Voraussetzungen dieser Stipendien. Der Kontakt zu der jeweilig ansässigen Gründungsunterstützung sowie eine Gründung außerhalb Schleswig-Holsteins wären wahrscheinliche Folgen. Diese Gefahr der Abwanderung ist insbesondere hinsichtlich der „nahen" Bundesländer von Relevanz – Hamburg mit einem erneut geplanten eigenen Programm, Niedersachsen, Bremen, Mecklenburg-Vorpommern und Berlin mit bestehenden eigenen Programmen.

Eine mögliche Gegenstrategie zum Halten des in Schleswig-Holstein ausgebildeten und geweckten akademischen Gründungspotentials im innovativen technologie- bzw. wissensorientierten Bereich ist eine erneute Einführung eines landeseigenen Absolventenstipendiums. Zudem bietet ein landeseigenes Absolventenstipendium eine wirksame (weil nachgefragte) Möglichkeit, gründungsinteressierte Studierende, Absolventen und Wissenschaftler aus anderen Bundesländern gezielt für einen Unternehmensstandort in Schleswig-Holstein zu interessieren. Eine Differenzierung zu den bestehenden Stipendien ist beispielsweise möglich durch besondere Schwerpunkte innerhalb (z. B. erneuerbare Energien) oder außerhalb des innovativen technologie- bzw. wissensorientierten Bereichs (z. B. Kreativitätswirtschaft) sowie durch eine schnelle und flexible Antragstellung und Entscheidung.

Die Evaluierung stellt für die I-SH-Gründerstipendien ein positives Nutzenbild für die Wirtschaft, die einzelnen Gründungsprojekte und die einzelnen Stipendiaten fest, das gegen die Kosten gerechnet werden muss. Das Stipendium wurde durch die Stipendiaten als ursächlich für dieses Nutzenbild bewertet. Zudem fiel die inhaltliche Bewertung aus Sicht der Stipendiaten weitestgehend positiv aus. Ein neues landeseigenes Absolventenstipendium könnte daher auf den bisherigen I-SH-Gründerstipendien aufsetzen und die identifizierten Verbesserungspotentiale (z. B. Förderdauer und Betreuung) berücksichtigen. Zudem sollten andere Landesstipendien als Benchmark bei der Ausgestaltung einbezogen werden.

Aufgaben

1. In dem Buchbeitrag wird im Zusammenhang mit dem Wegfallen der I-SH-Gründerstipendien die Gefahr für Schleswig-Holstein besprochen, innovatives akademisches Gründungspotential an andere Bundesländer zu verlieren. Wie beurteilen Sie diese Gefahr? Sehen Sie in der Wiedereinführung eines landesspezifischen Absolventenstipendiums eine wirksame Gegenstrategie? Diskutieren Sie beide Fragen anhand einer Pro-und-Contra-Betrachtung.
2. In dem Buchbeitrag werden die I-SH-Gründerstipendien anhand der Kosten und anhand von drei Nutzenkategorien bewertet. Weisen die I-SH-Gründerstipendien für Sie insgesamt ein positives oder negatives Nutzen-Kosten-Verhältnis auf? Ziehen Sie ein Gesamtfazit und stellen Sie dar, wie Sie zu diesem Fazit kommen.
3. In dem Buchbeitrag werden verschiedene Maßnahmen und Programme dargestellt, die die Weckung und Hebung des akademischen Unternehmerpotentials an Hochschulen bzw. außeruniversitären Forschungseinrichtungen zum Ziel haben. Welche Maßnahmen und Programme gibt es an Ihrer Hochschule? Wo sehen Sie Potential zur Verbesserung? Leiten Sie ausgehend von einer Darstellung der derzeitigen Maßnahmen und Programme an Ihrer Hochschule Verbesserungspotentiale ab, beispielsweise durch ein Benchmarking mit anderen Hochschulen bzw. durch eine Bewertung der derzeitigen Angebote.

Literatur

1. BMWi (Bundesministerium für Wirtschaft und Technologie) (2010) Initiative „Gründerland Deutschland". Pressemitteilung 25. Januar 2010, Berlin
2. DIHK (Deutscher Industrie- und Handelskammertag) (2011) Aufschwung lockt Existenzgründer – DIHK-Gründerreport 2011, Berlin
3. EXIST-Homepage (2011) Existenzgründungen aus der Wissenschaft. www.exist.de, Seitenabruf: 03. November 2011
4. Fueglistaller U (2009) Stärkung universitärer Kernaufgaben durch Unternehmertum – Academic Entrepreneurship am Beispiel des Schweizerischen Instituts für Klein- und Mittel-

unternehmen (KMU-HSG). In: Walter A, Auer M (Hrsg) Academic Entrepreneurship – Unternehmertum in der Forschung. Gabler, Wiesbaden, S 337–365
5. GEM Global (2012) Global Entrepreneurship Monitor – 2011 Global Report. Babson Park/Santiago/Kuala Lumpur/London
6. High-Tech Gründerfonds-Homepage (2012) Informationen von der Homepage www.high-tech-gruenderfonds.de, Seitenabruf: 19. April 2012
7. KfW (KfW Bankengruppe) (2011) KfW-Gründungsmonitor 2011. Frankfurt am Main
8. Kulicke M, Schleinkofer M (2010) Wirkungen des Förderprogramms EXIST-Gründerstipendium aus Sicht von Geförderten – Ergebnisse der Befragung 2010 und Gegenüberstellung mit EXIST-SEED. Pdf Fraunhofer
9. Ministerium für Wissenschaft, Wirtschaft und Verkehr des Landes Schleswig-Holstein (2012) Broschüre Offensive für Wachstum und Beschäftigung in Mittelstand und Handwerk. http://www.schleswig-holstein.de/MWV/DE/Service/Broschueren/Wirtschaft/39Offensive Mittelstand__blob=publicationFile.pdf, Seitenabruf: 19. April 2012
10. ZEW (Zentrum für Europäische Wirtschaftsforschung GmbH) (2011) High-Tech-Gründungen in Deutschland – Von Tabellenführern, Auf- und Absteigern: Regionale Entwicklung der Gründungstätigkeit. Mannheim

The manufacturer's authorised representative in the EU is Springer Nature Customer Service Centre GmbH, Europaplatz 3, 69115 Heidelberg, Germany. If you have any concerns regarding our products, please contact ProductSafety@springernature.com

Printed and bound by CPI Group (UK) Ltd, Croydon, CR0 4YY

25/03/2026

02078214-0010